老子今注新解

罗志霖　著

巴蜀書社

图书在版编目（CIP）数据

老子今注新解/罗志霖著. —成都：巴蜀书社，2021. 10
ISBN 978-7-5531-1486-6

Ⅰ. ①老… Ⅱ. ①罗… Ⅲ. ①道家②《道德经》–注
释③《道德经》–译文 Ⅳ. ①B223. 1

中国版本图书馆 CIP 数据核字（2021）第 101034 号

老 子 今 注 新 解

罗志霖　著

LAOZI JINZHU XINJIE

策划编辑：	王群栗	
责任编辑	马　兰	
出　　版	巴蜀书社	
	成都市槐树街 2 号　邮编 610031	
	总编室电话：（028）86259397	
网　　址	www. bsbook. com	
发　　行	巴蜀书社	
	发行科电话：（028）86259422　86259423	
经　　销	新华书店	
印　　刷	四川宏丰印务有限公司	
	电话：（028）85726655　13689082673	
版　　次	2021 年 10 月第 1 版	
印　　次	2021 年 10 月第 1 次印刷	
成品尺寸	210mm×148mm	
印　　张	10. 125	
字　　数	260 千字	
书　　号	ISBN 978-7-5531-1486-6	
定　　价	42. 00 元	

本书如有印装质量问题，请与发行科联系调换

前言：永远的老子

在中华民族五千年文明史上，老子、孔子犹如璀璨夺目的明星，令世人瞩目。老子以其博大精深的《道德经》，孔子以其倡导德治的《论语》，在中国文化和哲学的轴心时代，开宗立派，双峰并峙，对中华民族两千多年的文明发展和社会进步产生了重大而深远的影响。

生活在春秋末期的老子，比孔子年长约20岁。他所著的《老子》一书分为上、下篇，上篇为《道经》，下篇为《德经》，后人合称为《道德经》。

老子是我国先秦时期道家学派的创始人，《老子》一书则为道家思想的奠基之作。由于年代久远及史料不足等诸多原因，古今学者对老子其人、《老子》其书及相关情况提出了不同的观点。尤其在辨伪之风盛行的20世纪二三十年代，因梁启超发表于《晨报副刊》上的《评胡适之〈中国哲学史大纲〉》一文，对胡适关于老、孔同时、老子大孔子约20岁、《老子》一书为老子所作等观点提出质疑，并提出了孔先老后、《老子》一书当为战国晚期之作的观点，在学界引发了对老子其人和《老子》其书的考辨热潮。"他们争论的这些问题，在后来的《老子》研究者和中国哲学史家中，多有论说，但也未见定论。比如俞樾、陶鸿庆、易顺鼎、罗振玉、杨文会、丁福保等稍为先行的学者，当时活跃的顾颉刚、初露头角的冯友兰、认真的马叙伦；还有陈柱、杨树达、钱穆、郭沫若、王力、唐兰、高亨等后来学界的重镇，都有关于《老子》的论说或注解之作。"（见《十家论老》第23 页）由于众多学者的参与，这场对老子其人和《老子》其书的大讨论产生了一批重要成果，其中主要的成果收入罗根泽主编的《古史辨》第四册和第六册。尽管有些问题尚未定论，但这种注重考辨、不人云亦云的学术风气，对当时和后来的中国学界产生了积极的影响。

一　老子其人

　　老子的生平，我国汉代伟大的历史学家司马迁在《史记·老子列传》中有所记载，他说："老子者，楚苦县厉乡曲仁里人也，姓李氏，名耳，字聃，周守藏室之史也。"又说："或曰：老莱子亦楚人也，著书十五篇，言道家之用，与孔子同时云。……自孔子死之后百二十九年，而史记周太史儋见秦献公曰：'始秦与周合，合五百岁而离，离七十岁而霸王者出焉。'或曰儋即老子，或曰非也，世莫知其然否。老子，隐君子也。"西汉刘向所著《神仙传》中有《老子传》，但所述皆为当时有关老子的传说和故事，多带有神话色彩。东汉桓帝时的边韶，撰写了《老子铭》，但对老子生平的记载，不同于司马迁的《老子列传》。道教产生后，为神化老子而编造的离奇故事，更不能作为考证老子生平的依据。

　　尽管司马迁生活的年代离老子较近，但毕竟相距 300 多年，因此他在介绍老子生平的同时，附带提及了老莱子、太史儋，而后两者的生平事迹又语焉未详，这就给后世学者留下了疑点。

　　首先，老子的姓氏。

　　司马迁说："老子者……姓李氏，名耳，字聃。"既然老子姓李名耳，为何又称"老子"，这是司马迁留下的一个疑点。

　　据古今学者的研究，"老"有多种说法：一、"老"是老子的姓，其始祖名老童，又名耆童、券章，相传为颛顼之孙（《史记·楚世家》）。二、"老"指寿考，即年老（郑玄《曾子问》注）。三、"老子"是号，"老"训"考"，"子"训"孳"，故"老子"乃考教众理、化育万物之意。

诸说比较，"老"为老子之姓较为合理。上溯有其始祖老童，先秦时期亦有"老"姓，如《左传·成公十五年》云："华元使向戌为左师，老佐为司马，乐裔为司寇，以靖国人。"老佐之"老"即为姓。又如老莱子、老阳子等，后人也认为姓"老"。

老子"李"姓的由来，也有多种说法：一、老子的祖先世代为理官（掌狱讼），以官命族，故为理氏。古"理""李"通用，故理氏又为李氏（《新唐书·宗室世系》）。二、"李"为老子母家姓。葛玄云"李氏女所生，因母姓也"（《史记·老子列传》索隐）。三、老童之后，做理官的理征为纣王不容，获罪而死，其妻携子利贞逃难于伊墟，因食李得救，故改理氏为李氏。四、因老子生于李树下，故以"李"为姓（《太平广记·神仙第一》）。这四种说法，虽属传说或推测，但老子始祖老童姓"老"，老童之子孙世代为理官，因官而命族为理氏，"理"又通"李"，故由老氏改为理氏，理氏即为李氏之说，似更合理。

其次，老子和老莱子。

有学者认为老子和老莱子都与孔子同时，都属道家，都著有论道的书，因而老子与老莱子实为一人。这是对司马迁关于老子和老莱子两人记述的误解。据司马迁所述，老子姓李名耳，曾任周守藏室之史，老莱子则是一位终身不仕的隐者；老子是"著书上下篇，言道德之意五千余言"，老莱子则"著书十五篇，言道家之用"。从《史记·老子列传》的记述，可见司马迁并未把老子和老莱子混为一谈。

在《史记·仲尼弟子列传》中，司马迁说："孔子之所严事：于周则老子；于卫，蘧伯玉；于齐，晏平仲；于楚，老莱子；于郑，子产；于鲁，孟公绰。"就是说，孔子寻师问学，在周见到的是老子，在楚见到的是老莱子，一个在北方，一个在南方。可见，司马迁的记述是清楚的，老子和老莱子虽然是同时代的人，又有相似的学术主张，但他们并非同一个人。

第三，老子和太史儋。

清代学者毕沅、汪中都认为太史儋就是老子。近人钱穆、罗根泽也持此说。如果此说成立，则老子生活的年代就不是春秋末，而是战国时代。

从《史记·老子列传》的记载看，老子担任"周守藏室之史"，"孔子适周，将问礼于老子"。老子"居周久之，见周之衰，乃遂去。至关，关令尹喜曰：'子将隐矣，强为我著书。'于是老子乃著书上下篇，言道德之意五千余言而去，莫知其所终。"司马迁对太史儋的记述是："自孔子死之后百二十九年，而史记周太史儋见秦献公曰：'始秦与周合，合五百岁而离，离七十岁而霸王者出焉。'或曰儋即老子，或曰非也，世莫知其然否。老子，隐君子也。"

司马迁的记述，虽然老子和太史儋都在周朝为官，但太史儋见秦献公的时间是"孔子死之后百二十九年"。孔子生于公元前551年，卒于公元前479年，享年73岁。老子约长孔子20岁，孔子卒后129年，如果老子仍健在，则已222岁。时至今日，世上的长寿老人，尚无人达此高龄，何况是先秦时期。林语堂先生在1948年为《老子的智慧》一书写的绪论中说："关于老子的事迹，我们几无所知，仅知他生于公元前571年的苦县，和孔子同一时代，年龄或较孔子长二十岁，出身世家，曾做过周守藏室的官，中年退隐，活了相当大的岁数（可能超过九十，但绝不似司马迁所说在一百六十岁以上），子孙繁多，其中某一世孙还做过官。"林语堂先生的这一观点，无疑是言之有据的。因此，老子与太史儋应为两人。司马迁在记述太史儋时，连用两个"或曰"，指出有人说太史儋就是老子，有人说不是，世人不知道哪种说法对。这是记述的民间传闻，不过是提供给后人参考、判断。其实，"老子，隐君子也"一句，已表明了司马迁的态度：老子离开周王朝，已过上传道授徒的隐士生活，不可能再去面见国君、侯王。而"莫知其所终"一语，更证明了老子离周后确实过上了"和光同尘"的隐居生活。高亨曾在《史记老子传笺证》中说"余疑太史儋者老子之后"，但在后来重印《老子正诂》的说明中，却未重提此说法，说明尚无充分证据来下此结论。

第四，老子的出身。

在周王朝，能做"守藏室之史"（相当于国家档案馆、图书馆馆长）的人，绝非出身于社会底层的普通士人。因此，弄清老子的出身、家族十分必要。张松辉对此进行的研究颇具价值。

如唐初李延寿撰写的《北史》对老子的家族渊源有一个简略的记载：

> 李氏之先，出自帝颛顼高阳氏。当唐尧之时，高阳氏有才子曰庭坚，为尧大理，以官命族，为理氏。历夏、殷之季。其后理征字德灵，为翼隶中吴伯，以直道不容，得罪于纣。其妻契和氏，携子利贞逃隐伊侯之墟，食木子而得全，遂改理为李氏。周时，裔孙曰乾，娶益寿氏女婴敷。生子耳，字伯阳，为柱下史。（《北史》卷一百《序传》）

《新唐书·宗室世系》采用了《北史》的上述内容，并做了以下补充：

> 利贞亦娶契和氏女，生昌祖，为陈大夫，家于苦县。生彤德，彤德曾孙硕宗，周康王赐采邑于苦县。五世孙乾，字元果，

为周上御史大夫，娶益寿氏女婴敷，生耳，字伯阳，一字聃，周平王时为太史。

宋人罗泌所撰《路史》对老子家族渊源的记载与《北史》《新唐书》的记载大同小异。宋元之交的赵孟頫在《赵郡李氏世谱》中提到，老子乃颛顼高陶之后裔，因高陶任大理一职，故后人以"理"为氏。后来，因先祖逃难时吃李子得救，遂改理为李氏。因先祖契和氏是陈国人，故在商末遭难时，携子利贞逃到了陈（见张松辉《老子研究》）。

以上史料说明，老子是贵族出身的士人，其父李乾官至周上御史大夫，因此老子早年有良好的生活、教育环境。得天独厚的条件，使他具备了广博的学识，并能担任周守藏室之史。

二　《老子》其书

关于《老子》一书的作者和成书年代，历来存在很大争议。

宋代叶适认为著书之老子，非孔子问礼之老子。吴子良则认为著书之老子，即孔子问礼之老子。清代毕沅认为孔子问礼之老子，即太史儋。汪中也认为老子即太史儋，且在孔子之后。崔述则认为《老子》书是杨朱之徒的伪托。

20世纪二三十年代，由梁启超对胡适有关老子其人和《老子》其书观点提出质疑继而在学术界引发的争议，产生了几十万字的论辩文章。罗根泽在《古史辨》第六册"自序"中说："关于考据《老子》年代的文章，止第四册及本册所收，就有三十五六万言，真是有点小题大做。不要说旁观者望而却步，当事者也见而生畏。但《老子》的年代问题，究竟是需要解决的，除非将先秦的学术束之高阁，否则这个问题如不解决，一切都发生障碍。"

对《老子》一书的作者和成书年代的争议，有以下几个代表性观点：

1.《老子》一书的作者是老聃，成于老聃一人之手。

2.《老子》一书是老聃口授，由其弟子记录整理而成。

3.《老子》一书的主要内容出自老聃，经与孔子同时的老莱子和战国中叶的太史儋增补一些新的材料而成。

4.《老子》一书的作者是战国时代的太史儋，而不是老聃。

5.《老子》一书成于秦汉之间，甚至晚至西汉初期。

上述这些争议，立论的依据都是古典文献、经典，而且言之凿凿，因此难以形成定论。地下文物的重见天日，为解决这些争议提供了条件。

1973 年，湖南长沙马王堆汉墓出土了帛书《老子》甲、乙本，证明《老子》一书绝非出于汉代。帛书《老子》甲、乙本在编排上是《德经》在前、《道经》在后，而且不分章，这与传世本相反，但文字与传世本并无根本区别（参见高明《帛书老子校注》）。帛书两本的抄写时间不同：甲本未避汉高祖刘邦讳，当抄于刘邦即位前；乙本避刘邦讳（"邦"均改作"国"），未避汉惠帝（名"盈"）、汉文帝（名"恒"）讳，当抄于刘邦在位时。

1993 年，湖北荆门郭店楚墓出土了《老子》竹简甲、乙、丙三组，共存 2046 字，约为传世本文字的五分之二。郭店楚墓时代约为公元前 300 年左右。可见，《老子》竹简的刻制在公元前 300 年之前，而此时为战国末期，这就使《老子》成书于秦汉之际的说法不攻自破。

2009 年，北京大学入藏汉武帝前期竹简，其中有《老子》竹书。北京大学出土文献研究所整理出版的《北京大学藏西汉竹书（贰）》，即西汉竹书《老子》。西汉竹书《老子》避汉高祖刘邦讳,不避汉惠帝刘盈讳,其抄写时间也应在刘邦在位时。该书正文共 5200 字,七十七章,分为上、下两篇,仍是《德经》在前、《道经》在后。虽有阙文,但其中一些可据上下文补入。西汉竹书《老子》是出土四种《老子》版本中保存最为完整的一种。

帛书《老子》甲、乙本,郭店楚简《老子》和西汉竹书《老子》的面世,证明《老子》一书的成书年代在战国中期之前。

郭沫若在 1935 年 4 月发表于《新文学》杂志的《老聃、关尹、环渊》一文中说:"老子确是孔子之师老聃,《老子》书也确是老聃的语录,就和《论语》是孔子的语录,《墨子》是墨翟的语录一样。特集成《老子》这部语录的是楚人环渊。环渊集成这部语录时,没有孔门弟子那样质实,他用自己的文笔来润色了先师的遗说,故尔饱和着他自己的时代色彩。"据郭沫若考证,环渊即关尹,是老子弟子,著有"《蜎子》十三篇"(《汉书·艺文志》)。郭沫若说:"《史记·孟子荀卿列传》上说:'慎到,赵人。田骈、接子,齐人。环渊,楚人。皆学黄老道德之术,因发明序其指意。故慎到著十二论,环渊著上下篇,而田骈、接子皆有所论焉。'太史公所录的这些史事应当是有蓝本的,蓝本应当是齐国的史乘。……故环渊著《上下篇》是史实,而老子为关尹著《上下篇》之说是讹传,但讹传亦多少有其根据,所根据者即是环渊著《上下篇》这个史实。"(见《十家论老》)

朱谦之不赞同郭沫若的说法,他在 1953 年撰写、1955 年改定的《老子哲学》中说:"大概就时代言,老莱子当较老聃为晚辈。……至于太史儋,则在孔子死后一百二十九年才出现,当然和孔子问礼的老聃,绝非一人,而可认为是老莱子的后辈,说他是《老子》一书的真正作者,不如认为《老子》一书乃经过长久时间,才由太史儋把老聃、老莱子这些人的原始材料和他所作的新材料积累而成。这就是说，老子《道德经》开始于孔子同时的老聃，而完成于战国中叶。今本《老子》所表现的思想的时代背景，既反映春秋，又反映战国时代，大概是战国中叶的著作，不过里面最可宝贵的部分，却早在春秋之末已经有了。"（见吉林人民出版社《朱谦之选集》）

我们认为，说老聃是《老子》一书的原创者，《老子》的主要思想和理论体系皆由老聃提出和创立，这庶几可为定论；说《老子》一书是由老聃一人独自完成，并无后人补益、整理的情况，这似乎太绝对。因此，郭沫若和朱谦之的有些观点，虽有待进一步考证，但其中却有合理的成分。

三　《老子》的主要内容

任继愈先生说："中国古书中，注释最多的书有两部，一部是儒家的《易》，一部是道家的《老子》。《易》注，不下三四千种，《老子》注，也有千余种。"（《老子绎读》附录《老学源流》）

一部仅五千言的《老子》，何以流传两千多年而历久不衰，引来众多注家呕心沥血探究？究其原因，虽然有文字简洁、古奥的因素，但其书宏大的体系、深邃的思想、卓越的智慧，恐怕是主要的原因。

范文澜先生对老子其人和《老子》其书做了高度评价："老子是有极大智慧的古代哲学家。他观察了自然方面天地以至万物变化的情状，他观察了社会方面历史的、政治的、人事的成与败、存与亡、祸与福、古与今相互间的关系与因果，他发现并了解事物的矛盾性比任何一个古代哲学家更广泛更深刻。他把这种矛盾性称为道与德。……老子看到了矛盾的某些重要法则，特别是正反两面互相转化的法则，成为老子学说的精髓。"（《中国通史简编》修订本）

林语堂先生对老子其人和《老子》其书的评价甚为精辟："被称

为老子著作的《道德经》，其文学上之地位似不及'中国尼采'庄子，但是它蓄藏着更为精练的俏皮智慧之精髓。……尽我所知，老子是以浑浑噩噩、藏拙蹈晦为人生战争利器的唯一学理，而此学理的本身，实为人类最高智慧之珍果。……老子教人的原则在谦恭，他再三重复柔和、忍耐、争论之无益（不敢为天下先）、柔弱的力量和就低位的战术优势等思想，而在庄子的理论中是绝不可能看到这些言辞的。"林语堂先生还指出："若以'箴言'作为鉴别中国圣者的条件，老子确实当之无愧，因为，老子的箴言传达了激奋，实非孔子沉闷乏味的'善'所能办到的。"（《老子的智慧·绪论》）

《老子》一书的思想博大精深，内容极为丰富。全面而系统地介绍《老子》一书的思想体系和具体内容，是一项具有极大理论价值和深远意义的工作。令人欣慰的是，叶自成的《老子政治哲学》、夏海的《老子与哲学》、张尚仁的《道德经解析》在这方面有了新的突破，取得了可贵的成果。因此，对《老子》一书的内容，拙著不做全面、系统的阐述，仅对其主要内容做一概略的介绍。

1. 道与德

"道"是老子哲学思想的最高范畴。在作为全书总纲的第一章，即提出了"道"的概念，他说："道可道，非常道。"意思是，"道"是可实施和践行的，但不是永恒不变的。

陈鼓应说："'道'是老子哲学上的一个最高范畴，在《老子》书上它含有几种意义：一、构成世界的实体。二、创造宇宙的动力。三、促使万物运动的规律。四、作为人类行为的准则。"因此，要理解老子所说的"道"的具体含义，一定要结合老子在不同章节谈论"道"的背景和语境，而不能一概而论。

四十二章云："道生一，一生二，二生三，三生万物。"这是描述"道"生成万物的过程，阐明了宇宙万物的生成必须遵循"道"，而不能违背"道"。

二十一章云："道之物，唯恍唯惚。惚兮恍兮，其中有象；恍兮惚兮，其中有物。窈兮冥兮，其中有精；其精甚真，其中有信。"从老子这一具体而充满诗意的描绘中可以看到："道"隐约不清，难以辨识；"道"迷离恍惚，幽深暗昧。由于其中"有象""有物""有精""有信"，我们又看到了"道"的存在。

四章云："道冲，而用之，又不盈，渊兮似万物之宗。……吾不知其谁之子，象帝之先。"这是说，"道"是抽象的，但其作用没有穷尽；"道"深邃莫测，好像是万物的主宰；我不知道它是谁的孩子，好像是天帝的祖先。老子提出的"道"在天帝之前就已存在的观点，直接否定了商、周时代人们信奉的把天或天帝作为万物最高主宰的"天道观"，无疑是对当时传统观念的挑战。

三十四章云："大道泛兮，其可左右，万物恃之以生而不辞，功成而不名有。衣养万物而不为主，常无欲，可名于小；万物归焉而不为主，可名于大。"这是论述"道"的特征（广泛存在、无时不有、无处不在）和作用（庇护和养育万物，是万物的归依）。这里的"小"体现的是"道"的谦下不争，"大"体现的是"道"的宽容博大。

七十一章云："天之道，损有余而补不足；人之道则不然，损不足以奉有余。"这是指出天道的公平，批评人道的不公正。这里的"道"是指规律。

八十一章云："天之道，利而不害；人之道，为而不争。"这是讲"天之道"和"人之道"的特点，而"人之道"必须效法"天之道"，因此，"为而不争"正是"天之道"用于治世的表现。这里的"道"也是指规律。

四十章云："反者道之动，弱者道之用。"前一句揭示了万物运动变化的规律，即对立的事物可以向相反的方向转化，如有与无、动与静、安与危等；同时，事物的运动又总是循环往复，从而返本复初。后一句指出了"道"的作用方式，体现了老子柔弱守静、谦下不争的思想。

作为老子哲学思想的最高范畴，"道"这个概念在《老子》书中先后出现了七十三次，可见，"道"也是《老子》一书的核心概念。正如陈鼓应所说："'道'是老子哲学的中心观念，他的整个哲学系统都是由他所预设的'道'而开展的。"（《老子哲学系统的形成》，《十家论老》第 375 页）

"德"与"道"一样，也是《老子》的核心概念。如果说"道"是"德"之体，那么，"德"就是"道"之用。宇宙万物的生成必须遵循"道"，而"道"在宇宙万物的体现和作用就是"德"。《老子》书中的"德论"，就是围绕"道"和"德"的关系、"德"的层次结构而展开的。

二十一章云："孔德之容，唯道是从。"意思是，大德的表现，是遵从于道。这句话简明扼要，揭示了"道"与"德"的关系："道"是"德"的根本，"德"是"道"的显现。正如严灵峰所说："'德'就是'道'的形式，'道'就是'德'的内容，两者是互相依存的。若是没有'道'，便不会有'德'的功用；没有'德'，也不能显现'道'的力量。"（《老子研究》）

三十八章云："上德不德，是以有德；下德不失德，是以无德。上德无为而无以为，上仁为之而无以为，上义为之而有以为。上礼为之而莫之应，则攘臂而扔之。故失道而后德，失德而后仁，失仁而后义，失义而后礼。夫礼者，忠信之薄，而乱之首。"此章通过对"道""德""仁""义""礼"五种伦理规范内在关系的描述，阐述了老子的社会伦理观。老子认为，"上德"是最高的德，是"道"的体现；

上仁、上义、上礼都属于"下德"，是失"道"之后才出现的伦理观念。"上德"的特点是"无为"，"下德"的特点是"为之"，因此老子肯定"上德"，反对"下德"，并以"大丈夫处其厚，不居其薄；居其实，不居其华"表明要"舍弃浇薄虚华，采取淳厚朴实"的态度。

五十一章云："道生之，德畜之，物形之，势成之。是以万物莫不尊道而贵德。道之尊，德之贵，夫莫之命而常自然。故道生之，畜之，长之，育之，亭之，毒之，养之，覆之。生而不有，为而不恃，长而不宰，是谓玄德。"此章揭示了万物尊道贵德的原因，阐明了道和德的区别和联系。老子认为，在人和万物的生长发育过程中，道和德总是不加干扰，任其自然，因此人和万物能够各得其所，有着不受外界干扰的发展空间，这体现了无为之道在治国理政中的重要作用。老子描述道"生之，畜之，长之，育之，亭之，毒之，养之，覆之"，从表面上看，是描述道的"为"，但这样的"为"是顺应万物之自然的"为"，这正是老子所倡导的"无为"，其表现就是"生而不有，为而不恃，长而不宰"。老子称这样的"无为"是"玄德"，是"道"在万物生长发展过程中的表现。曹峰说："在万物生成过程中，'道'和'德'担任不同的角色，发挥不同的职能，我将其称为《老子》生成论的两条序列，或者说《老子》生成论是由'生'论和'成'论共同构建，没有'德'的参与，《老子》生成论是不完整的。……《老子》之所以由《道经》和《德经》两部分构成，从某种意义上说也与这种生成论有很大关系，因为这两者必须共存。如果'道'侧重的是本原，那么'德'侧重的就是显现。这种道家所特有的，或者说中国哲学所特有的生成论，体现出中国哲学特有的思维方式和言说方式。"（《老子永远不老》）

六十八章云："善为士者不武，善战者不怒，善胜敌者不与，善用人者为之下。是谓不争之德，是谓用人，是谓配天，古之极也。"老子认为，"不争"是"德"的重要表现，只有"不争"，才能"用人"，才能"配天"。而"不争"所体现的，正是"无为"之道，因此老子认为具备"不争之德"，是自古以来最高的境界。为此，《老子》一书的结束语以"天之道，利而不害；人之道，为而不争"画龙点睛，既揭示了全书的主旨，又强调了"不争之德"的重要性。

2. 无与有

"无"与"有"是《老子》中的一对非常重要的概念。冯友兰先生说："《老子》的宇宙观中，有三个主要的范畴：道，有，无。因为道就是无，实际上只有两个重要范畴：有，无。不仅在《老子》中是如此，在后来的道家思想中也是如此。"（《中国哲学史新编》）

"无"指没有或不存在。作为老子哲学的重要范畴，指无形、无名、虚无、空间等，或指物质的隐微状态。"有"表示存在，与"无"相对，大至日月星辰，小至天下万物，都可称为"有"。"道就是无"的观点，源自河上公。《老子》第一章云："无名，天地之始；有名，万物之母。"河上公注云："无名者谓道，道无形，故不可名也。……有名谓天地。天地有形位，有阴阳，有柔刚，是其有名也。"古今注家多采用河上公之说，把《老子》中的一些"无"训为"道"，张松辉认为这种理解不正确（见《老子研究》），《老子》书中也未见"无"就是"道"的说法。

十一章云："三十辐共一毂，当其无，有车之用。埏埴以为器，当其无，有器之用。凿户牖以为室，当其无，有室之用。故有之以为利，无之以为用。"此章的四个"无"字，都指空虚或空虚处。老子用三个比喻说明"车之用""器之用""室之用"，阐明了"有"和"无"的对立统一关系。现实生活中，人们往往过于看重各种事物的实体所带来的便利和价值，却忽视该事物的虚空所具有的作用和价值，这是常人看待事物的局限性。老子有别于常人之处，在于他突破了这种局限，对事物的实体和虚空两方面都进行了观察和思考，从而得出了"有之以为利，无之以为用"的结论。

任继愈先生认为，提出"无"的概念，是老子的一个贡献，是中国哲学史的第一座里程碑（《老子绎读》前言）。在《老子》一书中，"无"的原则用于日常生活，体现为具体作用，如"有之以为利，无之以为用"（十一章）；"无"的原则用于政治生活，体现为治国之道，如"圣人处无为之事，行不言之教"（二章），"取天下常以无事"（四十八章），"为无为，事无事，味无味"（六十三章），"我无为而民自化，我好静而民自正，我无事而民自富，我无欲而民自朴"（五十七章）等；"无"的原则用于处理人际关系，体现为谦让不争，如"不自见，故明；不自是，故彰；不自伐，故有功；不自矜，故长"（二十二章），"夫唯不争，故天下莫能与之争"（二十二章）；"无"的原则用于指导战争，体现为后发制人和慎战，如"吾不敢为主而为客，不敢进寸而退尺。……祸莫大于无敌，无敌几丧吾宝"（六十九章）。

任继愈对老子"无"的概念给予了高度评价："老子思想深刻可贵处在于从纷乱多样的现象中概括出'无'这一负概念，把负概念给予积极肯定的内容。老子的'无为'，不是一无所为，而是用'无'的原则去'为'。所以能做到有若无，实若虚，以退为进，以守为攻，以屈为伸，以弱为强，以不争为争，从而丰富了中国古代辩证法思想，建立了中国古代贵柔的辩证法体系，与儒家《易传》尚刚健为体的辩证法体系并列。儒道两家这两大体系优势互补，和而不同，丰富了中华民族的辩证法文化宝库。"（《老子绎读》前言）

3. 自然与无为

《老子》书中的"自然"，与现在"自然界"的含义不同，不是指具体存在的东西，而是"自己如此""自然而然"的意思。"无为"也不是"无所作为""无所事事"的意思，而是指顺任自然而为、不强作妄为。

"自然""无为"是老子哲学最重要的观念，《老子》一书最重要的治国理念就是"无为"之道。陈鼓应说："老子认为任何事物都应该顺任它自身的情状去发展，不必以外界的意志去制约它。事物本身就具有潜在性和可能性，不必由外附加的。因而老子提出'自然'一观念，来说明不加一毫勉强作为的成分而任其自由伸展的状态。而'无为'一观念，就是指顺其自然而不加以人为的意思。"（《老子哲学系统的形成》，见《十家论老》）

说"自然""无为"的观念重要，是它在强调顺任自然、不强作妄为的同时，给人留下了"为"，即发挥主观能动性的空间。比如老子说"上善若水"，就是告诉统治者在治国中要谦下不争，只要是在这个原则的范围内行事，就有"为"的用武之地。

《老子》书中多次说到"自然"，如十七章："犹兮其贵言。功成事遂，百姓皆谓：'我自然。'"二十三章："希言自然。故飘风不终朝，骤雨不终日。孰为此者？天地。天地尚不能久，而况于人乎？"五十一章："道之尊，德之贵，夫莫之命而常自然。"六十四章："是以圣人欲不欲，不贵难得之货；学不学，复众人之所过；以辅万物之自然，而不敢为。"这几处的"自然"，都是"自己如此"或"合于自然"的意思。

老子生处乱世，战乱频发，世风日下，统治者穷奢极欲，老百姓饥寒交迫。他目睹了统治者自己无能，却偏要发号施令、强作妄为，结果适得其反的情况。他提出"无为"的观念，无疑是希望以此为救世之方，恢复国家的安定，拯救苦难的百姓。

五十三章云："朝甚除，田甚芜，仓甚虚；服文采，带利剑，厌饮食，财货有余。是谓盗夸，非道也。"这是对当时社会的腐败、官员的奢靡进行的无情揭露。可以说，这是催生老子"无为"观念的土壤和时代背景。

五十七章云："我无为而民自化，我好静而民自正，我无事而民自富，我无欲而民自朴。"这是论述以"无为"之道治国的益处。老子认为，以"无为"之道治国，带来的益处是"民自化""民自正""民自富""民自朴"。可见，老子关注的重点是"民"，以"无为"之道治国，就能让民众自主发展、自给自足，进而使民众在精神层面得到提升，立身端正，归于纯朴。

"无为"这一观念，贯穿于《老子》全书，古今学者大多给予了高度评价，认为是老子思想的核心内容，但也有人提出了不同看法。陈鼓应说："'无为'的思想产生了很大的误解，尤其是'无为而无不为'这句话，许多人以为老子的意思是表面上什么都不做，暗地里什么都来；因此误认为老子是个阴谋家。其实老子绝非阴谋家，他整本书没有一句话是含有阴谋思想的。导致这种误解，完全是因为不了解老子哲学术语的特有意义所致。所谓'无为而无不为'的意思是说'不妄为，就没有什么事情做不成的'。'无为'乃是一种处事的态度和方法，'无不为'乃是指'无为'（不妄为）所产生的效果。"（《老子哲学系统的形成》，见《十家论老》）

4. 柔弱与不争

阅读《老子》这本书，人们不难发现，老子很善于观察，他以敏锐的观察力，发现了天下万物的许多奥秘。其中，他对水的观察，发现了常人未曾想到的道理。如：

四十三章："天下之至柔，驰骋于天下之至坚。无有入于无间，吾是以知无为之有益。"这是通过"至柔驰骋至坚""无有入于无间"的描述，揭示柔弱胜刚强的道理，强调"无为"之道的重要性。

七十八章："天下莫柔弱于水，而攻坚强者，莫之能先，以其无以易之也。水之胜刚，弱之胜强，天下莫不知，而莫能行。"这是说，水是天下最柔弱的东西，它趋下、不争，但滴水可以穿石，洪水可以决堤，奔腾而下的滔滔洪流可以摧枯拉朽，具有不可估量的威力，因此没有任何东西能超过它。老子认为，"水能克刚，弱能胜强"，即"柔弱胜刚强"，这个道理明白易懂，天下人都知道，可是却没有人践行，这是巧妙地暗指国君不能践行。

老子通过对水的观察，总结出了水的三个重要特征：一是利物，二是不争，三是处下。如八章云："上善若水。水善利万物而不争，处众人之所恶，故几于道。"

老子把水的这些特征运用于人事，成为修身的原则和处世的要领。而"不争"正是老子"柔弱"观念的重要体现。老子有感于春秋时期的诸侯相争、君臣相争、名利之争，以及为了争夺各自利益而出现的尔虞我诈，提出了"不争"的观念。如：

八章："居善地，心善渊，与善仁，言善信，正善治，事善能，动善时。夫唯不争，故无尤。"老子认为，有道之士应该具备体现水的美德的"七善"，这"七善"就是谦下、宁静、慈爱、诚信、有序、胜任、适时。老子认为，具备这"七善"的人，就能与世无争，而正因为不争，所以不会有过失。

二十二章："不自见，故明；不自是，故彰；不自伐，故有功；不自矜，故长。夫唯不争，故天下莫能与之争。"这是从"不自见""不自是""不自伐""不自矜"四个方面阐述圣人持守大道的特点——不争，并得出结论：正因为不与人争，所以天下没有人去与他争。

八十一章："圣人无积，既以为人，己愈有；既以与人，己愈多。天之道，利而不害；人之道，为而不争。"老子认为，圣人具有博大的胸襟、济世的情怀，他尽力施与别人，自己却愈加富有；尽力给予别人，自己却愈加饶足。圣人的"为人"和"与人"，都是"不争"的具体表现。老子在全书的结尾，以"天之道，利而不害；人之道，为而不争"这一点睛之笔，进一步强调了"不争"的重要性。

陈鼓应说："这种为他人服务（"利万物"）而不与人争夺功名的精神，也可说是一种伟大的道德行为。老子所说的'成功而不居'（二章）、'功成而不名有'（三十四章）、'功遂身退'（九章），都是这种'不争'思想的引申。由此推知老子'谦退''居后'的观念都是蕴含在这种'不争'的思想里面，主要的目的乃在于消弭人类的占有冲动。"（《老子哲学系统的形成》，见《十家论老》）

5. 反战和慎战

《老子》一书，有八章论及战争和用兵，几乎占了全书的十分之一。其中，三十章、三十一章、四十六章表达了老子强烈反对战争的思想，六十九章、七十六章、六十八章则论及慎战思想。

三十章云："以道佐人主者，不以兵强于天下，其事好还。师之所处，荆棘生焉。"老子认为，"不以兵强于天下"，是因为战争会带来严重后果：一是发动战争者自身也会遭受战祸（"其事好还"），二是会导致荆棘丛生、田园荒芜、民不聊生（"荆棘生焉"）。老子生活的年代诸侯争霸，战乱四起。如南方的楚国，在诸侯争霸的战争中，就先后灭掉了四十二个小国。老子的出生地陈国，就是被楚国所灭。老子目睹战争的残酷和造成的后果，因而产生了强烈的反战思想。

三十一章云："夫兵者，不祥之器，物或恶之，故有道者不处。"这是说：战争是不祥之事，不但人们厌恶它，有道的人也不会使用。"有道者不处"这句话，充分体现了老子反对战争的思想。

四十六章云："天下有道，却走马以粪；天下无道，戎马生于郊。"这是说：国家政治清明，把战马退还民众用来耕种；国家政治黑暗，被征为战马的母马在郊野产驹。老子认为，"戎马生于郊"是"天下无道"的后果，而"天下无道"是导致战争的重要原因。老子反对战争的目的，就是要改变"天下无道"的局面，建立一个"有道"的政治清明、安宁和谐的社会。

六十九章云："用兵有言：'吾不敢为主而为客，不敢进寸而退尺。'……祸莫大于无敌，无敌几丧吾宝。"老子引用用兵者的话，提出"为客"的用兵主张，是说对战争要持谨慎态度，要慎战，不能主动进攻，不能侵略别国。老子认为，在不得已而进行战争时，不能轻视敌人，如果不清楚敌情，不能做到"知彼"，必然遭受失败。

七十六章云："是以兵强则不胜，木强则柏。"这是说，用兵逞强就不能取胜，树木壮盛就会死亡。老子认为，用兵逞强就会轻举妄动，贸然出兵，就不能在战争中取胜，这就像树木壮盛就会走向其反面而死亡一样。老子反对用兵逞强，体现的是慎战的思想。

六十八章云："善为士者不武，善战者不怒，善胜敌者不与，善用人者为之下。是谓不争之德，是谓用人，是谓配天，古之极也。"老子认为，"不武""不怒""不与""为之下"是"不争之德"在战争中的表现。"不武"指军队有旺盛的斗志但不炫耀逞强，"不怒"指将领沉着冷静不被敌人激怒，"不与"指避免正面冲突"不战而屈人之兵"，"为之下"指善于用人的统帅能够谦下待人。而"不武""不怒""不与"所体现的，则是老子的慎战思想。

此外，老子还在五十七章提出了"以奇用兵"的原则，在六十七章提出了"以慈用兵"的观点。

《老子》一书论及战争和用兵的内容虽然仅占全书的近十分之一，但老子提出的用兵原则和慎战思想，却成为中国古代兵法的重要内容，对中国军事思想的形成和发展产生了深远的影响。

林语堂对老子论及战争和用兵的内容做了高度评价，他说："如果世上的领导者看过老子的战争论（第三十、三十一章，第六十八章之一）、用兵法（第六十八至六十九章）、和平论（第七十九章）、不战论（第三十一章之一）就好了；如果希特勒在猛扑之前有一些老子'持而盈之，不如其已'的智慧，人类就不会空洒那么多的鲜血。"（《老子的智慧·绪论》）

6. 朴素的辩证法思想

朴素的辩证法思想是老子哲学体系的精髓，是春秋末期重大社会变革的客观现实的反映。

老子看到客观存在的事物都存在矛盾对立的两个方面，这两个方面相互依存，失去一方，另一方就不复存在。《老子》一书用了上百个概念来说明事物的对立统一现象，如美丑、善恶、有无、难易、长短、高下、先后（二章）；虚实、强弱（三章）；宠辱、得失（十三章）；上下、首尾、古今（十四章）；浊清、动静（十五章）；轻重、静躁（二十六章）；雌雄、黑白、荣辱（二十八章）；翕张、弱强、废举、夺与、柔刚（三十六章）；厚薄、彼此（三十八章）；盈竭、生灭、贵贱（三十九章）；存亡、明昧、夷纇（四十一章）；阴阳、损益（四十二章）；亲疏、利害（五十六章）；正奇（五十七章）；祸福（五十八章）；牝牡、大小（六十一章）；多少（六十三章）；治乱、终始（六十四章）；慈勇、俭广（六十七章）；主客、进退（六十九章）等等。

老子在纷繁复杂的事物和社会现象中捕捉到如此多的对立统一现象，反映了当时人类认识世界已不局限于个别的现象，而扩展深化到了自然、社会的各个方面，同时也表现了老子对事物对立统一现象的深刻认识。

老子看到事物对立统一现象的同时，还看到了事物的相互转化。他说："祸兮，福之所倚；福兮，祸之所伏。孰知其极？其无正也。

正复为奇，善复为妖。"（五十八章）又说："图难于其易，为大于其细。天下难事必作于易，天下大事必作于细。是以圣人终不为大，故能成其大。夫轻诺必寡信，多易必多难。是以圣人犹难之，故终无难矣。"（六十三章）

正如党圣元所说："通过大量的分析说明，老子最后得出了一个十分重要的结论：'反者道之动，弱者道之用。天下万物生于有，有生于无。'可以说这一句极具哲学内涵的表述是老子对自己整个哲学体系的高度概括。两千多年前的老子能做出如此深刻的分析，达到如此认识的高度，确实难能可贵。老子的辩证法思想，第一次总结和概括出自然和社会普遍存在着的矛盾对立现象，对中国古代哲学思想的发展做出了突出贡献。"（《老子评注》）

四　《老子》的版本和流传

《老子》一书由"道论"和"德论"构成，具有完整的体系，其核心内容是"道"和"德"，并论及社会生活的各个方面。作为先秦时期的重要经典，《老子》一书虽然是由老子撰写而成，但其内容已经融为中华民族文明发展过程中全民族智慧结晶。

《老子》一书，既有传世刻本，也有出土简帛本。

西汉河上公的《老子章句》（简称河上本）、严遵的《老子指归》（简称严遵本），魏王弼的《老子道德经注》（简称王弼本）是最早的传世本，而王弼本的流传更广，影响也最大。

唐代傅奕的《道德经古本篇》（简称傅本），唐景龙二年河北易州龙兴观的《道德经碑》（简称景龙本），宋代范应元《老子道德经古本集注》（简称范本），是《老子》传世本中重要的版本。

1993 年，湖北荆门出土郭店楚墓《老子》竹简本（简称楚简本），其简文分为甲、乙、丙三组，共存文字 2046 字，墓葬时间约为战国中叶，是《老子》最早的版本。1973 年，湖南长沙出土马王堆汉墓《老子》帛书甲、乙本，甲本抄于刘邦即位前，乙本抄于刘邦在位时。2012 年出版的《北京大学藏西汉竹书（贰）》（即西汉竹书《老子》，简称汉简本），抄写年代约为汉武帝后期，全书共 5200 字。在出土的四种《老子》版本中，汉简本保存最为完整，对《老子》一书的校勘和老子思想的研究具有极高的价值。

自战国韩非撰写《解老》《喻老》以来，历代注释《老子》者甚众。注老解老的著述，唐代三十余种，宋元时代一百余种，明清两代二百多种。据台湾学者严灵峰《中外老子著述目录》的统计，历代《老子》的注疏，达七百余种。加上民国以后的《老子》著述，一部五千言的《老子》，注疏、训释等各种形式的著述，达一千余种，成为中国学术史上注释最多的两部书之一（另一部是儒家的《易》，其注释不下三四千种）。

《老子》一书在我国有重大而深远的影响。由于历代注老、解老、崇老者不乏其人，从士人学者到道家人物，乃至古代社会的最高统治者，都为研读《老子》、探究老子思想之真谛而殚精竭虑，留下了几千万字的注解文字，使《老子》一书流传两千多年而历久不衰，成为中华民族优秀传统文化的奇葩，丰富了中华民族优秀传统文化的宝库。

《老子》一书在世界的流传，有记载可考的始于唐太宗时高丽遣使来唐学习道教。唐玄宗时日本遣使来唐请《老子经》和老子像。唐玄奘以后，《老子》已有日译本、梵文本、拉丁文本、俄译本、法译本。1868 年，英国已有研究《老子》的著作。到 20 世纪中叶，英文研究《老子》的文章、著作达 59 种。华人学者林语堂、陈荣捷，也用英文向欧美国家介绍《老子》的思想。据联合国教科文组织统计，在世界文化名著中，《老子》译成外国文字的发行量，仅次于《圣经》，可见其在世界上的广泛影响。

任继愈先生说："中华民族五千年的文明史，五千年间社会不断发展，学术理论也随之发展。孔子、老子的学说虽是两千多年前出现的，但后来的注释者不断以注释代替著作，以述为作。我们不认为老子的学说本身有长久不变的影响力，而是由于中国学术的传统习惯，不断对古代著作随时给予富于时代精神的解释。每一个新时代的解释中都注入了每一时代的新内容。老学看来万古常新，正是由于广大研究者随时注入新内容、新解释，所以它不会成为不变的考古研究的对象，而是人们生活中不可中断的精神营养。"（《老学源流》，见《老子绎读》）任继愈之语，揭示了《老子》一书流传两千多年而历久不衰的原因。

《老子》一书，虽然仅有五千余言，而历代注老、解老的专著可谓汗牛充栋。这既有语言简洁、古奥的原因，也有流传版本较多，抄错、抄漏或以假借字代替本字的情况比较多的原因，更有老子创立的道论、德论意蕴丰富、深刻，古今注家对一些章句的理解和训释或歧义甚多，或牵强附会，留下了有待后人探究、厘清的悬疑，注老、解老者非穷毕生精力难以定论的原因。正如南怀瑾所说："老子只写了五千言，而我们已经研究了几千年。……到现在为止，关于这五千字的讨论著作，几千万字都有了。……我经常说，中国文化左右了几千年的历史，而真正影响几千年历史思想与实际的是道家的文化。天下太平的时候，都是外用儒家的学问；到拨乱反正的时代，都是道家的人物出来。"（《老子他说》）

进入 21 世纪以后，人类面临百年未有之大变局。环境恶化，新冠肆虐，单边主义抬头，霸凌主义横行，是人类面临且亟待解决的现实问题。以老子为代表的道家崇尚的"自然""无为""柔弱""不争"等观念，以及中华民族优秀传统文化中崇尚德治、以民为本、以和为贵等理念，将为中华民族的伟大复兴、人类社会的和谐发展贡献新的智慧，带来新的机遇。

本书以通行本王弼《老子道德经注》为底本，参校出土文献楚简本、帛书本、汉简本，以及河上本、傅奕本、景龙本、范应元本等传世本，考订其文，诠释其义。凡经文删、改之处，皆在注中予以说明。本书的注释和解读，是自己多年研读《老子》著述心得的结晶。凡采用古今注家之研究成果，皆一一注明出处，丝毫不敢疏忽，实不敢掠人之美。

本书在博采古注精义的同时，广泛汲取今人的成果，并在古今融汇的基础上，致力于发掘《老子》蕴含的哲思深意，进而提出新的见解，进行有别于古今学者的诠释。非敢标新立异，实为引玉之砖，以求证于大方之家。

朱谦之先生曾说："浅学如余，非敢有越前修诸子，盖唯衷取群解，略发指趣，亦欲以此去伪存真，竭其绵薄，以复五千言古本与乎声韵文句之真，并借以窥见古代哲学诗之真面目焉。"(《老子校释·序文》) 学界前贤尚以"浅学"自称，我辈后学虽欲在《老子》研究中尽绵薄之力，亦不能"自见""自是"，班门弄斧。

一部五千言的《老子》，能够流传两千多年而历久不衰，与古今像河上公、王弼、陆希声、杜光庭、薛蕙、董思靖、蒋锡昌、奚侗、高亨、高明、朱谦之、任继愈、张松如、古棣、卢育三、陈鼓应、严灵峰、陈徽这样的潜心于《老子》研究和著述的学者们所付出的心血与辛劳密切相关。作为后学，在国家大力弘扬中华民族优秀传统文化的当下，能从他们的研究成果中汲取丰富的营养而提出一些新的见解，实为莫大的幸运。

老子不朽。老子的思想和学说博大精深，他以"道"和"德"构建的宏大体系，丰富了中华民族优秀传统文化的宝库。今人阅读

"老子",既是回归传统,也能与中国两千多年前的哲人、伟大的思想家进行心灵的沟通和交流,并从老子那里感悟"道"和"德"的真谛,从而陶冶情操,增长智慧。

　　著者才疏学浅,加之所见老学著述有限,书中谬误之处在所难免,恳请方家和读者赐教。

罗志霖

2021 年 5 月于蓉城知行斋

目 录

◇ 下 篇 ◇

上

篇

一　章

道可道①，非常道②。名可名③，非常名。无名④，万物之始⑤；有名⑥，万物之母⑦。故常无欲⑧，以观其妙⑨；常有欲，以观其徼⑩。此两者同出而异名⑪，同谓之玄⑫；玄之又玄⑬，众妙之门⑭。

【译文】

道可以实施和践行，但不是永恒的道；名能够据实情命名，但不是永恒的名。

无名是万物的原始，有名是万物的根源。所以，经常处于无欲状态，可以体察大道的微妙；经常进入有欲状态，可以知晓大道的归趣。无欲和有欲两者，来源相同而称谓各异，都非常深远玄妙，玄妙而又玄妙，这是解开众多奥妙的门径。

【注释】

①道可道：前一"道"字为名词，是老子哲学思想的最高范畴，意为规律、法则。《说文》："道，所行道也。……一达谓之道。"可见，道的本义是道路。在《汉语大字典》中，道的本义为道路，引申义多达30余项，规律、法则即为其中的一项。后一"道"字为动词，意为施行、实行。《汉语大字典》："施行；实行。……《韩非子·五蠹》：'舍必不亡之术，而道必灭之事'。"古今注家多训作动词之"道"为言说。如此，则"道可道，非常道"就译为"道，说得出

的，就不是永恒的道"（张松如《老子说解》）。对此，朱谦之提出了异议，他认为"《老子》一书，无之以为用，有之以为利，非不可言说也"（《老子校释》）。从朱说，此处作动词之"道"不释为"言说"，而训为"施行、践行"。

②常道：《说文》段注："常，为下裙也。从巾，尚声。从巾者取其方幅也，引申为经常字。《释名》曰：上曰衣，下曰裳。裳，障也，以自障蔽也。"因此，"常"的本义为下裳，即今人所说的裙或裤。此处意为永恒的、固定不变的，是"常"的引申义。汉简本、帛书甲本"常"作"恒"，王弼本、通行诸本皆作"常"，为避汉文帝讳而改。

③名可名：前一"名"字为名词，指具体事物的名称。后一"名"字为动词，意为命名、取名、确定。汉简本后一"名"字作"命"。"命"有"给予"义，此处意为"命名"。

④无：与"有"相对，指没有或不存在。作为老子哲学的重要范畴，指无形、无名、虚无等，或指物质的隐微状态。

⑤万物：通行诸本均作"天地"，汉简本、帛书本作"万物"，王弼注文也作"万物"，《老子》故书当作"万物"，今据改。

⑥有：与"无"相对，表示存在。

⑦母：《说文》："母，牧也。……一曰象乳子也。"段注："母，牧也，牧者养牛人也，以喻人之乳子，引申之，凡能生之以启后者皆曰母。"意为养育、抚育，引申为根源。

⑧常无欲：通行诸本从"无欲"处断句，景龙本、范本及王安石从"无"处断句，但帛书甲、乙本"欲"后有"也"字，从"也"后断句方合文意。故"常有欲"句，亦当在"有欲"后断句。

⑨妙：汉简本、帛甲本作"眇"。《说文》："眇，小目也。"引申为小、微等义。妙：精微、深微，与"眇"之"微、小"义同。故此处"妙"宜训为"精微""微妙"，不宜训为"奇妙""神妙"。陈

徽持此说，可从。其：指道。董思靖云："此言圣人体道在己，乃寂然不动，所存者神之时，即此可见道体之至微至妙者也。"（《老子道德经集解》）

⑩徼（jiào）：《说文》："徼，循也。"段注："循，行也。"故"徼"之本义为行，引申为巡察、边界、终极、归终等义。陈徽谓"徼"当训为"徼求"或"归趣"，其说有据。如：王弼作"归终"、河上公作"归趣"、俞樾作"归"。又，焦竑云："'徼'，读如'边徼'之'徼'，言物之尽处也。晏子曰：'徼也者，德之归也。'列子曰：'死者，德之徼。'皆指尽处而言。"（《老子翼》）故"徼"训为"边际""归趣"均可，此处从陈说。汉简释文注："传世本无'所'字，故'徼'作名词，释为'边际、归止'。帛书、汉简皆有'所'字，故'徼'为动词，义为'求取'，较传世本义长。"（见《北京大学藏西汉竹书（贰）》"老子释文注释"，简称"汉简释文注"，下同。）此说可通，今存之。董思靖云："此感而应之时也，于此可观妙道之用矣。"（《老子道德经集解》）

⑪此两者：指"无欲""有欲"。蒋锡昌云："'有欲''无欲'为老子主意所在，故于开端言之。"又云："'此两者同出'谓'无欲''有欲'皆出于'无名'，其源同也。"（《老子校诂》）

⑫玄：《说文》："玄，幽远也。黑而有赤色者为玄，象幽而入覆之也。"故"玄"本指赤黑色，引申为深远、深奥，此处意为玄妙。

⑬玄之又玄：通行诸本、帛书本均作"玄之又玄"。汉简本作"玄之有玄之"，"有"读为"又"，即"玄之又玄之"。如此，则两"玄"字作动词，两"之"字为宾语。曹峰认为："玄之又玄之"这种表现方式和"损之又损之"恰好形成对照。"玄"应该理解为减损或否定，"之"是"玄"所减损或否定的对象。曹峰说："首先，'玄之'否定的是人外在的各种欲望……其次，'又玄之'否定的是对

'有欲''无欲'二元因素做出思考的主体思维活动本身。"(《老子永远不老》)曹说另辟蹊径,开辟了此句诠释的新路,可备一说。但从"玄"字的本义和引申义看,训为"减损"或"否定",实有商榷之必要。此处按通行诸本,作"玄之又玄","玄"为形容词,"之"为助词,意为"深远又深远"。

⑭门:《玉篇》:"门,人所出入也。"指房屋或区域可以开关的出入口。引申为门径。

【解读】

本章作为《老子》全书的总纲,开宗明义,提出了"道"这一最高哲学范畴,并对"道"与"名"、"无名"与"有名"、"无欲"与"有欲"等概念进行了辨析,得出了"道"是天下万物的原始和根源的结论。正如吴澄所说:"此章总言道德二字之旨。……其道其德以虚无自然为体,以柔弱不盈为用。"(《道德真经注》)

老子构建的以"道"为核心的哲学体系,是先秦诸子哲学最为重要的哲学范畴,是中华民族优秀传统文化的代表。司马迁在《史记·太史公自序》中说:"其术以虚无为本,以因循为用。无成势,无常形,故能究万物之情。不为物先,不为物后,故能为万物主。……乃合大道,混混冥冥,光耀天下,复反无名。"司马迁的这一评价,揭示了老子思想之要旨。诚如蒋锡昌所言:"此章能通,则全书亦明矣。"(《老子校诂》)

林语堂先生对老子提出的"道"给以极高评价,他说:"道家的道是宇宙的神智,万物的根源,是赋予生命的原理;公正无私,含蓄无形,看不见摸不着。它创造了万物,改变了万物;它是不朽的本体。道家不和我们谈上帝,只再三强调道不能名,可名之道就不是道。最重要的是:道给物质世界带来了一统和灵性。"(《老子的智慧·绪论》)

　　古今注《老》解《老》的学者，多因对本章第一句的理解出现偏差，得出了老子之道不可言说的结论。朱谦之先生发现了这一问题，并在《老子校释》一书中说："老子著五千之文，于此首发其立言之旨趣。盖'道'者，变化之总名。与时迁移，应物变化，虽有变易，而有不易者在，此之谓常。自昔解《老》者流，以'道'为不可言。高诱注《淮南子·泛论训》曰'常道，言深隐幽冥，不可道也'。伪《关尹子》推而广之，谓'不可言即道'。实则《老子》一书，无之以为用，有之以为利，非不可言说也。曰'美言'，曰'言有君'，曰'正言若反'，曰'吾言甚易知，甚易行'，皆言也，皆可道可名也。自解《老》者偏于一面，以'常'为不变不易之谓，可道可名则有变有易，不可道不可名则无变无易（林希逸），于是可言之道，为不可言矣；可名之名，为不可名矣，不知老聃所谓道，乃变动不居，周流六虚，既无永久不变之道，亦无永久不变之名。……天地之道，恒久而不已，四时变化，而能久成。若不可变，不可易，则安有所谓'常'者。"朱谦之认为，老子之"道"并非不可言说，老子所说的"道"和"名"，并非固定不变，而是同万事万物一样，永远处于变化之中。因此，说老子之"道"体现了辩证法的核心思想，可谓一语中的。

　　陈鼓应说："'道'是老子哲学的一个最高范畴，在《老子》书中它含有几种意义：一、构成世界的实体；二、创造宇宙的动力；三、促使万物运动的规律；四、作为人类行为的准则。"（《老子今注今译》）陈先生的概括，既准确又精辟。因此，要理解老子所说的"道"的含义，一定要结合老子在不同章句谈论"道"的背景和语境，而不能一概而论。

二　章

天下皆知美之为美，斯恶已①；皆知善之为善，斯不善已②。故有无相生③，难易相成④，长短相形⑤，高下相倾⑥，音声相和⑦，先后相随⑧。

是以圣人处无为之事⑨，行不言之教⑩。万物作而不始⑪，为而不恃⑫，成功而不居⑬。夫唯不居⑭，是以不去⑮。

【译文】

天下人都知道美的事物是美的，丑陋的事物就随之出现了；都知道善的行为是善的，不善的行为就随之出现了。因此，有和无在对立中互相生成，难和易在对立中互相转化，长和短在对立中互相比较，高和下在对立中互相依存，音和声在对立中互相谐和，先和后在对立中互相跟随。

所以圣人秉持顺应自然的心态处理问题，采取潜移默化的方式教化民众。万物兴起而不去创始，泽被万物而不自恃其能，成就功业而不自居其功。正因为不居功，所以他的功绩永存。

【注释】

①斯：副词，表示承接上文，得出结论，相当于"则""就"。恶：丑，丑陋。已：同"矣"，语气词。释德清云："天下之人，但知适己意者为美，殊不知在我以为美，自彼观之，则又为不美矣。"（《道德经解》）可见，美、丑是相对的，站在不同的角度，做出的判

断会截然不同。

②善：善良，与恶相对。吴澄云："美恶善不善之名相因而有，以有恶故有美，以有善故有不善。皆知此之为美，则彼为恶矣；皆知此之为善，则彼为不善矣。"（《道德真经注》）

③有、无：是既对立，又统一的概念。林希逸云："盖天下之事，有有则有无，有难则有易，有长则有短，有高则有下，有音则有声，有前则有后。'相生''相成'以下六句，皆喻上面美恶善不善之意。"（《老子鬳斋口义》）相生：指在相互对立中产生。

④相成：意为相互转化。

⑤相形：相互比较。形：对照，比较（《汉语大字典》）。王弼本作"较"，楚简、河上本、傅本、范本均作"形"，汉简本、帛书本作"刑"，与"形"音同义通，为同音假借。

⑥相倾：相互依存。倾：依，倚。楚简、帛书本作"盈"，汉简本、王本及通行诸本均作"倾"。"盈""倾"音近，可通假。从汉简本、王本作"倾"。

⑦音、声：《说文》："音，声也。生于心，有节于外，谓之音。宫商角徵羽，声；丝竹金石匏土革木，音也。"因此，单一的发音为声，组合为音乐节奏的为音。

⑧先后：汉简本、楚简本、帛书本同。通行诸本作"前后"，从汉简本、楚简本。相随：互相跟随。《说文》："随，从也。"释德清云："故名则有无相生，事则难易相成，物则长短相形，位则高下相倾，言则音声相合，行则前后相随，此乃必然之势。"（《道德经解》）

⑨圣人：老子心目中的理想人物。无为：道家的哲学思想，即顺应自然的变化之意。老子认为宇宙万物的根源是"道"，而"道"是"无为"而"自然"的，人效法道，也应以"无为"为主（见第六版《辞海》）。徐梵澄云："'无为'者，非谓无所作为也。倘人皆无所作

为，则人事皆息，而文明亦于是乎止。"（《老子臆解》）处：处置，办理，这里指做。处无为之事：做顺应自然的事。又，《说文》："处，止也。"陈徽云："'止'与'行'相对，意味着行为的终止或停止。……故'圣人处无为之事'，谓圣人行事（喻治世）止之于'无为'，即以'无为'为宗。"（《老子新校释译》）陈徽乃取"处"之本义。按："处"按本义训"止"或按引申义训"处置""做"均可。此处用引申义。

⑩不言之教：不用言辞的教化，即采取潜移默化的方式教化民众。

⑪作：兴起。不始：王本作"不辞"，河上本、景龙本同，楚简、帛书本作"弗始"，汉简本作"弗辝"，汉简释文注："'辝''辞'（邪母之部）一字异体，与'始'（书母之部）音近，故可假为'始'。"杨丙安云："据王弼注，'始'乃本字，'辞'乃'始'之假，故作'不辞'亦不为误，'不辞'即言'弗始'。"（《老子古本合校》）始：开端，最初。不始：意为不去创始。

⑫为：施，给予。《左传》："齐侯将为臧纥田。"此处意为施为、泽被。恃：依赖，倚仗。汉简本作"侍"，其注云："汉简十四章'为而不恃'，四十一章'为而弗有'，传世本皆作'为而不恃'，可见简帛本此字应读为'持'，义为'拥有'。"此说亦通，并存之。"为而不恃"前，王本、河上本等通行诸本均有"生而不有"一句，汉简本、楚简本、帛书本皆无此句。当据汉简本、楚简本及帛书本，删此句。

⑬成功：汉简本、帛书本如此，王本、河上本等多作"功成"。从汉简本、帛书本，作"成功"。成功而不居：成就功业却不自居其功。

⑭夫：语气词，置于句首，表示要发议论。唯：因为。《左传·

昭二十年》："唯不信，故质其子。"夫唯：《老子》中常用的关联词，相当于"正因为""由于"。

⑮去：失掉，失去。吴澄云："不去，常存也。天地不居成物之功，故其功长久而不去。"（《道德真经注》）

【解读】

本章首先阐明对立统一的辩证关系，在此基础上，提出了"无为"的政治主张。"先秦诸子学说都有浓厚的政治取向，不空谈玄理。"（陈剑《老子译注》）无论是《论语》《孟子》，还是《墨子》《韩非子》，都是如此。《老子》一书，堪称不尚空谈、关注时势的典范。

本章前半部分从美与恶、善与不善的产生说起，列举了有无、难易、长短、高下、音声、先后等既矛盾对立，又相辅相成的概念，体现了对立统一的辩证法思想。老子以其睿智的洞察力，在纷繁复杂的事物中，既看到了事物的矛盾和对立，又看到了矛盾、对立事物的统一、和谐。释德清对此做了精辟的评论，他说："是则善恶之名，因对待而有。故名则有无相生，事则难易相成，物则长短相形，位则高下相倾，言则音声相和，行则前后相随，此乃必然之势。"（《道德经解》）可见，老子从名、事、物、位、言、行的角度，阐述了"形而下的一切现象所具备的相对性和变动性，正好反衬出形而上之'道'的绝对和永恒"（党圣元《老子评注》）。

本章后半部分，老子提出了"处无为之事，行不言之教"的政治主张。老子认为，作为圣人，必须遵行大道，顺应自然，不恣意妄为。所谓"圣人"，是老子心目中的理想人物。这样的圣人，可以是超凡脱俗的贤者，也可以是治国安民的明君。老子主张，圣人要"处无为之事，行不言之教"，即：秉持顺应自然的心态处理问题，采取潜移默化的方式教化民众。为实现"处无为之事，行不言之教"的目标，老子提出了三项具体要求，即："万物作而不始，为而不恃，成功而不居。"这就从总体目标到具体要求，赋予了"无为"之道特殊内涵。

张默生说："老子揭示矛盾统一之旨，分别相对绝对之相，终之以圣人无为而治不言而教的大经大法，垂范后世。"（《老子章句新释》）这一评价，揭示了本章的主旨和深远意义。

三　章

不尚贤①，使民不争②；不贵难得之货③，使民不为盗④；不见可欲⑤，使民不乱⑥。

是以圣人之治也：虚其心⑦，实其腹⑧，弱其志⑨，强其骨⑩。常使民无知无欲⑪，使夫智者不敢、不为⑫。则无不治矣⑬。

【译文】

不尊崇贤才异能，使民众不争名夺誉；不珍视难得的财物，使民众不生偷盗之心；不炫耀激发贪欲的东西，使民众不惑乱。

因此，有道的圣人治理国家，要让民众内心虚静而没有私欲，吃饱肚子而温饱自足，心志削弱而不争名夺利，体魄强健而不争强逞能。经常让民众既无巧智伪诈，又无争盗之心；使有智慧的人既不争强好胜，又不肆意妄为。这样，国家就没有治理不好的。

【注释】

①尚：崇尚，尊崇。尚贤：崇尚贤人。这是先秦时期的重要思想。汉简本"尚"作"上"，二字常通用。

②争：争夺，竞争。此处指争名夺誉。

③贵：《说文》："贵，物不贱也。"此处指看重、珍视。难得之货：指贵重财物。

④盗：盗贼。不为盗：不做盗贼，意为不生偷盗之心。

⑤见（xiàn）：同"现"，显现。意为炫耀。可：可以，可能。欲：欲望。此处指私欲，贪欲。

⑥使民不乱：此句汉简本、河上本、景龙本作"使心不乱"，王本、傅本、范本作"使民心不乱"，帛书本则作"使民不乱"。高明谓当从帛书本作"使民不乱"。从高说。如此则三句"使"之所指皆为民，而三句之句法也一致。乱：昏乱、糊涂，此处指惑乱。

⑦虚其心：使民众内心虚静，无私欲和忧虑。

⑧实其腹：使民众吃饱肚子，即解决其温饱。

⑨弱其志：使民众的心志削弱，即不争名夺利。

⑩强其骨：使民众的筋骨强健，即强健其体魄。林希逸云："虚其心，无思慕也。实其腹，饱以食也。弱其志，不趋竞也。强其骨，养其力也。言太古圣人，但使民饱于食而无他思慕，力皆壮而无所趋竞，故其民纯朴，而无所知，无所欲。"（《老子鬳斋口义》）林说甚合老意。

⑪常：常常，经常。一说永远，不从。知：同"智"，智慧。此处指巧智、伪诈之心。无欲：没有欲望，此处指没有贪欲或争盗之心。

⑫智者：聪明人，此处指自作聪明的人。汉简本此句为"使夫智不敢、弗为"，"智"释为"知"，无"者"字，与上句所指皆为

"民"。汉简释文注："王本、河本作'智者'，增一'者'字，改动词为名词，文义因而大变。"按：此句作"使夫知不敢、弗为"，文义固通，作"使夫智者不敢、不为"，亦不违老意。今从后者。不敢、不为：王本等通行诸本均作"不敢为"，汉简本、帛书本作"不敢弗为"，"弗"作"不"。朱谦之谓遂州碑本作"不敢不为也"，成玄英疏本亦作"不敢不为"，"'不敢''不为'乃二事，与前文'无知''无欲'相对而言。……老子原意谓常使一般人民无知、无欲，常使少数知者不敢、不为，如是则清净自化，而无不治。"（《老子校释》）朱说善，可从。敢：勇于进取。此处为贬义，指争强好胜。不敢：意为不争强好胜。不为：意为不妄为。

⑬无不治：没有不能治理的，意为没有不能治理好的事。

【解读】

本章承接上章，阐述了"无为而治"的具体内容。老子认为，统治者只有做到"不尚贤""不贵难得之货""不见可欲"的"三不"，才能使民众"不争""不为盗""不乱"。在坚持"三不"的同时，还要采取"虚心""实腹""弱志""强骨"等措施，使民众"无知无欲"。对自作聪明的统治者，老子则提出了"不敢、不为"，即既不争强好胜，又不恣意妄为的要求。只有做到以上这些，才能达到"无为而治"的目的。

老子在本章提出的使民众"无知无欲"的主张，历来褒贬不一，存在意见分歧。如任继愈先生说："老子反对当时出现的尚贤主张，他主张愚民，和孔子的'民可使由之，不可使知之'的主张有一致的地方。"（《老子绎读》）张松辉认为："愚民政策在本章表现得很突出，这是老子受到后人责备的主要原因之一。……他的愚民思想是他的无为政治思想的一个重要组成部分，是'绝圣弃智'思想的一项具体内容，其目的是为了医治社会动乱的病根——'智慧出，有大伪'，并不是为了反对百姓。同时，老子所要愚的对象并不仅仅只限于百姓，而且也包括了统治者。"（《老子译注与解析》）对老子主张"愚民"的观点，古今学者提出了不同的看法。如宋代范应元云："盖民知贵尚，见可欲，则有争有贪而为乱，故常宜使之无妄知，无妄欲。"（《老子道德经古本集注》）明代薛蕙云："圣人之治天下，塞富贵之途，屏纷华之物，使民消其贪鄙之心，守其素朴之行。……无知无欲，人心本如是耳。化于物而迷其初，乃多知多欲以自累。使民无知无欲，盖反其本而已。知者好生事以扰天下，知无为有为之损益，则惧而不敢妄为矣。安人之道，莫善于无为。故为无为，则无不治矣。"（《老子集解》）今人陈鼓应也说："所谓'无知'，并不是行愚民政策，乃是消解巧伪的心智。所谓'无欲'，并不是要灭除自然的本能，而是消解贪欲的扩张。"（《老子今注今译》）

因此，老子使民"无知无欲"的主张，并不是一种愚民政策，而是一项安民治国的举措。老子身处战乱频发、纷争四起、民不聊生的春秋末期，他深知"名位的争逐与财货的贪图是引起人们巧诈伪作心智产生的原因，同时也是引起社会混乱与冲突的根源。'无知''无欲'才是解决这些问题的根本办法"（党圣元《老子评注》）。老子提出的"虚其心""弱其志"，是在精神层面对民众的教化和要求，而"实其腹""强其骨"，则是在物质层面对民众的关注和保障。只有这样，才能使民众单纯朴素而无私欲贪欲，温饱自足而体健骨强。老子所说的"无知无欲"，也不是不要一切知识和否定所有欲望，而是让民众既无巧智伪诈又无贪欲争盗之心。所以，轻率地得出老子主张"愚民"的结论，是不恰当的。

四 章

　　道冲①，而用之，又不盈②，渊兮似万物之宗③。挫其锐，解其纷，和其光，同其尘④。湛兮似或存⑤。吾不知其谁之子，象帝之先⑥。

【译文】

　　道是抽象的，但它的作用却没有穷尽。它深邃莫测啊，好像是万物的主宰。摧折锋芒，消解纷争，收敛光芒，混同尘世，它隐晦不明啊，好像又真实存在。我不知道它是谁的孩子，好像是天帝的祖先。

【注释】

　　①冲：通"盅"。傅本作"盅"，汉简本、帛乙本及通行诸本均作"冲"。《说文》："盅，器虚也。"俞樾云："盅训虚，与盈正相对，作冲者，假字也。河上公训冲为中，失之。"（《老子平议》）因此，老子是以"器虚"即器皿未盛东西而空虚，比喻道的空虚。而空虚有无形义。道空虚、无形，即为抽象。故"道冲"意为道抽象，赵又春《我读老子》释为"道是抽象的"，可从。

　　②又：王本、河上本作"或"，汉简本、帛乙本作"有"，古通"又"。易顺鼎云："古'或'字通作'有'，'有'字通作'又'。三字义本同。……王注云：'故冲而用之，又复不盈，其为无穷，亦已极矣。'足证王本作'又'无疑。"（《读老子札记》）盈：《说文》："盈，满器也。"蒋锡昌云："唯'盅'本义以器虚为比，故下亦以

'不盈'为言。四十五章'大盈若冲，其用不穷'。然则'不盈'犹言'不穷'矣。"（《老子校诂》）蒋说是。不盈：不能盛满，意为没有穷尽。

③渊：深邃。宗：根本，宗主。意为主宰。

④挫：摧折，折断。锐：《说文》："锐，芒也。"指锋芒。其：代词，此处相当于"它"，指万物。解：消解，解脱。纷：纠纷，争执。此处意为纷争。和：《说文》："和，相应也。"此处读 hè，调和之意，引申为缓和、收敛。尘：《中华大字典》："犹言世也。"此处指尘世、俗世。刘昭瑞云："同，混同的意思；光，来自于天上；尘，指俗世。《老子》本意是说道能与俗世混为一体，与世无争。"（《〈老子想尔注〉导读与译注》）薛蕙云："挫其锐者，摧挫芒锐，用柔弱也；解其纷者，解释纷结，不系累也；和其光者，光而不耀，则浑然矣；同其尘者，大同于物，无所异也。"（《老子集解》）马叙伦云："伦谓此文'挫其锐'四句乃五十六章错简。而校者有增无删，遂复出也。"（《老子校诂》）陈鼓应、黄瑞云亦取马说。蒋锡昌则认为："'挫其锐'四句正为上文'道冲而用之，或不盈'一语具体之说明。复文为老子特有文体，不能因其复出，遂谓之错简。马说非是。"（《老子校诂》）汉简本、帛书本均有此四句，足证蒋说不误。

⑤湛（chén）：《说文》："湛，没也。"《小尔雅·广诂》："没，无也。"凡物沉没则不可见，故引申有"深邃"义（见《汉语大字典》）。楼宇烈云："'湛'，深暗不可见之貌。"（《老子道德经注》）故"湛"既训"深邃"，又训"深暗"，皆言道隐晦而不可见。或：代词，此处表示相承，相当于"又"。林希逸训"或"为"若"（《老子鬳斋口义》）。蒋锡昌据《经传释词》"若犹或也"之说，亦训"或"为"若"（《老子校诂》）。但"或"训"若"，却与"似"字义重，故不取林、蒋之说。

⑥象：肖（xiào），好像。《广雅·释诂》："肖，象也。"帝：天帝。《汉语大字典》："帝，天神。古人或宗教徒称宇宙的创造者或主宰者为帝。如上帝、天帝、玉皇大帝。"先：《说文》："前进也。""前进"为"先"之本义，此处作"祖先"，乃"先"之引申义。河上公注："道自在天帝之前，此言道乃先天地生也。"

【解读】

本章对道的形态、功用进行了描述。首先，老子认为，道是空虚、无形的，因而是抽象的，难以认识的。尽管如此，它的作用却没有穷尽。其次，老子强调，由于道深邃莫测，好像是万物的主宰，因而能"挫其锐，解其纷，和其光，同其尘"。也就是说，道虽然不可捉摸，但作为万物的主宰，对世人的要求却是明确的，那就是：不要显露锋芒，要采取与世无争的处世态度。最后，老子提出了道在天帝之前就已存在的观点，这直接否定了商、周时代人们信奉的把天或天帝作为万物的最高主宰的"天道观"，这无疑是对当时传统观念的挑战，其意义非常深远。

正如张默生所说："老子所说的道，就是一个'大实在''大自然'，它是无所不在，无时不有的。它的本体，固然难以认识；它的妙用，也是不可捉摸。所以老子在本章文字中，连用几个'未定之词'：什么'或不盈'，什么'似万物之宗'，什么'似或存'，什么'吾不知'等等字样。他这样不敢下断语，正是他的虚心处，也正是他的真知灼见处。"（《老子章句新释》）

关于老子所说的道，古棣认为："老子的道，对春秋时代人们关于道的言论有因袭，有扬弃，当然也有他自己的创造，这就是把道当作宇宙的本体。"（《老子通论》）任继愈则对老子之道做了高度评价："老子提出了万物的本源，追问万物的开始，是他深刻的地方。他提出探求世界开始，还处在'起源论'的阶段，比起'神造说'有质的飞跃，比

起'五行说'有更高的抽象思维水平。这是一个了不起的发现，它标志着古代人类认识世界时达到的最高水准。"(《老子绎读》)

五 章

天地不仁①，以万物为刍狗②；圣人不仁，以百姓为刍狗③。天地之间，其犹橐籥乎④？虚而不屈⑤，动而愈出⑥。

多闻数穷⑦，不如守中⑧。

【译文】

天地无所偏爱，把万物当成祭祀用的刍狗；圣人无所偏爱，把百姓当成祭祀用的刍狗。天地之间，空虚无物，难道不像风箱和管笛吗？虽然空虚，却不会穷尽，越推拉风箱、吹奏管笛，其风量和乐音也源源不断。

多智巧诈反而加速失败，不如持守清静自然无为。

【注释】

①仁：《说文》："亲也。"指对人亲善、仁爱。不仁：不仁爱。此处指无所谓仁爱。意为听任自然，无所偏爱。河上公注："天施地化，不以仁恩，任自然也。"

②刍狗：用草扎成的狗，古代祭祀时使用。林希逸云："刍狗，已用而弃之，相忘之喻也。"（《老子鬳斋口义》）一说刍狗为刍草、狗畜，如河上公注："天地生万物，人最为贵。天地视之如刍草狗畜，不责望其报也。"王弼注："地不为兽生刍，而兽食刍；不为人生狗，

而人食狗。"但古今注家多释为"缚草为狗",故不取河上公和王弼之说。苏辙云:"天地无私,而听万物之自然。故万物自生自灭,死非吾虐之,生非吾仁之也。"(《道德真经注》)

③以百姓为刍狗:把百姓当作祭祀用的刍狗,意为任凭百姓自生自存。苏辙云:"圣人之于民亦然,特无以害之,则民全其性,死生得丧,吾无与焉。虽未尝仁之,而仁亦大矣。"(《道德真经注》)

④橐籥(tuó yuè):《说文》"橐,囊也。""籥,书童竹苦也。"橐的本义是囊,即皮制的鼓风吹火器具,今人称为风箱。籥的本义为古代儿童习字的竹片,引申为竹制的管状乐器,如萧、笛等(简称管笛)。据丁四新考证:"所谓'橐''籥',咸为冶家鼓吹之具者,先秦、汉唐皆无其据。"他认为:"以'橐籥'为冶家之鼓吹二器者,殆发端于前蜀杜光庭。……至于宋代,蜀人苏子由大加倡扬,而影响深远巨甚。……今人朱谦之、陈鼓应、高明等相习不改,咸用其义,盖积非成是。惑乎!"(见陈徽《老子新校释译》)丁说可从。

⑤屈:河上公注:"言空虚无有屈竭。"王弼注:"故虚而不得穷屈。"可见,河上公是以"竭"训"屈",王弼是以"穷"训"屈"。"竭""穷"皆有穷尽义。严复云:"屈,音掘,竭也。虚而不屈,虚而不可竭也。"(《老子道德经评点》)严说是。

⑥动而愈出:王弼注:"橐籥之中空洞,无情无为,故虚而不得穷屈,动而不可竭尽也。"意为一旦推拉风箱,吹奏管笛,其风量和乐音便源源不断。高明云:"老子谓天地如同橐籥,体内本空虚无物,则愈动而风愈出,乃自然使之,谓天地本亦自然而成,无私无爱,虚静无为,故以为喻。"(《帛书老子校注》)

⑦多闻:通行诸本皆作"多言",汉简本、帛书本、想尔注本作"多闻"。高明云:"帛书甲、乙本保存了老子原文,今本多误。"(《帛书老子校注》)杨丙安则云:"高说诚善,帛书可从,唯诸本作'多言'

亦似可通，因老子亦主'知者不言'和'行不言之教'，故亦存之。"
（《老子古本合校》）今据汉简本、帛书本，作"多闻"。闻：《说文》：
"知闻也。"本指听见。引申为"智"，此指智巧。《中华大字典》：
"闻，智也。见《广雅·释诂》。"《广雅·释诂》："闻、晓、哲，智
也。"多闻：即多智。此处为贬义，犹言多智巧诈。注家训释"多
闻"，意见不一，如高明释为"多学"，陈剑释为"博学多知"，陈徽
释为"增益闻见之知"，许抗生释为"听话多"。似未达老子意。数：
注家训释，亦异说纷呈。如吴澄云："数，犹速也。"林希逸云："数，
犹曰每每也。"薛蕙、焦竑则训为"屡"。诸说皆可通，此取吴澄说作
"速"，意为快速、加速。穷：尽，完结。此指失败。

⑧守：保持，持守。中：同"冲"。意为中空。张默生云："'不
如守中'的'中'字也和儒家的说法不同：儒家的'中'字，是不
走极端，要合乎'中庸'的道理；老子则不然，他说的'中'字，
是有'中空'的意思，好比橐籥没被人鼓动时的情状，正是象征着一
个虚静无为的道体。"（《老子章句新释》）守中：意为持守清静无为
之道。

【解读】

本章通过对天地"不仁""虚空"两个特性的概括，进一步阐述
道的自然属性，并提出人道应该效法天道的观点。

首先，老子认为"不仁"是天地的一大特性。天地的"不仁"，
是指天地对于万物一视同仁，无所偏爱，顺其自然，没有情感。河上
公注云："天施地化，不以仁恩，任自然也。"张松如说："'天地不
仁，以万物为刍狗'，这是说天地只是个物理的、自然的客观存在，
不具备思想、意志、感情，无所爱憎，更非主宰。"（《老子说解》）
因此，老子关于"天地不仁"的说法，是对客观事物的真实反映，不
具备人为的主观色彩。由天地的无所偏爱，顺任自然，老子进而提出

了"圣人不仁，以百姓为刍狗"的要求。"以百姓为刍狗"，这是一种比喻的说法。老子是说圣人也要像天地那样，对待百姓要一视同仁，无所偏爱。正如蒋锡昌所说，老子"'以百姓为刍狗'，于其生死祸福毫不理会。此欲圣人清静无为，而任诸自然也。老子此说，不仁之至，亦大仁之至"。(《老子校诂》)

其次，老子认为"虚空"是天地的又一个特性。老子以"橐籥"为喻，说明天地的特性是"虚空"。正是这"虚空"，有着生生不息、永不穷尽的妙用。蒋锡昌说："橐籥为物，中空含气，顺其物性，徐徐鼓动，一嘘一吸，其用无穷。……橐籥有似天地之无为而生，圣人之无为而治，故取以为譬。"(《老子校诂》) 张松如认为："天地之间虽然'虚'，而它的作用却是永不穷竭的，'虚'中含有无尽的创造因子，所以天地运行，万物便生生不息了。"(《老子说解》) 可见，老子以"橐籥"为喻的目的，是以天地的"虚空"而又生生不息、永不穷尽这一特性，比喻道的"无为"和顺任自然。

最后，提出"多闻数穷，不如守中"的观点，阐明了以智治国的危害，以及为政应该顺任自然、清静无为的道理。

六 章

谷神不死①，是谓玄牝②。

玄牝之门③，是谓天地之根④。

绵绵若存⑤，用之不勤⑥。

【译文】

道永恒存在，其作用不会消失，这叫作玄妙深奥的母性。

玄妙母性生殖天地万物的门户，可以称为天地产生的根源。

它连绵不断，幽深难测，但生殖天地万物的作用没有穷尽。

【注释】

①谷：本指两山之间的水流，这里指两山之间狭长而有出口的地带（见《汉语大字典》），即溪谷。因其空虚而能容纳万物，故称"谷神"。释德清云："谷，虚而能应者。以譬道体至虚，灵妙而不可测，亘古今而长存，故曰'谷神不死'。"（《道德经解》）严复云："以其虚，故曰谷；以其因应无穷，故称神。"（《老子道德经评点》）黄瑞云说："俞樾《诸子平议》、高亨《老子正诂》以'谷'借作'穀'，再借作'毂'，训为'生'。如此递遭假借，故作烦苛，远不如严说确切。"（《老子本原》）谷神，道的别名。不死：指道永恒存在，它的作用不会消失。

②玄：玄妙。牝：《说文》："畜母也。"引申为母性。奚侗云："道主虚静，故常以溪谷、雌牝为喻。谷本至虚，言神则无形，可见无形者无生，无生又安有死？'牝'，母也。母常不死，其生万物也。"（《老子集解》）玄牝：指玄妙深奥的母性，也即是"道"。张松如云："'玄牝'是指天地万物总的生产的地方。这也就是说，依照一定发展变化的规律，在此无限空间，它孕育出天地万物，生生不息，而又不见不闻其所以生，它的作用实在是无限伟大的。"（《老子说解》）

③玄牝之门：是比喻的说法，意为玄妙母性生殖万物的门户。

④根：本指植物长在土中（或水中）的部分，这里指事物的本源、根由，为引申义。苏辙云："玄牝之门，言万物自是出也；天地根，言天地自是生也。"（《道德真经注》）奚侗云："'玄牝'本以喻道，道先天地而生，故云天地之'根'。"（《老子集解》）

⑤绵:《说文》:"联微也。从系从帛。"段注:"联者,连也。微者,眇也。其相连者甚微眇,是曰绵。引申为凡联属之称。"《汉语大字典》:"绵,连绵不断。"若存:因玄牝(即道)存在而不可见,故曰"若存"。苏辙云:"绵绵,微而不绝也。若存,存而不可见也。"(《道德真经注》)

⑥勤:《说文》:"劳也。"《尔雅·释诂》亦训"勤"为"劳"。"劳"为"勤"之本义,故河上公、王弼、范应元、苏辙、林希逸等皆训"勤"为"劳"。《中华大字典》:"劳,动而不已也。《国语·越语》:'劳而不矜其功。'"动而不已则力尽,故"劳"可引申为"尽"。高亨云:"勤,尽也。《淮南子·原道》篇:'旋县而不可究,纤微而不可勤。'高诱注:'勤,尽也。'此勤有尽义之证。《原道》篇又曰'用之而不勤',谓用之不尽也。《主术》篇:'力勤财匮'。……《晏子·谏下》:'百姓之力勤矣。'力勤谓力劳,即谓力尽也。此云'用之不勤',正谓用之不尽矣。道者,天地万物资之而生,而道体未尝或尽,参见四章。"(《老子正诂》)高明、古棣、许抗生亦据高诱注训"勤"为"尽"。马叙伦从洪颐煊说,认为"勤"当作"廑",训"病"。于省吾则认为"觐"为"勤"之本字,训"见"。诸说比较,当以训"尽"为宜。

【解读】

本章从三个方面描述道的特性。

首先,老子以"谷神"比喻道。任继愈说:"'谷',即山谷的谷,即虚空。谷神,空虚之神,是万物产生的总根源(玄牝)。"(《老子绎读》)陈鼓应说:老子"用'谷'来象征道体的'虚'状。用'神'来比喻道生万物的绵延不绝"。(《老子今注今译》)可见,"谷"的特征是空虚、深邃,"神"的特点是神妙难测。老子以"谷神"比喻道,既形象又深刻。正如张默生所说,老子"用谷神来形容道体的虚无。惟其虚无，才能包容万物，化育万物。天地由他而创造，万物由他而生殖，真可称得起'玄牝'之名了"。(《老子章句新释》)

其次，老子以"玄牝"比喻道。严遵云："牝以雌柔而能生，玄犹幽远而不见，虽子物如母，莫睹其形。"(《老子指归》)苏辙云："谓之玄牝，言其功也。牝生万物，而谓之玄焉，言见其生之而不见其所以生也。玄牝之门，言万物自是出也。天地根，言天地自是生也。"(《道德真经注》)高亨说："玄者，形而上之义也。牝者，能生养之物也。道为生天地养万物之物，故谓之牝。道之为牝，乃形而上者，故谓之玄牝。"(《老子正诂》)因此，"玄牝"具有两个特征，一是幽远而不可见，二是能生养化育天地万物。老子用"玄牝"比喻道，意在说明道的空虚幽远、变化无穷和生生不息、生养万物的能力。

最后，老子阐示了道生万物的不可穷尽性。本章末句，老子指出：作为生养化育天地万物的道，它连绵不断，幽深难测，但生养化育天地万物的作用没有穷尽。董平说："'绵绵若存，用之不勤'两句，是讲道体之用。……'道'原是'虚体'，它'存在'而又不显著，幽深莫辨而又持续常在，故谓之'若'。……就'用'而言，'绵绵'之意，即是指一切万物出入于'玄牝之门'的持续不断、永续不绝，是即生生之化的无限过程。"(《老子研读》)董平所言，揭示了老子之道的永恒性和不可穷尽性。

需要指出的是，自河上公注从养生角度解读本章之后，历代道家解读本章，多以养生之道立说。如唐代杜光庭云："神者，阴阳不测之谓也。虚而能应，甘而遂通。或以谷养为言，养神则契乎不死。或以响应为说，应物则如神不穷，玄牝则吐纳元和。炼神炼气，形气长久，天地齐灵，绵绵永存，长生之道也。"(《道德真经广圣义》)宋代陈景元云："绵绵，不绝之貌。此结上养神练形之义也。夫养神则深妙冥极，清静虚空，绵绵若存，感物而起，无有绝时。练形则呼吸太和，导接血气，饮难终之泉，咀延年之草，使其支节宣畅而不勤劳，此方可与天地同根，众妙共门也。"（《道德真经藏室纂微篇》）清代道学家黄元吉从炼丹、胎息的角度极力发挥，与老子本章主旨相距甚远。近人蒋锡昌也认为本章所述乃"导引之术"，认为"'谷神不死，是谓玄牝'，言有道之人，善引腹中元气，便能长生康健，此可谓之微妙之生长也"（《老子校诂》）。正如张松如所说："这些后世道家的所谓气功解老，未必符合老义，只是说得头头是道。"（《老子说解》）南怀瑾对后世道家从"守窍通关"的角度解读本章进行了抨击，他说："这大概都是急于自求长生不死的观念太切，把《老子》断章取义，弄出来的花招。"（《老子他说》）

七 章

　　天长地久。天地之所以能长且久者①，以其不自生②，故能长生。

　　是以圣人后其身而身先③；外其身而身存④。非以其无私邪⑤？故能成其私⑥。

【译文】

　　天地长久地存在。天地之所以能长久存在，因为它不为自己而生存，所以能够长久存在。

因此，圣人先人而后己，反而处于他人之先；置身于度外，却让自己得到保全。不正是因为他不考虑自身利益吗？所以他能成就自己的功业。

【注释】

①之所以：王本及通行诸本作"所以"，汉简本、帛书本皆作"之所以"，考其文义，此处有"之"字于义为胜。

②自生：意为自贪其生（张默生说），或自益其生（冯达甫说）。两说皆可通。不自生：不自贪其生，意为不为自己而生存。释德清云："天地所以长久者，以其不自私其生，故能长生。"（《道德经解》）

③后其身：把自己放在他人之后，犹言先人而后己。河上公注："后其身者，先人而后己者也。"身先：意为处于众人之先。范应元云："圣人谦下，不与人争先，而人自然尊之。"（《老子道德经古本集注》）

④外其身：置身于度外，意为不考虑自身利害得失。吴澄云："外，谓清静无为，不求益生。存，谓长久住世。"（《道德真经注》）释德清云："圣人不爱身以丧道，故身死而道存。道存则千古如生，即身存也。故曰'外其身而身存'。"（《道德经解》）

⑤私：《说文》："禾也。"因此，"禾"为"私"之本义。《汉语大字典》"私"一释为"禾名"，又释为"个人的、自己的"，"与'公'相对。《书·周官》：'以公灭私，民其允怀。'"在"私"字的引申义中，"个人的、自己的"这一引申义放在首位。无私：无个人的、无自己的，意为不考虑自身利益。

⑥成其私：意为成就自己的功业。释德清云："世人营营为一身之谋，欲作千秋之计者，身死而名灭。是虽私，不能成其私，何长久之有？"（《道德经解》）范应元云："圣人成其私者，非私曲也，非私

邪也。谓众人之自益其生，所以不能得先且存，而圣人之谦下无争，所以独能得先且存也。"（《老子道德经古本集注》）有注家据林希逸"此一'私'字，是就身上说来，非公私之'私'也"、吴澄"无私，谓后其身、外其身""成其私，谓身先身存"之说，训"私"为"身"，训"无私"为"无身"。亦有注家训"无私"为"不自私"，训"成其私"为"成就他的私利"。其说虽可通，却有违老意。按：汉简释文注："传世本自'天长地久'以下为第七章。"又曰："此二章（即六、七章）内容密切相关，汉简本合二为一，由'天道'及于'人事'，似更为合理。"其说可从，今存之。

【解读】

本章分为两个部分：

第一部分：阐述天地能长久存在的原因。老子认为，天地之所以能长且久者，以其不自生。这是老子观察自然现象得出的结论。"不自生"反而"长生"，这一看似矛盾的现象，却反映了自然运行的规律。老子的睿智之处，就在于能够洞察自然界的各种事物，总结出其变化发展的规律。

第二部分：阐述圣人能够成就自己功业（即"成其私"）的原因。老子认为，圣人要"身先、身存"，要"成其私"，就要效法天道，把自身置之度外，重视和关注民众的利益，这样才能得到民众的拥戴和支持，成就自己的功业。

本章以天道喻人道，由于"天地不自私其生，故能长久。故'圣人'即有道的统治者应该俭约谦下，不高居于人民群众之上，要置自身于度外，乃能为天下先"（黄瑞云《老子本原》）。董思靖云："此章明无我之旨，乃可久之道也。"（《老子道德经集解》）董说颇得老旨。正如陆希声所云："天地生万物而不自生，故能长久不毁，恒久不已。圣人养百姓而不自养，故其教长久，与天地相似。是以不敢为

天下先，则乐推而不厌；不敢有其身，则殁身而不殆。诚以其不私于身，而后能有天下也。"（《道德真经传》，见《道德经集释》）

张松如说："对'天地'说来，'以其不自生也，故能长生'。对'圣人'说来，'非以其无私耶？故能成其私'。在这中间，都包含着对立转化的意思，具有丰富的辩证法的思想内容。"（《老子说解》）

而对老子对立转化思想的理解，往往一念之差，会得出截然相反的结论。薛蕙云："夫圣人之无私，初非有欲成其私之心也。然而私以之成，此自然之道耳。如欲成其私，即有私也。未有有私而能成其私者也。程子有云：'老子之言，窃弄阖辟者也。'予尝以其言为然，乃今观之，殆不然矣。如此章者，苟不深原其意，亦正如程子之所诃矣。然要其归，岂窃弄阖辟之谓哉！"（《老子集解》）程子所说的"阖"指关闭，"辟"指打开，所谓"窃弄阖辟"，意为"窃弄机关"，引申为"玩弄权术"。其原因如董平所说，老子"这里最后讲'故能成其私'，那么所谓'无私'的'后其身''外其身'，实际上都成了'成其私'的手段，'后其身'的目的是要'身先'，'外其身'的目的是要'身存'，最终还是归结到'成其私'"。（《老子研读》）正是基于这样的理解，古今认为老子此章主旨为阴谋之术者，不乏其人。因此，董平认为："我们应当以一种坦易大气、光明磊落的胸怀和态度来研读《老子》，来领会他关于道的宏大阐述。……假如我们为了'成其私'而首先表现出'无私'，为了'身先''身存'而首先表现出'后其身''外其身'，那么我们的生命境界实在是并不崇高的。"（《老子研读》）

八 章

　　上善若水①。

　　水善利万物而不争②，处众人之所恶③，故几于道④。居善地⑤，心善渊⑥，与善仁⑦，言善信⑧，正善治⑨，事善能⑩，动善时⑪。

　　夫唯不争，故无尤⑫。

【译文】

　　崇高的德行像水一样。

　　水善于滋养万物而不与之相争，处于众人所厌恶的低处，所以它接近于道。有道之士处世善于谦下不争，内心善于保持沉静，交往善于真诚相待，说话善于诚实守信，为政善于清静无为，做事善于发挥才能，行动善于把握时机。

　　正因为他与世无争，所以不会有过失。

【注释】

　　①上：上等。此处意为崇高。善：本义为美好，与"恶"相对。引申为善人、善行（见《汉语大字典》）。此处指德行。

　　②利：有利。《中华大字典》："利，犹养也。《礼记·曾子问》：'祭殇不举，无肵俎，无玄酒，不告利成。'"此处意为滋养。不争：通行诸本作"不争"，汉简本、帛乙本作"有争"，帛甲本作"有静"。高明谓帛书用字不严，"争"字与"静"互假，此文可从甲本

作"有静"，"有"字有求取之义，"有静"犹言取于清静也（《帛书老子校注》）。陈徽则作"又静"，意为又虚静无求。高、陈之说均可通，故存之。此处仍从通行诸本，作"不争"。

③处：帛书本作"居"，汉简本无此字。汉简释文注："疑汉简脱漏'居'字，传世本'居'多作'处'。""居"有"处"义，故二字常通用。恶：讨厌，厌恶。水总是流往低处，而且带有泥沙及污秽之物，因此人们厌恶它。

④几：接近。几于道：接近于道。吴澄云："盖水之善以其灌溉浣濯有利万物之功，而不争处高洁，乃处众人所恶卑污之地，故几于有道者之善。"（《道德真经注》）

⑤居：《说文》："蹲也。"引申为平时、平常，此处指处世。地：本指大地、地面，与"天"相对。此处意为底，指物体的下层或下面，引申为谦下。《中华大字典》："地，底也，其体底下载万物也，见《释名·释地》。"居善地：意为处世善于谦下不争。

⑥心：本指心脏。此处指内心。渊：深，深邃。此处意为沉静、宁静。心善渊：意为内心善于保持沉静。

⑦与：本义为给，引申为交往、相处。仁：《说文》："亲也。"《汉语大字典》对"仁"的解释一为"对人亲善，仁爱"。二为"古代一种含义极广的道德范畴，其核心是爱人，与人相亲"。不同的阶级和派别有不同的解释。老子反对的"仁"，"是儒家崇尚的行为，而道家视'仁'乃有为之表现，故甚藐视"（见高明《帛书老子校注》）。老子反对儒家倡导的仁，但并不主张与人钩心斗角、难以相处，他赞扬水"善利万物而不争"的美德，就是要人们与人为善，待人真诚。与善仁：意为交往善于真诚相待。此句从王本、河上本作"与善仁"。汉简本、帛乙本作"予善天"，傅本、范本作"与善人"。高明认为当作"予善天"，"犹言水施惠万物而功遂身退好如天"

（《帛书老子校注》）。古棣则认为当作"与善人"，"即善于和人相处，也包含相爱之义"（《老子校诂》）。高、古之说亦通，今存之。

⑧言：说，讲。信：《说文》："诚也。"指诚实、守信。言善信：意为说话善于诚实守信。

⑨正：政治，政教，后作"政"。《商君书》："讨正法之本，求使民之道。"（见《汉语大字典》）此处作动词，意为政治治理，为政。治：有秩序，严整。又，"治"有社会安定、太平意（《汉语大字典》）。社会安定、太平，则清静，故陆希声释"正善治"为"其为政若水之清静"（《道德真经传》）。可见，陆希声是训"治"为"清静"。陆说可从。"治"训"有秩序""清静"均可，此处取"清静"意。《庄子》："以礼饮酒者，始乎治，常卒乎乱。"（见《汉语大字典》）正善治：意为为政善于清静无为。

⑩事：处事，做事。能：能力，才能。此处作动词，意为发挥才能。事善能：意为做事善于发挥才能。

⑪动：《说文》："作也。"《汉语大字典》："动，行动；为实现某种意图而进行活动。"时：适时，意为把握时机。《孟子》："孔子，圣之时者也。"（见《汉语大字典》）动善时：意为行动善于把握时机。

⑫尤：罪过，过失。《诗·小雅·四月》："废为残贼，莫知其尤。"（见《辞源》）董思靖云："有德有功而不争，乃德之至，此其所以为上善。夫如是，复何尤哉?"（《老子道德经集解》）

【解读】

本章以水喻道，告诫世人应该学习和崇尚水的美德。

首先，老子认为，水具有三个特征：一是善于滋养万物，二是不争，三是就下。由于具有这三个特征，所以它接近于道。杜光庭云："上善有善而忘其善，如水之不矜其功。水不矜功，其功益大；善不

伐善，其善益彰。既大且彰，为善之上矣。”（《道德真经广圣义》）

其次，老子认为，有道之士应该具备“七善”，即：居善地，心善渊，与善仁，言善信，正善治，事善能，动善时。老子从谦下不争、保持沉静、真诚相待、诚实守信、清静无为、发挥所长、把握时机七个方面概括了有道之士的品德。这些品德，正是水的美德的体现。具备这些品德的有道之士，才是老子心目中的圣人。

最后，老子得出结论，正因为与世无争，所以不会有过失。

释德清云：“此言不争之德，无往而不善也。”（《道德经解》）此说一语中的，点明了本章主旨。

对本章“居善地，心善渊，与善仁，言善信，正善治，事善能，动善时”七句之所指，历来众说纷纭，主要有三种观点：一是阐述水的美德，以河上公、王弼、苏辙、张舜徽、黄瑞云等为代表；二是描述有道之士或上善之人，以陆希声、范应元、林希逸、释德清、奚侗等为代表；三是描述上善之德，以高亨、张默生、冯达甫等为代表。比较诸说，当以第二说为宜。陆希声云：“夫水常处污下，不与物争，故万物莫不得其利，盖近于道矣。故上善之人若此水德，其居世若水之在地，其用心若水之渊回，其施与若水之润泽，其言语若水之信实，其为政若水之清静，其行事若水之任器，其变动若水之应时。夫唯常处污下，故人莫得而挫；夫唯不与物争，故物莫与之争。”（《道德真经传》，见《道德经集释》）。陆希声连用七个“若”字，意在说明“上善之人”的品德，就像水的美德，而水的美德表现在谦下、渊回、润泽、信实、清静、任器、应时等七个方面。陆希声的这一诠释，言简意明，颇得老旨。林希逸云：“此七句皆言有道之士，其善如此，而不自以为能，故于天下无所争，而亦无尤怨之者。……解者多以此为水之小善七，故其说多牵强，非老子之本旨。”（《老子鬳斋口义》）可见，由于有道之士具备“处下”“不争”等水的美德，老子联系水的德性从七个方面概括了有道之士的品德。换句话说，就是老子表面上是讲水的德性，实际上是描述有道之士的品德，从而达到以水喻道的目的。

九 章

持而盈之①，不如其已；揣而锐之②，不可长保。金玉盈室③，莫之能守④。富贵而骄，自遗其咎⑤。

功遂身退⑥，天之道⑦。

【译文】

持物使之满盈，不如适时停止。磨砺使之尖锐，不能长久保持。金玉珍奇满屋，没人能够守住。富贵而又骄纵，自己留下祸殃。

功成当知谦退，符合自然法则。

【注释】

①持：《说文》："握也。"汉简本、王本及通行诸本作"持"，帛书甲、乙本均作"植"。《后汉书·申屠刚传》："持满之戒，老氏所慎。"可见此字汉代已作"持"。盈：满。林希逸云："器之盈者必溢，持之则难，不如不盈之易持。已者，不盈之意也。"（《老子鬳斋口义》）

②揣：《说文》："量也，度高曰揣。一曰捶之。""揣"的本义是量度，此处读 zhuī，捶击意（见《汉语大字典》）。"捶击"引申为磨砺。锐：锋利。吴澄云："言捶锥锋者不可以锐，锐之则易至于挫，

而不可长保其锐矣。盈之则不长保其盈，亦犹是也。"（《道德真经注》）

③盈室：王本、河上本、景龙本作"满堂"，傅本、范本作"满室"。"盈""满"义同，以汉简本、楚简本等作"胜"。"室""堂"二字，毕沅、马叙伦、朱谦之等谓作"室"义优。严灵峰云："'室'在内，'堂'在外。此言金玉之守，自以作'室'为长。"（《老子章句新编》）杨丙安云："'堂''室'虽同而有别，此言金玉，正合作'室'，且亦于韵为佳，故作'室'善。"（《老子古本合校》）陈徽云："'堂'为应事接物或会聚之处，具有公共性。'室'乃居住或藏物之所，具有私密性。作为贵重之物，金玉自然应藏之于'室'，不当存之于'堂'。"（《老子新校释译》）严、杨、陈之说善。

④莫之能守：此句汉简作本"莫能守"，楚简本作"莫能守也"，皆无"之"字。帛甲本作"莫之守也"，帛乙本作"莫之能守也"，王本及通行诸本皆作"莫之能守"，无"也"字。从王本及通行本。莫之能守：意为莫能守之。陆希声云："贪金玉而满室，虽有之莫能长守。"（《道德真经传》）

⑤自遗其咎：王本及通行诸本同，汉简本作"自遗咎"，楚简本、帛书本作"自遗咎也"，皆无"其"字。有"其"字善，故从王本及通行诸本。遗：遗留，留下。咎：灾祸，祸殃。《尚书》："天降之咎。"陆希声云："贵而骄则得其祸，富而骄则益其过。骄生乎心，咎自于己，岂可怨天尤人乎。"（《道德真经传》）

⑥遂：完成。《论语》："成事不说，遂事不谏，既往不咎。"退：离去，如引退。此处作"谦退""退让"，意为不居功。功遂身退，汉简本、楚简本、帛乙本、王本同，帛甲本作"功述身芮"，"述"与"遂"、"芮"与"退"乃音近通假。河上本、景龙本、范本作"功成，名遂，身退"，傅本作"成名，功遂，身退"。二者为六字

句，文意畅达，能达老意，但本章整体上为四字句，末句出现一个六字句，似与此章结构不谐，故从汉简本、王本等作"功遂身退"。

⑦天：《说文》："颠也，至高无上。"《说文》："颠，顶也。"可见，"天"的本义为头顶，因其至高无上，引申为"天空"。此处训为"自然"，为引申义。道：规律，法则。陆希声云："有道之士，功成不居，名遂不留，退身以全其归，让位以免其危。"（《道德真经传》）苏辙云："日中则移，月满则亏，四时之运，功成者去。天地尚然，而况于人乎？"（《道德真经注》）陆、苏之说，分别从"退身免危"和"四季轮回"，即从人事和自然方面阐述"功遂身退，天之道"的道理。

【解读】

本章结合生活中常见的现象，阐述立身处世应当戒盈满、戒贪欲、戒骄纵，以及功成名就之后应当果断退隐或退让的道理。

全章分三层意思：首先，在前两句指出"持盈"则必"满盈"，"揣锐"不可"长保"。其次，在中间两句，指出金玉难守、骄纵致祸。最后，在末句，指出"功遂身退"乃自然法则，不可违背。

黄瑞云说："功成身退的思想对后世影响甚大。……功成身退，成为历史上知识分子追慕的人生理想。然老子的哲学，所谓'功成'者，清静无为，任其自然以成其功也；所谓'身退'者，'生而不有，为而不恃，功成而弗居'也，与后世所理解的'功成而身退'的内涵并不相同。"（《老子本原》）所谓"身退"，既可理解为引退、退隐，又可理解为谦退、退让。在八十一章，老子以"天之道，利而不害；人之道，为而不争"作为五千言之结语，认为"为而不争"是"人之道"的表现，圣人遵循的法则是既要"为"，又要"不争"。因此，老子所说的"身退"，却不如黄瑞云所说，并不是要引退或退隐。当然，把"身退"理解为引退或退隐，虽有违老意，但对于警示世人，仍有其特殊意义。

　　历代注家结合老子"功遂身退"这句名言，从正反两个方面列举事例以警示世人者，不乏其人。如杜光庭云："飞鸟尽而良弓藏，狡兔死而猎犬烹，势使然也。范蠡扁舟而脱祸，文种固位而丧身，此之谓也。"（《道德真经广圣义》）黄元吉云："古来智士良臣，功业烂如，声名灿著，而不知退隐山林，如越之文种，汉之韩信，酿成杀身亡家之祸者不少。"（《道德经讲义》）如果说杜光庭所言，包括了范蠡、文种正反两种事例，黄元吉所言，仅述不知退隐杀身亡家这种反面事例，南怀瑾在解读此句时，特意举了一个正面事例。他说："介于道家、儒家的风范，能够做到'功遂身退'，入世又似出世的，……要算梁武帝的名臣韦睿。他善于从政，也善于用兵作战，有诸葛亮纶巾羽扇、指挥若定的丰神，又有'上善若水''功成不居'的意境。如遇老子，或者可收他为徒，较之函谷关的守吏关尹子，应无逊色。……萧梁朝代开创之功，所有的臣僚将佐，莫过韦睿。梁武帝明知他的才能，但始终不委任他做统帅，反而用一个无大才略的宗室临川王萧宏来当元帅，而且又派曹景宗与他并肩作战，在在处处，都心存顾虑。好在韦睿自知苟全于乱世，隐避林下，并非上策，只有如此行其自处之道，不贪名利，不争功劳，而且还在功成之时，深自谦退，以免猜忌。因此他活到七十九岁而殁。……在他身死的时候，感动得梁武帝亲临恸哭，完成他一生苟全于乱世，'功遂身退，天之道'的名剧。"（《老子他说》）南怀瑾在解读中华传统文化的经典时，讲究经史互参、融会贯通，他解读"功遂身退，天之道"这一名句时，就体现了这一特色。

　　本章采用四言句式，读之铿锵有力，韵味无穷。此章表达的思想，先秦一些著述中有着类似的表述。如《左传·哀公十一年》："盈必毁，天之道也。"《管子·白心》："持而满之，乃其殆也；名满于天下，不若其已也。"正如汤彰平所说："精通和掌握传统文化精髓的老子正是在总结先民智慧的基础上，形成了自己一整套从形上至形下有关'道'的理论，因而是中华古代文化智慧的结晶。"

十　章

载营魄抱一，能无离乎^①？专气致柔，能婴儿乎^②？涤除玄鉴，能无疵乎^③？

爱民治国，能无以智乎^④？天门开阖^⑤，能为雌乎^⑥？明白四达^⑦，能无知乎^⑧？

生之，畜之^⑨，生而不有^⑩，为而不恃^⑪，长而不宰^⑫，是谓玄德^⑬。

【译文】

精神与形体合一，能够不分离吗？结聚精气达到柔顺，能够像婴儿那样吗？清除尘垢清澈如镜，能够没有瑕疵吗？

爱护民众治理国家，能不用诈伪巧智吗？先天感官接触外物，能保持雌柔宁静吗？明白事理通晓世事，能做到无知无欲吗？

生成万物，养育万物，生成万物而不居功，养育万物而不倚恃，使万物生长而不主宰，这就是深远博大的德。

【注释】

①载：《说文》："乘也。""乘"乃"载"之本义。此处训"抱"，为引申义。《楚辞·远游》："载营魄而登遐兮。"王逸注："抱我灵魂而

上升也。"刘师培云："载营魄者，即安持其神也。""持""抱"义同。高亨、李泰棻亦训"载"为"抱"（见高亨《老子正诂》、李泰棻《老子研究》）。但古今注家训"载"，见解各异，如释德清、卢育三等训为"乘载"，河上公、苏辙、林希逸等训为"载物之载"，王弼、陈徽训为"处"，陆希声训"载"为"夫"，乃"发语之端"（见《道德真经传》），唐玄宗则改"载"为"哉"，且属上为读，作"天之道哉"。孙诒让云："玄宗此读虽与古绝异，而审文校谊，亦尚可通。"（奚侗《老子集解》）马叙伦、蒋锡昌、古棣皆从其说。但汉简本、帛乙本（帛甲本残缺）、王本及通行诸本此处皆有"载"字，宜从之。营：魂。营魄：魂魄。河上公注："营魄，魂魄也。"魂魄即灵魂或精神。载营魄：抱持魂魄。抱：合。抱一：犹云合一。林希逸云："抱者，合也。其意盖曰能合而一之，使无离乎?"（《老子鬳斋口义》）古棣云：老子"从旧的灵魂观念，引申出'卫生之经'，即灵魂抱住身体而无离，精神不要外驰，则能健康长寿"。（《老子校诂》）载营魄抱一：指抱持魂魄而与身体合一，犹云精神与形体合一。

②专（tuán）："專"的简化字，通"摶"，意为结聚。《吕氏春秋》："树肥无使扶疏，树磽不欲专生而族居。"汉简本、帛书本作"槫"，为"摶"之异体（见杨丙安《老子古本合校》）。陈徽云："'專'通作'嫥'，壹也。……'專气'即'嫥气'，亦即'壹气'，是指守气致一而不散逸的涵养工夫。"（《老子新校释译》）《说文》："專，六寸簿也。一曰纺專。"段注："以專为嫥壹之嫥。"《汉语大字典》："嫥（zhuān）：①專一。后作'专'。②通'摶'，捏聚。"又，《汉语大字典》："專：①纺專，收丝的器具。②專一。"既然"專"和"嫥"皆有專一意，大可不必纡曲作解，故不取陈说。致：达到。冯友兰云："'專气'就是把形气和精气结聚在一起，'致柔'就是保持住人始生时候柔弱的状态，像婴儿那个样子。这种思想在《庄子·

庚桑楚》里面有更详细的解释，称为'卫生之经'。"（《中国哲学史新编》）

③涤：洗。汉简本、帛书本作"修"，古音同义通（见杨丙安《老子古本合校》）。除：去掉。涤除：清除。鉴：本指古代盛水的大盆，引申为镜。《新唐书》："以铜为鉴，可以正衣冠。"（见《汉语大字典》）此处指心镜。"鉴"字通行诸本作"览"，帛甲本作"蓝"，帛乙本作"监"，汉简本作"鑑"，乃"鉴"之异体。高亨云："览、蓝均当读为监。监是古'鉴'字，镜也。"（《老子注译》）又云："'览'读为'鉴'，'览''鉴'古通用。"（《老子正诂》）汉简本问世六十余年前，高亨作此训释，可谓独具慧眼。玄：透彻、通达。此处指清澈。玄鉴：意为清澈如镜（此采张松如说）。疵：毛病，瑕疵。

④无以智：王本、河上本作"无知"，帛书本作"毋以知"，傅本、范本作"无以知"，汉简本作"毋以智"。王注云："治国无以智，犹弃智也。能无以智乎？"可见，王本原亦作"无以智"。唯唐景龙本作"无为"，俞樾云："唐景龙碑作'爱民治国，能无为？天门开阖，能为雌？明白四达，能无知？'其义并胜，当从之。"（《老子平议》）杨丙安云："作'能无为'，与老子'为无为，则无不治'之旨亦无不合，故两存之。"（《老子古本合校》）如作"能无为"，尚缺可靠证据。故从汉简本、王注作"无以智"。以：用。智：此指巧智、小智，非老子所谓圣人之大智。

⑤天门：历来注家解释不一，意见纷呈。河上公注："治身，天门谓鼻孔，开谓喘息，阖谓呼吸也。"林希逸云："天门，即天地间自然之理也。"苏辙云："天门者，治乱废兴所从出也。"范应元云："天门者，以吾之心神出入而言也。"吴澄云："天门开阖，谓鼻息呼吸有出有入，气分于外，未能专一于内。"释德清云："天门，指天机而言。"高亨云："天门，盖谓耳目口鼻也。……耳为声之门，目为色之门，

口为饮食言语之门，鼻为臭之门，而皆天所赋予，故谓之天门也。"
(《老子正诂》）诸说之中，以高说为善。开阖：张开、关闭。"开阖"
二字通行诸本同，汉简本作"启闭"，帛书本作"启阖"，"闭""阖"
为同义换用。天门开阖：意为先天感官接触外物。

⑥雌：《说文》："鸟母也。"引申为柔弱。为雌：保持柔弱。意
为保持雌柔宁静。

⑦明白：清楚。达：通晓。明白四达：意为明白事理，通晓
世事。

⑧无知：王本作"无为"，傅本、范本作"无以为"，汉简本作
"毋以智"，帛乙本作"毋以知"，河上本、景龙本作"无知"。奚侗、
古棣谓当作"无为"，俞樾则从景龙本作"无知"。汉简本、帛书本
之"毋"即"无"，均多一"以"字。汉简本之"智"通"知"。杨
丙安云："既皆言'无知'，而据经义亦正合言'无知'，故以作'无
知'为是。"(《老子古本合校》）

⑨生：《说文》："进也，象草木生出土上。"意为长出、生长，
引申为生育、养育。畜：本指饲养（禽兽），引申为养育、抚养。

⑩有：此指占有。意为居功。不有：不居功。一说不自以为有
功，一说不据为己有。皆可通。

⑪恃：依赖，倚仗。不恃：不倚仗。此句汉简本、帛书本皆无，
通行诸本皆有。五十一章汉简本、帛书本、通行诸本皆有此句，此处
按通行诸本有此句，则前后一致。

⑫宰：主宰者，处于支配地位的人和物。《吕氏春秋》："德也者，
万民之宰也。"不宰：不做主宰。

⑬玄：《说文》："幽远也。"幽远，意为深远。玄德：犹言深远
博大的德。按："生之，畜之"至"是谓玄德"诸句，与五十一章末
句相同，马叙伦谓"此文为五十一章错简"(《老子校诂》）。奚侗云：

"此节自'生之，畜之'以下，又见五十一章，而彼章文谊完足，此
疑重出而又有脱简。"（《老子集解》）今之注老解老者持马、奚之说
者甚众。然汉简本有"故生之畜之，生而弗有，长而弗宰，是谓玄
德"十七字，仅无"为而不恃"四字，帛书本则有此数句，疑为错简
而无充足证据，故不从马、奚之说。卢育三云："马叙伦、奚侗、陈
柱等人认为此二十字与上下文不相应，当为五十一章错简。仔细玩
味，上下一贯，顺理成章，不当任意割裂。"（《老子释义》）张松如
云："《老子》书中，文句相同，前后复出，是常见的现象，不必定要
作为错简看待。"（《老子说解》）卢育三、张松如之说有据。

【解读】

本章阐述了修身、治国的基本要求。

首先，从"载营魄抱一""专气致柔""涤除玄鉴"三个方面阐
述了修身之道。老子认为，注重精神与形体的和谐统一，保持婴儿的
纯真柔顺，清除内心的尘垢私欲，才能达到修身养性的目的。

其次，从"爱民治国""天门开阖""明白四达"三个方面阐述
了治国之道。老子认为，不用诈伪巧智，保持雌柔宁静，做到无知无
欲，这是治理国家最基本的要求。

最后，从"生而不有，为而不恃，长而不宰"三个方面揭示了
"玄德"的具体表现。

蒋锡昌云："所以治身先于治国者，以治身为治国之本也。此为
老子之重要教训，而古来治老子者，惟太史公知之最为透澈。太史公
之言曰：'凡人所生者神也，所托者形也。神大用则竭，形太劳则敝，
形神离则死。死者不可复生，离者不可复反，故圣人重之。由是观
之，神者生之本也，形者生之具也。不先定其神，而曰我有以治天
下，何由哉！'"（《老子校诂》）

老子关于治国先修身的观点，对儒家形成"修身、齐家、治国、

平天下"的主张产生了重要影响。古今中外，一个国家能否治理好，取决于担负治国大任者的品德和才能。老子所推崇的圣人，就是具有深远博大之德，即无我无私、天下为公的"至德之人"。可见，在老子的理念中，德、才两个方面，德是摆在首要地位的。

十一章

三十辐共一毂①，当其无②，有车之用。

埏埴以为器③，当其无，有器之用④。

凿户牖以为室⑤，当其无，有室之用。

故有之以为利⑥，无之以为用⑦。

【译文】

三十根辐条共同支撑车毂，在车毂的空虚处，才产生车辆的功用。

揉和黏土制作器皿，在器皿的空虚处，才产生器皿的功用。

凿穿墙壁做成门窗，在门窗的空虚处，才产生居室的功用。

所以，实体凭借它提供便利，虚空凭借它发挥作用。

【注释】

①辐：《说文》："轮辐也。"指车轮的辐条。毂：《说文》："辐所凑也。"指车轮中心穿轴承辐的部分。范应元云："古者制器尚象，车之辐有三十者，以象一月也。"（《老子道德经古本集注》）共：《说文》："同也。"此处指共同支撑。

②当：本义为对着、向着。此处作介词，相当于"在"。无：指毂与轮辐相交的中空处。一说指车厢，其空处载物或坐人。古今注家多取前说。王弼注云："毂所以能统三十辐者，无也。以其无能受物之故，故能以寡统众也。"王注前一"无"字，指车毂中空处，后一"无"字，则指车厢的空间。王注义胜。范应元云："车毂虚通，然后运行，故三十辐共一毂，当其无处，乃有车之用也。"（《老子道德经古本集注》）此句古今注家多从"无"字断句，清人毕沅于"有"字断句后，马叙伦、朱谦之、高亨皆从之，实误。下文两处同。

③埏（shān）：揉和。埴：细腻的黄黏土。埏埴：揉合黏土。为器："谓以水和粘腻之土为陶器也。"（吴澄《道德真经注》）

④有器之用：王本、河上本、范本同；傅本、景龙本"有"字断句，属上读，误。汉简本作"有埴器之用"，帛书本同，唯"埴"作"埴"，音同通假，当作"埴器"，即土制器皿。

⑤凿：《说文》："穿木也。"意为开凿，凿穿。户：《说文》："护也，半门曰户，象形。"指门洞。牖（yǒu）：《说文》："穿壁以木为交窗也。"指窗洞。户牖：门和窗。

⑥有：指车、器、室，泛指各种物体的实体。吴澄云："车，载重行远；器，物所贮藏；室，人所寝处。故有此车有此器有此室，皆所为天下利也。故曰'有之以为利'。"（《道德真经注》）有之以为利：即有以之为利，意为实体凭借它提供便利。之：代词，指代车、器、室等具体事物。

⑦无：指车、器、室的中空处，泛指各种物体的空虚处。吴澄云："车非毂馆空虚之处可以转轴，则不可以行也；器非中间空虚之处可以容物，则不可以贮藏；室非户牖空虚之处可以出入通明，则不可以寝处。车以转轴者为用，器以容物者为用，室以出入通明者为用，皆在空虚之处，故曰'无之以为用'。"（《道德真经注》）林希逸

亦云："车、器、室，皆实有之利也，而其所以为车、为器、为室，皆虚中之用。以此形容一'无'字，可谓奇笔。"（《老子鬳斋口义》）无之以为用：即无以之为用，意为虚空凭借它发挥作用。之：代词，指代车、器、室等的空虚处。

【解读】

本章以车、器、室等日常生活中常见的事例，论述了"有"和"无"的辩证关系及各自的价值。

现实生活中，人们往往过于看重各种事物的实体所带来的便利和价值，而忽视该事物的虚空所具有的作用和价值，这是常人看待事物的局限性。老子有别于常人之处，在于他突破了这种局限，对事物的实体和虚空两方面都进行了观察和思考，从而得出了"有之以为利，无之以为用"的结论。

老子长于用比喻把抽象的道理具体化。本章用三个比喻说明"车之用""器之用""室之用"，形象生动，言简意赅，阐述了"有"和"无"的对立统一关系。陆希声对此章做了精辟的评述，他说："夫形而上者谓之道，形而下者谓之器。道者以无为其用，器者以有为其利。然则有之所利利于无，无之所用用于有。故车有辐毂以象天，室有户牖以象地，车室之所以全其利，常在于空虚之处耳，岂非天地之间其犹橐籥之谓乎？"（《道德真经传》）

王夫之在《老子衍》中说："造有者，求其有也。孰知乎求其有者，所以保其无也。"（见王孝鱼《老子衍疏证》）这句话，对老子强调虚无提出了质疑和批评，虽然中肯，但恰恰忽视了"无"的价值和作用。

陈鼓应说："'有''无'是老子专设的名词，用来指称形而上的'道'向下落实而产生天地万物时的一个活动过程。这里所说的'有'就是指实物，老子说明实物只有当它和'无'（中空的地方）

配合时才能产生用处。老子的目的，不仅在于引导人的注意力不再拘着于现实中所见的具体形象，更在于说明事物在对待关系中相互补充、相互发挥。"（《老子今注今译》）陈鼓应之说，对老子"有""无"的对立统一关系进行了客观的分析和阐述，颇得老意。

十二章

五色令人目盲①，五音令人耳聋②，五味令人口爽③，驰骋田猎令人心发狂④，难得之货令人行妨⑤。

是以圣人为腹不为目⑥。故去彼取此⑦。

【译文】

缤纷的色彩使人眼花缭乱，悦耳的音乐使人听觉迟钝，诱人的佳肴使人味觉失灵，奔驰狩猎使人性情狂躁，珍稀财物使人行为不轨。

所以，圣人追求清静无欲的生活，拒绝声色情欲的诱惑。因此摒弃声色情欲，选择清静无欲。

【注释】

①五色：青、黄、赤、白、黑五种颜色。古代把五色作为主要的颜色，也泛指各种色彩。盲：《说文》："目无牟子。"目盲：指眼睛失明。喻不能辨识事物或事理。此处意为眼花缭乱。

②五音：宫、商、角、徵、羽五声音阶，也叫五声。此处泛指音乐。《孟子·离娄上》："不以六律，不能正五音。"聋：听觉失灵或迟钝。

③五味：酸、苦、甘、辛、咸五种味道。此处指美味佳肴。爽：《说文》："明也。"本义为明亮、清朗，引申为伤败、败坏。《广雅释诂》："爽，败也。"《楚辞》宋玉《招魂》："露鸡臛蠵，厉而不爽些。"注："爽，败也，楚人名羹败曰爽"（见《辞源》）。口爽：口味伤败，意为味觉不灵。杜光庭云："夫目悦妖丽之色，耳耽郑卫之声，口嗜珍鲜之味，则心有滞著不通，而流遁忘返。大则忘天地四时之序，次则违尊卑礼乐之伦，小则生侵凌怨争之祸。惟国惟家，皆失理矣。则自古及今，以色以声亡其家国者众矣。岂独末嬉、妲己、褒姒、丽姬而已哉！味之起争，亦有羊羹解鼋之祸矣。"（《道德真经广圣义》）杜光庭解老，开了经史互参、融会贯通之先河。可见，南怀瑾采用的经史互参、融会贯通的解老之法，也是从古人那里学来的，并非他的独创。

④驰：汉简本作"毆"，同"驱"，帛书本、传世本皆作"驰"。"驱""驰"二字义近，常通用（见汉简释文注）。田：打猎，后作"畋"。又特指春季打猎和习兵之礼（见《汉语大字典》）。猎：汉简本同，帛书本作"腊"，为"猎"之借字。心发狂：汉简本、帛书本、王本及通行本同，高亨谓"发"字疑衍（见《老子正诂》），高说误。心：本指心脏，引申为性情、性格。心发狂：意为性情狂躁。

⑤难得之货：指珍稀的财物。妨：《说文》："害也。"引申为阻碍、妨碍。行妨：行为受到妨碍、损害，意为行为不轨。释德清云："心则流逸奔境，而失其正定，故发狂；行则逐于货利，而失其正操，故有妨。所谓'利令智昏'，是皆以物欲丧心，贪得而无厌者也。"（《道德经解》）按：以上五句，汉简本、帛书本顺序为"五色"句后即"驰骋""难得"两句，"五味""五音"两句在后，今按王本及通行诸本顺序。

⑥是以圣人：汉简本、王本及通行诸本同，帛书本"圣人"后有

"之治也"三字。无此三字，意在说圣人如何修身；有此三字，意在说圣人如何治世。从汉简本、王本及通行诸本。腹：肚腹。指人的物质需求。目：眼睛。此处以目概指耳口心身。王弼注："为腹者，以物养己；为目者，以物役己。"蒋锡昌云："'腹'者，无知无欲，虽外有可欲之境而亦不能见；'目'者，可见外物，易受外境之诱惑而伤自然。故老子以'腹'代表一种简单清静、无知无欲之生活；以'目'代表一种巧伪多欲，其结果竟至'目盲''耳聋''口爽''发狂''行妨'之生活。明乎此，则'为腹'即为无欲之生活，'不为目'即不为多欲之生活。"（《老子校诂》）

⑦彼：指"为目"。去彼：摒弃"为目"，意为摒弃声色情欲的诱惑。取：《说文》："捕取也。"此处指选取、择定，为引申义（见《汉语大字典》）。取此：选择"为腹"，意为选择清静无欲的生活。薛蕙云："为腹者，内养其神，可长久也。为目者，外玩细娱，反自害也。"（《老子集解》）

【解读】

　　本章阐述了过度的物质享受和放纵的生活方式带来的危害，对圣人追求清静无欲的生活、拒绝声色情欲的诱惑给予了肯定。本章分为两部分：

　　第一部分，对"五色""五音""五味""驰骋田猎""难得之货"对人的危害进行了揭示。黄瑞云说："迷于五色，溺于五音，耽于五味，纵情田猎，贪图财货，诸如此类沉溺于物欲横流的生活，是奢靡腐朽的统治者之所追求，故老子激烈反对。"（《老子本原》）老子在这里，描述了春秋时期统治者奢靡纵欲、醉生梦死的生活图景。

　　第二部分，从修身的角度告诫统治者要像圣人那样清静无欲，拒绝声色情欲的诱惑。

　　对本章的主旨，有的学者提出了不同的观点。张默生说："老子是反对一切物质文明的，我们所说进化，他看来正是退化。什么声光化电，山珍海错，奇禽异兽，珠宝金银，在他看来，都是要不得的。"（《老子章句新释》）卢育三说："华丽的服色，美妙的音乐，香美的食味，难得的财物，行猎等可供享受、玩乐的外物，伤害人的身心健康，败坏人的品德。这一方面表现了老子对统治者浮华奢侈的生活方式的厌弃，另一方面也表现了他对物质文化进步的反动。"（《老子释义》）

我们认为，在本章老子反对的是统治者过度的物质享受和放纵的生活方式。他所说的"为腹"，既是清静无欲、节制情欲，又未排斥基本的物质需求（即"吃饱肚子"，或如今人所言"解决温饱"）；他所说的"不为目"，则表明了自己摒弃声色情欲的态度。杜光庭对此做了精辟的评述，他说："此章戒用之太过。色声所以养耳目也，过之则盲聋。食味所以养身也，过之则为病。况复驰骋贪货，甚于三者之伤耶？且耳目口之所急待之以养命，不可去也，尚欲损而去之，驰骋贪货非性命之急，而欲害甚于声色味，而不能去，是迷之甚矣。"（《道德真经广圣义》）。因此，不能根据老子对统治者追求过度的物质享受（即奢靡纵欲）的批判，得出老子否定物质文明的结论。

十三章

宠辱若惊①，贵大患若身②。

何谓宠辱若惊③？宠为下④，得之若惊，失之若惊，是谓宠辱若惊⑤。

何谓贵大患若身？吾所以有大患者，为吾有身⑥。及吾无身⑦，吾有何患！

故贵以身为天下⑧，若可托天下⑨；爱以身为天下⑩，若可寄天下⑪。

【译文】

得宠和受辱如同惊惧，重视大的祸患如同重视生命。

为什么得宠和受辱如同惊惧？因为得宠是卑下的事，得到它犹如惊惧，失去它犹如惊惧，所以得宠和受辱如同惊惧。

为什么重视大的祸患如同重视生命？我之所以有大的祸患，因为我太看重自己。如果我无私无欲，我还会有什么祸患。

所以，以重视自己生命的态度去治理天下，才可以把天下托付给他；以爱护自己生命的态度去治理天下，才可以把天下寄托给他。

【注释】

①宠：《说文》："尊居也。"意为尊崇，引申为受宠爱的人。此处指得宠。辱：《说文》："耻也。"此处指受辱。若：如。苏辙云："古之达人，惊宠如惊辱，知宠之为辱先也。……所谓若惊者，非实惊也，若惊而已。"（《道德真经注》）古今注家训"若"，异说甚多。如河上公训"至"，林希逸训"而"，黄瑞云训"乃"，冯达甫训"你"。比较诸说，以训"如"义胜。

②贵：重视。患：祸害，灾难。身：《说文》："躬也。"躬即躬，指身体。引申为生命（见《汉语大字典》）。《现代汉语词典》："身，①身体；②指生命：献身，奋不顾身。"贵大患若身：意为重视大的祸患如同重视生命。范应元云："所谓'贵大患若身'者，犹言不轻大患，如不轻此身也。倘轻患而不虑患，轻身而不修身，则自取危亡

也。"(《老子道德经古本集注》) 此句苏辙作"贵身如贵大患", 焦竑作"贵身若大患", 认为是倒装句。蒋锡昌、奚侗从焦说。苏、焦之说皆可通, 并存之。

③何谓宠辱若惊: 王本、帛书本、傅本同, 汉简本、楚简本、河上本、范本、景龙本作"何谓宠辱"。如无"若惊"二字, 则与末句"是谓宠辱若惊"互不照应, 故王本、帛书本、傅本义胜。

④下: 指卑下。宠为下: 得宠是卑下的事。汉简本、楚简本、王本、傅本、范本同。帛甲本作"龙之为下", 帛乙本作"弄之为下也", "龙""弄"与"宠"为音近通假, "之"乃衍字; 河上本、景龙本作"辱为下"。此句一说作"宠为上, 辱为下", 一说作"宠为下, 辱为上"。汉简本、楚简本、帛书本之问世, 可破旧说之疑, 故此句当作"宠为下"。又, 汉简本"宠为下"后有"是谓宠辱"四字, 诸本皆无, 为衍字。

⑤得之若惊, 失之若惊, 是谓宠辱若惊: 范应元云: "得宠为荣, 失宠为辱。有宠易有辱, 是以达者非特失宠若惊, 其得宠亦若惊, 至于功成名遂而身退, 故无辱也。此所谓'宠辱若惊'。"(《老子道德经古本集注》)

⑥身: 代词, 相当于"我"(见《汉语大字典》)。有身: 有我。意为看重自己、有私。杜光庭云: "身为患本, 宠辱由身而生。能忘其身, 则忘宠辱矣。"(《道德真经广圣义》)

⑦及: 连词, 表示假设关系, 相当于"如果"。无身: 无我。意为不看重自己、无私。

⑧贵: 本指价格高或地位优越, 与"贱"相对。引申为值得珍视或重视。身: 指身体, 引申为生命(见本章注②)。为: 动词, 指治理。贵以身为天下: 即"以贵身为天下", 意为以重视自己生命的态度去治理天下。此句今人解说各异, 如陈鼓应释为"以贵生的态度为

天下"，陈徽释为"以'舍身为天下'为尊贵的人"，卢育三释为
"把自身看重得比天下还重的人"，也有注家释为"看重自身如看重天
下"。二陈之说可通，后二说不仅训诂失当，且违背老子原意。

⑨若：副词，表示承接，相当于"乃""才"。托：本指寄托，
引申为托付。《论语》："可以托六尺之孤。"此字楚简本、傅本、景
龙本、范本同，王本、河上本作"寄"。杨丙安云："'托''寄'于
义无别，无碍经义，故两者均可，但以校勘而论，当以从楚简、帛
书、王注与傅、范本为善。"（《老子古本合校》）

⑩爱：喜爱，爱好。此处指爱护。《诗·小雅·隰桑》："心乎爱
矣，遐不谓矣。"爱以身为天下，即"以爱身为天下"，意为以爱护自
己生命的态度去治理天下。此句今人解说亦有分歧，如陈鼓应释为
"以爱身的态度去为天下"，陈徽释为"以'舍身为天下'为惠爱的
人"，卢育三释为"把自身珍爱得超过珍爱天下的人"，也有注家释为
"珍爱自身如珍爱天下"。陈鼓应之说可通，陈徽之说颇显迂曲，后二
说则未达老意。司马光云："夫贵重天下者，天下亦贵重之；爱利天
下者，天下亦爱利之。未有轻贱残贼天下而天下贵爱之者也。故圣人
之贵爱天下，所以贵爱其身也。如此则付以大器必能守之。"（彭耜
《道德真经集注》）司马光之说，强调圣人以"贵爱天下"为己任，
而非只求"贵爱其身"，其说甚合老意。

⑪寄：托付，委托。此处指寄托。汉简本、帛书本、傅本、景龙
本、范本同，王本、河上本作"托"。上句既作"托"，此处当从汉
简本、帛书本等作"寄"。

【解读】

本章首先提出"宠辱若惊，贵大患若身"的观点，接着分别回答
为何"宠辱若惊"和为何"贵大患若身"的问题，最后得出结论，
只有"贵以身为天下""爱以身为天下"的人，才能把治理天下的大

任寄托给他。

老子有别于常人之处，一是把常人认为是荣事、幸事的得宠视为卑下的事，并提出"得宠和受辱如同惊惧"的观点；二是认为一个人只有无私无欲才能免除祸患。董思靖云："此章明去妄情而复正性也。谓遗宠则辱不及，忘身而患不至。"（《太上老子道德经集解》）所谓"去妄情"，就是摒弃争名夺利、唯有自身的世俗之情；所谓"复正性"，就是恢复无欲无私、天下为公的博大品格。

对于本章主旨，历来存在两种截然不同的观点。一种观点是：老子强调"贵身""爱身"的思想，认为只有"贵身""爱身"的人，才能把天下托付给他。如黄茂材云："人不知贵其身者以天下为重而以身为轻尔，故不知贵其身；人不知爱其身者以天下为大而以身为小尔，故不知爱其身。老子之道以身为天下可贵可爱者皆在身，彼天下特其外物，故可寄托焉。"（彭耜《道德真经集注》）陈鼓应云："这一章老子强调'贵身'的思想。老子认为一个理想的治者，首要在于'贵身'，不胡作妄为，这样，大家才放心把天下的重责委任给他。"（《老子今注今译》）傅佩荣则把本章末句译为："所以重视身体超过天下的人，才可以把天下交付给他；爱惜身体超过天下的人，才可以把天下委托给他。"（《傅佩荣译解老子》）另一种观点是：老子强调"无私""无我"的思想，认为只有无私、无我的人，才能把天下托付给他。如陆希声云："唯能贵用其身为天下，爱用其身为天下者，是贵爱天下，非贵爱其身也。夫如此，则得失不在己，忧患不为身。似可以大位寄托之，犹不敢使为之主，而况据而有之哉！此大道之行，公天下之意也。"（《道德真经传》）苏辙云："人之所以骛于权利，溺于富贵，犯难而不悔者，凡将以厚其身耳。今也禄之以天下，而重以身任之，则其忘身也至矣。如此而以天下予之，虽天下之大，不能患之矣。"（《道德真经注》）张默生云："本章大意，是教人注重内心的修养，坚定品格。世情的毁誉，不足以动其心；身外的荣辱，不足以摇其志。甚且连生死都要置之度外，就更无所谓荣宠祸患了，必须这样的人，才可以将天下的重任寄托他。"（《老子章句新释》）

我们认为，老子所谓"贵以身为天下"，指以重视自己生命的态度去治理天下；所谓"爱以身为天下"，指以爱护自己生命的态度去治理天下。因此，本章老子并不是说只有"贵身""爱身"的人，才能把天下托付给他，而是说只有无私、无我的人，才能把天下托付给他。

十四章

视之不见，名曰夷①；听之不闻，名曰希②；搏之不得③，名曰微④。此三者不可致诘⑤，故混而为一⑥。

一者⑦，其上不皦⑧，其下不昧⑨，绳绳不可名⑩，复归于无物⑪。

是谓无状之状⑫，无物之象⑬。是谓惚恍⑭。迎之不见其首⑮，随之不见其后⑯。

执古之道⑰，以御今之有⑱。能知古始⑲，是谓道纪⑳。

【译文】

看它看不见叫作"夷"，听它听不到叫作"希"，摸它摸不着叫作"微"。这三者不可追根究源，因为它们浑然一体。

这个浑然一体的东西，它的上面不明亮，它的下面不昏暗，它没有边际，不可名状，回归于无形无象的状态。这叫作没有状貌的形状，没有实物的形象。它若隐若现，不可捉摸，面对它却看不见开端，跟随它又看不见终结。

坚持自古已有的道，用它来治理当今的天下国家。能够知晓宇宙、世界的起始，这就叫知道了道的法则。

【注释】

①夷：《说文》："平也。"引申为铲、灭，铲、灭之后则不可见，故意为无形、无色。《中华大字典》："无色曰夷。"《汉语大字典》："夷，古代道家的哲学概念。无色无形、不可捉摸叫'夷'。"此句"夷"字，帛书本作"微"，范本作"几"，高明、杨丙安据帛书本作"微"。但汉简本、王本、通行诸本皆作"夷"，作"夷"不误。河上公注："无色曰夷。言一无采色，不可得视而见之。"

②希：罕见，少。后作"稀"，引申为静寂无声。河上公注："无声曰希。言一无音声，不可得听而闻之。"

③搏：《说文》："索持也。"意为执持，握持。此处指摸索、触摸。此字帛书本作"捪"，傅本、景龙本、范本作"抟"，汉简本、王本、河上本作"搏"。捪（mín）：同"捪"，抚，摹。抟：捏聚成团，集聚。细审文义，当从汉简本、王本、河上本作"搏"义胜。

④微：《说文》："隐形也。"此处指无形。河上公注："无形曰微。言一无形体，不可抟持而得之。"

⑤致：竭尽，穷尽。诘（jié）：问，细问。致诘：意为追究，追问。此句王本、通行诸本同，汉简本作"参也，不可致计"，帛书本作"三者不可至计"。"致计""至计"乃"致诘"之借字。汉简释文注："'计'（见母质部）、'诘'（溪母质部），二字音近，皆有'查究'之义。"

⑥混：水势盛大，引申为杂糅（见《汉语大字典》），此处意为

混合。混而为一：浑然一体。

⑦一者：王本、河上本、景龙本、范本无此二字，帛书本、傅本皆有此二字，据补。汉简本作"参也"（释文作"三也"），指上述三种情况。汉简释文注："此处疑涉上文而误。"审文义，当以作"一者"为是。

⑧皦（jiǎo）：同"皎"，洁白、明亮。王本、通行诸本皆作"皦"，帛甲本作"攸"，帛乙本作"谬"，皆与"皦"音近而假（见杨丙安《老子古本合校》）。汉简本"皦"作"杲"（读 gǎo，明亮），乃"皦"之异体。

⑨昧：冥、昏暗。帛书本作"忽"，汉简本作"没"。忽：恍惚，不分明貌。没：隐没，消失不见。二字皆与"昧"义通。

⑩绳绳（mǐn mǐn）：没有边际，连续不断。《诗》："宜尔子孙，绳绳兮。"（见《汉语大字典》）帛书本作"寻寻"。高明云："'寻寻''绳绳'同音，皆重言形况字，此当从今本作'绳绳'为是。"（《帛书老子校注》）汉简作"台台微微"，魏宜辉云："'台'与'熙'读音较近，古书中亦见有'熙'字与从'台'得声之字相通的辞例，如《史记·鲁周公世家》'立弟熙'，《索引》：'熙'一作'怡'。《论语·子路》'兄弟怡怡'。'怡怡'，《诗·小雅·伐木》毛传作'熙熙'。"故"台台"应读作"熙熙"。而"微"字，"很可能是'徵'的变体……'徵'古音为端母蒸部字，与'绳'（船母蒸部）、'蝇'（喻蒸）的读音都很近，简文的'微微'读作'绳绳'是没有问题的。"（《北大汉简老子异文校读》）故"台台微微"即"熙熙绳绳"。《中华大字典》："熙，广也。《书·尧典》：'庶绩咸熙。'"熙熙绳绳：意为宽广而无边际。魏说可通。

⑪复归：意为返回、回归。无物：即无形无象的状态。河上公注："物，质也。复当归之于无质。"

⑫状：《说文》："犬形也。"引申为形状，如状貌、状态。

⑬物：《说文》："万物也。"无物：无具体事物，即没有实物。象：形象，有形可见之物。

⑭惚恍：隐约不清，游移不定，不可捉摸。也作"恍惚""忽恍"。

⑮迎：《说文》："逢也。"本指相逢，引申为面向着、正对着。首：本指头，引申为初始、开端。

⑯随：跟从，跟随。后：指位置在后。引申为将来、未来（见《汉语大字典》）。"首""后"，义犹"始""终"，故此处"后"指"终结"（见陈徽《老子新校释译》）。

⑰执：本指拘捕，引申为遵守、坚持（见《辞源》）。执古之道：此句汉简本、王本、通行诸本同，唯帛书本作"执今之道"。依帛书本则与下句"能知古始"不相应，故此句当从汉简本及通行本。

⑱御：《说文》："使马也。"意为驾驭车马，引申为治理。有：与"无"相对，指可感觉的实物。此处指具体事物、社会。刘师培云："有即域字之假文也。有通作或，或即古域字。……《国语·鲁语》：'共工氏之伯九有也'，韦注：'有，域也。'……'御今之有'，犹言御今之天下国家也。"（《老子斠补》）奚侗云："古今异世，道常不变，可持以治今之邦域也。"（《老子集解》）

⑲古：时代久远，与"今"相对，引申为开始、开端。古始：宇宙、世界的起始。能：王本、傅本、范本同，汉简本、帛书本、河上本、景龙本皆作"以"。王引之《释词》："以，犹能也。"故从王本等作"能"亦不误。

⑳纪：本指丝缕的头绪，引申为纲领、法则、规律。

【解读】

本章论述了道的特征和作用。

首先，老子通过具体而形象的描述，揭示了道客观存在的特性。

老子指出，道看不见，听不到，摸不着，是无色、无声、无形的；道浑然一体，若有若无，无形无象，不可捉摸。人们对于道，"迎之不见其首，随之不见其后"。老子从视觉、听觉、触觉等角度对道进行的描述，把抽象的、玄妙的、融汇古今的道呈现出来，揭示了道客观存在的特性。

其次，老子以简洁明快的语句，强调了道的重要作用。老子认为，道有两个作用：一是可以"御今之有"，即治理当今的天下国家；二是可以"知古始"，即知晓宇宙、世界的起始。

老子关于道融汇古今，"执古之道，以御今之有"的观点在中国思想史上有着重要意义，是中华民族优秀传统文化的重要内容。董平对此做了高度评价："老子在这里实际上已经涉及了'古''今'作为历史过程的统一性问题，并且明确了其统一性的原点，即在于道的自身存在及其运动的无限性。这一观点在中国思想的整体之中是重要的，在某种意义上启迪了中国独特的'历史哲学'，因为正是在这一观点之下，'究天人之际，通古今之变'才有可能成为历史学的基本目的。"（《老子研读》）因此，老子关于国家治理的大道，与儒家的仁政治国之道，成为中国五千年国家治理制度建设借鉴、参考的重要内容。中国现在不断完善的国家治理体系和治理制度，由于有五千年优秀传统文化包括老子、孔子的治国之道的滋养，正在为中华民族的伟大复兴和世界的和平发展发挥日益重要的作用。

王蒙说："老子的长项是他的思辨能力，是他的逆向思维能力，是他的远见，是他的执着于大道的激情加冷峻。他的同义反复是一种激情的表达，也是大道的魅力的表现。"（《老子的帮助》）诚如王蒙所说，正是由于善于逆向思维，善于深思熟虑，老子常常提出与常人不同的观点；正是由于既有激情而又冷峻，老子发出了"民不畏威，则大威至矣""民之饥，以其上食税之多，是以饥""勇于敢则杀，勇于不敢则活""天之道，利而不害；人之道，为而不争"等惊世骇俗、发人深思之语。

十五章

古之善为士者①，微妙玄通②，深不可识③。

夫唯不可识，故强为之容曰④：豫兮其若冬涉川⑤，犹兮其若畏四邻⑥，俨兮其若客⑦，涣兮其若冰释⑧，敦兮其若朴⑨，旷兮其若谷⑩，混兮其若浊⑪。

孰能浊以静之徐清⑫？孰能安以动之徐生⑬？

保此道者不欲盈⑭。夫唯不盈，故能敝而不成⑮。

【译文】

古代善于遵行大道的士人，精微深奥，玄妙通达，深邃得不可认识。

正因为不可认识，所以才勉强对他进行描述：迟疑不决啊，像冬天徒步过河；谨慎小心啊，像畏惧四面受敌；恭敬庄重啊，像应邀赴会做客；潇洒自然啊，像冰雪逐渐融化；诚恳质朴啊，像未经雕琢的原木；胸襟宽阔啊，像空旷的山谷；混然纯朴啊，像浑浊的流水。

谁能够让浑浊的水流静下来，慢慢澄清？谁能够让安静的东西萌发生机，渐渐长成？

保持这个道的人不执着于盈满，正因为不求盈满，所以宁愿缺损也不求完备。

【注释】

①士：对品德好、有学识或有技艺的人的美称，如志士、谋士、医士。善为士者：指善于行道的士人。帛书本、王本、傅本"士"作"道"。汉简本、楚简本及多数通行本皆作"士"，作"士"不误。

②微妙：精微深奥。楚简本"微"前有"必"字。玄通：玄妙通达。王本"通"字，通行诸本同，汉简本、楚简本、帛书本作"达"。《说文》："通，达也。""达"与"通"义同，依王本作"通"。

③识：认识，理解。

④强：勉强。容：修饰，形容。引申为描述。汉简本"容"作"颂"。《说文》："颂，貌也。"段注："古作颂貌，今作容貌，古今字之异也。"此处义为"形容"（见汉简释文注）。故"容""颂"二字，音近义通。

⑤豫：迟疑不决，喻小心谨慎。涉川：徒步过河。王本"豫"字，楚简本、傅本、景龙本、范本同；帛书本、河上本作"与"，乃"豫"之声假（见杨丙安《老子古本合校》）；汉简本作"就"，整理者云："'就'应读为'蹴'，'蹴虖'即'蹴然'，指惊惭不安貌。""惊惭"与此处文义不合，且"犹"与"豫"常并言，意为迟疑不决。陈徽云："'就'（从纽觉部）与'豫'（喻纽鱼部）韵部（觉与鱼）为旁对转，汉简'就'亦当读为'豫'。"（《老子新校释译》）陈说可从。

⑥犹：与"豫"为双声字，以声取义（见《辞源》）。故"犹"与"豫"义同。薛蕙云："犹、豫皆不果之意。"（《老子集解》）四邻：河上公、苏辙、林希逸、范应元、焦竑等皆训为"邻里乡邻"，王弼、吴澄、蒋锡昌等训为"四周之敌"。王弼注："四邻合攻中央之主，犹然不知所趣向者也。"吴澄云："畏四邻者惧敌，是以迟回而不

进，有道者不敢为天下先，其容如此。"（《道德真经注》）蒋锡昌云："言圣人常畏四邻侵入，故迟疑戒慎，柔弱自处，而不敢为天下之先也。"（《老子校诂》）邻里同处一地，声息相通，何畏之有？故河上公、苏辙之说误，王弼、吴澄、蒋锡昌之说是。

⑦俨：庄重，恭敬。客：王本、范本作"容"，汉简本、楚简本、帛书本、河上本、傅本皆作"客"。作"客"是。

⑧涣：《说文》："流散也。"此处喻风度潇洒自然。释：《说文》："解也。"此处指冰融解、融化。此句通行本作"涣兮若冰之将释"，汉简本作"涣乎其如冰泽"，楚简本作"涣乎其若释"，帛书本作"涣呵其若凌泽"，傅本、景龙本作"涣若冰将释"。据汉简本、帛书本、通行本此句增加"其"字，删去"之将"二字，使前、后句式一律。

⑨敦：质朴，诚恳。朴：《说文》："木素也。"指未经加工雕琢的原木，引申为质朴、厚重。河上公注："敦者质厚，朴者形未分，内守精神，外无文采也。"

⑩旷：本指光明、开朗，引申为辽阔、宽大，此处喻宽阔。谷：《说文》："泉出通川为谷。"指山谷，此处意为空旷、空虚。河上公注："旷者宽大，谷者空虚，不有德功名，无所不包也。"此句通行诸本同，汉简本作"旷乎其如谷"，文字稍异，但文意相同。

⑪混：本指水势盛大，此处指混然。《中华大字典》："混然，无分别之貌。"浊：不清。若浊：像浑浊的流水。喻大智若愚（见李存山注译《老子》）。吴澄云："若浊，美恶玄同不自洁也。"（《道德真经注》）苏辙云："和其光，同其尘，不与物异也。"（《道德真经注》）

⑫以：连词，表示顺承关系，相当于"而""并"。徐：缓慢，慢慢地。此句王本、通行诸本同汉简本，楚简本"之"作"者"，且多一"将"字。帛甲本"静"作"情"，"徐"作"余"。"情"通作

"静"，"余"乃"徐"之省文（见陈徽《老子新校释译》）。帛书本无"孰能"二字，汉简本、楚简本、通行诸本皆有，帛书本此处误漏或删改（下句同）。蒋锡昌云："'孰能浊以静之徐清'，谓圣人外虽混同波尘，而内则胸次悠然，徐徐自清，与众不同。"（《老子校诂》）

⑬安：《说文》："静也。"指安静，沉静。动：《说文》："作也。"指行动。引申为起始、发动。此处指萌动。此句王本、通行诸本"动"前均有"久"字，汉简本、帛书本、景龙本无"久"字，无"久"字善。蒋锡昌云："'孰能安以动之徐生'，此句与上句谊同，惟易词以言之耳。"（《老子校诂》）

⑭欲：本指欲望，引申为愿意、执着。不欲盈：不执着于盈满。

⑮能：通"宁"。如：能，可（见《辞源》）。刘师培云："'能蔽'之'能'义与'宁'同，言宁损弊而不欲清新廉成也。"（《老子斠补》）刘说是。敝：本指一幅巾，引申为破衣、破旧、缺损。"敝"字王本、河上本作"蔽"，景龙本作"弊"，皆"敝"之假（见杨丙安《老子古本合校》）。"而不成"，王本、河上本、范本作"不新成"，帛书本、傅本作"而不成"，汉简本作"不成"，无"而"字。高明勘校古今各本后认为此句当订正为"能敝而不成"（《帛书老子校注》）。杨丙安云："此句文字虽有小异，而本义则无不同，故依帛书固可，但有'新'字亦不违老意。"（《老子古本合校》）成：《说文》："就也。"指成就、完成，引申为成熟、完备。能敝而不成：意为宁愿缺损也不求完备。

【解读】

本章前半部分描述有道之士的形象，后半部分阐述守静不盈的重要作用。

老子首先指出有道之士"微妙玄通，深不可识"，交代了需要对有道之士进行描述的原因。接着，老子从"豫兮""犹兮""俨兮"

"涣兮""敦兮""旷兮""混兮"七个方面，通过生动形象的比喻，描述了有道之士的精神风貌和人格形态。陆希声说："夫德用微妙，道体玄通，以其深隐难知，是以强为之象。其进也，豫然若涉川之无涯；其止也，犹然若畏邻之有知；其肃也，俨然若宾主之在观；其舒也，涣然若春冰之将泮。其质敦兮若材之尚朴，其器旷兮若山之有谷，其心浑兮若水之处浊。斯皆善为士者道德之形容，故众人莫得而识也。"（《道德真经传》）陆希声认为，老子是从进、止、肃、舒、质、器、心等七个方面描述"善为士者"的形象。陆希声的分析，抓住了有道之士精神、人格的主要特征，颇得老旨。但文中一些训释，尚有需斟酌之处。

"孰能浊以静之徐清？孰能安以动之徐生？"这句话指出了"静"与"清"、"动"与"生"的密切联系。其中，"动"与"静"的关系尤为重要，它们既相互对立，又相互依存。陈鼓应说："'浊'是动荡的状态，体道之士在动荡的状态中，透过'静'的工夫，恬退自养，静定持心，转入清明的境界，这是说明动极而静的生命活动过程。在长久沉静安定（'安'）之中，体道之士，又能生动起来，趋于创造的活动（'生'），这是说明静极而动的生命活动过程。"（《老子今注今译》）本章对"动"与"静"相互转化的描述，体现了老子洞察有道之士人格风貌的智慧。对"动"与"静"二者，老子尤其重视"静"，并在十六章提出了"守静笃"的要求。

本章末句，揭示了有道之士的特征：不盈。由于有道之士不求盈满，所以宁愿缺损也不求完备，这是一种知足常乐心态的自然流露，体现的是有道之士与世无争的襟怀和大智慧。

总之，只有守静不盈，才能焕发生机，才能产生创造力，才能促使有道之士高尚情怀的形成。

十六章

致虚极①，守静笃②。万物并作③，吾以观其复④。

夫物芸芸⑤，各复归其根⑥。归根曰静，静曰复命⑦。复命常也，知常明也⑧。不知常，妄作，凶⑨。

知常容，容乃公⑩，公乃王，王乃天⑪，天乃道，道乃久⑫，没身不殆⑬。

【译文】

虚心无欲，要达到极致；清静无为，要保持专一。万物都生机蓬勃，我则观察它们的循环往复。

万物纷繁众多，各自回归自己的本源。回归本源叫作清静，清静叫作复归本性。复归本性是永恒的规律，懂得永恒的规律才明智。不懂得永恒的规律，就会胡作非为，招致灾祸。

懂得永恒的规律就会对人包容，对人包容就会公正无私，公正无私就会众望所归，众望所归就合于自然，合于自然就合于道，合于道就能长久，终身没有危险。

【注释】

①致：达到。虚：空虚，意为虚心无欲。极：本指房屋的正梁，引申为顶点、极致。吴澄云："致，至之而至其极处也。虚，谓无物，外物不入乎内也。极，穷尽其处也。"（《道德真经注》）汉简本、楚简本、帛书本"致"作"至"，古通用。

②守：保守、保持，此处指坚守。静：宁静，清静。笃：《说文》：
"马行顿迟。"引申为专一（见《汉语大字典》）。释德清云："静，谓
心体本来不动。世人不知外物本来不有，而妄以为实。故逐物牵心，
其心扰扰妄动，火驰而不返。见利忘形，见得忘真，故竞进而不休，
所以不能保此道也。"（《道德经解》）

③并：汉简本、王本、通行诸本同，楚简本、帛书本作"旁"，
杨丙安谓此二字"音近而假"，可从。作：产生，兴起。此处意为
生长。

④其：汉简本、帛书本、河上本及傅本、范本皆有此字，王本、
楚简本独无，但王注"以虚静观其反复"句有此字，有此字善。复：
《说文》："往来也。"引申为循环往复。

⑤芸芸：众多貌。夫物芸芸：王本、河上本同，汉简本作"天物
芸芸"，楚简本作"天道员员"。汉简本、帛书本"天"字，高明、杨
丙安谓乃"夫"字之误。他们提出此说时，汉简本尚未面世。汉简释
文注："《礼记·王制》：'田不以礼曰暴天物。'孔疏解'天物'为
'天之所生之物。'传世本'夫物'应为'天物'之讹。郭简作'天
道'乃属另一版本系统，文义不同。"汉简释文注是。"天物"指天生
之物，即万物。王本、河上本"夫物"两字，"夫"为发语词，"物"
在此处指万物。故"夫物"与"天物"义同，作"夫物""天物"
均可。

⑥根：植物长在土中（或水中）的部分，引申为事物的本源、根
由。各复归其根：各自回归到自己的本源。林希逸云："物之生也，
虽芸芸之多，而其终也，各归其根。"（《老子鬳斋口义》）此句诸本
无大异，唯帛书本"归"后有"于"字，傅本、景龙本、范本无
"复"字，有无"于"字皆无碍经义，有"复"字义胜。

⑦复：返回，复归。命：《说文》："使也。"本指命令。引申为

生命，此处指本性。《礼记·中庸》："天命之谓性。"高亨云："复其本性，则无知无欲，不争不乱，是静已，故曰归根曰静。"（《老子正诂》）静曰复命：汉简本、景龙本、范本同。王本、河上本作"是谓复命"，帛书本"谓"作"胃"，乃音同通假。傅本"静"作"靖"，亦音同通假。杨丙安云："斟酌诸本，以作'静曰'为善，如此非唯可使前后文例一致，而且于老意或更贴近。"（《老子古本合校》）

⑧常：同"裳"，裙子。引申为常规、规律，此处指永恒的规律。明：《说文》："照也。"指光明、明亮，引申为明了、通晓，此处指明智，意为洞察事理。林希逸云："得至复命处，乃是常久而不易者。能知常久而不易之道，方谓之明。"（《老子鬳斋口义》）复命常也，知常明也：汉简本、帛书本同。王本、通行诸本作"复命曰常，知常曰明"。高明谓此句当作"复命常也，知常明也"（见《帛书老子校注》）。其依据主要是帛书，之后汉简问世，又多一证据。

⑨妄：《说文》："乱也。"引申为胡作非为。帛书借作"帝""芒"，河上本误作"萎"。凶：《说文》："恶也，象地穿交陷其中也。"指不吉利，灾祸。一说凶恶，一说凶险。不从。帛书本"妄"字下有重文号，故此句读为"不知常，妄；妄作，凶"。汉简释文注："汉简、传世本皆遗漏重文号，致文义有阙。"此句按帛书本"妄"下有重文为优。黄茂材云："常之为道，至微至妙，非夫明智玄通之士则不能达。秦汉以来方士争言神仙方术陷于祸败，如徐福、栾大之徒皆妄作者也，老子知其凶之必至。"（彭耜《道德真经集注》）

⑩容：本指容纳，盛载，引申为宽容、包容。乃：副词，才，就。下文四个"乃"字同。一说作连词，表示递进关系（见赵又春《我读老子》）。"容乃公"至"道乃久"五句属递进关系，但单独每句不存在递进关系。公：《说文》："平分也。"引申为公平、公正。林希逸云："知常则其心与天地同大，何物不容？既能容矣，则何事

不公？"（《老子鬳斋口义》）知常容，容乃公：帛书本、王本及通行诸本同，汉简本前句作"知常曰容"。此"曰"字有无均可，据各本删。

⑪王：《说文》："天下所归往也。"此处指众望所归。杜光庭云："知常顺道，故能公正而为王也。有道之人，不言而自化，不召而自来，故天下归往也。"（《道德真经广圣义》）范应元云："王者，天下归往之称。惟其无私，故天下之人往而归之。"（《老子道德经古本集注》）劳健谓"王"当作"全"，张松如、陈鼓应从其说；马叙伦谓"王"当作"周"，张默生从其说。汉简的问世，为帛书本、王本及通行诸本作"王"又添一新的证据，作"王"不误。天：指自然。此处指法天，即效法自然，意为合于自然。

⑫天乃道：意为合于自然就合于道。道乃久：意为合于道就能长久。天乃道，道乃久：汉简、王本、通行诸本同，景龙本两"乃"字皆作"能"，与"乃"字义通。

⑬没（mò）：本指沉没，引申为终。没身：终身。殆：危险。河上公注："公正无私，可以为天下王。……能王，德合神明，乃与天通。德与天通，则与道合同也。与道合同，乃能长久。能公能王，通天合道，四者纯备，道德弘远，无殃无咎，乃与天地俱没，不危殆也。"范应元则云："自'知常容'之后，皆人欲尽净而天理流行，何危殆之有也？"（《老子道德经古本集注》）没身不殆：王本、通行诸本同，汉简本作"没而不殆"，"没"即"没身"意。范本"没"作"殁"，"殁身"即终身。

【解读】

本章阐述了只有"致虚""守静"才能观察万物的变化，认识万物最终复归本源这一永恒规律的道理。本章分为三个部分：

第一部分，阐述"致虚""守静"的作用。老子认为，只有虚怀若谷、清静无为的人，才能通过生机蓬勃的万物，观察到它们循环往复的规律，这体现了从个别到一般、从现象到实质的认识过程及其特征。

　　第二部分，阐述万物复归本性是永恒的规律，以及这一规律的重要作用。老子采用顶针的修辞手法，揭示了归根与静、静与复命、复命与常、知常与明的逻辑关系，并强调了"不知常"而胡作非为的严重后果。

　　第三部分，从正面阐述"知常"的重要作用。老子采用"知常容，容乃公，公乃王，王乃天，天乃道，道乃久"这样层层递进的句式，进而得出"没身不殆"的结论，阐明了"知常"的重要性。

　　老子在本章提出的"容"和"公"的观念，在中华民族优秀传统文化形成过程中产生了极为重要的影响。唯有胸怀博大、虚怀若谷的人才能包容、宽容。那些心胸狭隘、欲壑难填的人，只会斤斤计较，何来包容？而公正无私，则为有道之人的行为表现，也是有道之人众望所归的根本原因。

　　陈剑在对本章的评述中突出了"公"字，他说："本章是理解《老子》的政治思想的关键章节，观复以明于命，复命而后能容，能容则无所不包，荡然公平，能公则可为王。这个逻辑链条的中心是公，复命是能公的路径，王是公的结果。公是《老子》所期望的理想状态，复命是为了达到公而创造的理论，公是这个理论的目标。《老子》将王附属于公，弱化了王的地位，突出了公的重要性。总之，公是《老子》政治思想的核心。"（《老子译注》）

十七章

太上^①，下知有之^②；其次，亲誉之^③；其次，畏之；其下，侮之^④。

信不足，焉有不信^⑤。

犹兮其贵言^⑥。功成事遂^⑦，百姓皆谓："我自然^⑧。"

【译文】

最理想的君主，百姓仅仅知道他的存在；次一等的君主，百姓亲近、赞扬他；再次一等的君主，百姓畏惧他；最下等的君主，百姓轻侮他。

君主的诚信不足，就会有百姓的不信任。

好的君主谨慎戒惧，不轻易发号施令。事情成功了，百姓都说："这是我们自己成就的。"

【注释】

①太：王本及传世本同，汉简本、楚简本、帛书本皆作"大"，二字古通用。大：表示规模广、程度深、性质重要（见《辞源》），引申为极、很。"大上"义为最上、极好，指最理想的君主。太：古通"大""泰"。《说文》段注："后世凡言大，而以为形容未尽，则作太。如大宰俗作太宰，大子俗作太子，周大王俗作太王是也。"经文"大"转写为"太"，亦同此。又，"太"有"甚""很"之义，故"太上"亦有最上、甚好义。由于"太上"之说沿用已久，故从

传世本。

②下：与"上"相对，指百姓。下知有之：犹言百姓仅仅知道他的存在。蒋锡昌云：此句"谓最好之世，下民仅知有一君之名目而已。……盖老子之意，以为至德之世，无事无为，清静自化。君民之间，除仅相知以外，毫不发生其他关系"（《老子校诂》）。王本"下"字，吴澄、焦竑等本作"不"，传世本及汉简本、楚简本、帛书本皆作"下"，作"下"是。

③亲：亲近。誉：称颂、赞扬。此句王本作"亲而誉之"，河上本、范本作"亲之誉之"，汉简本、楚简本、帛书本均作"亲誉之"。

④其下：犹言最下、最次。汉简本、帛书本同，楚简本、王本、河上本、傅本作"其次"，皆指"再次一等的君主"。侮：轻视、侮辱。

⑤信：诚信，信用。焉：连词，则，乃。汉简本、楚简本、帛乙本"焉"作"安"，帛甲本"焉"作"案"。"焉""安""案"三字古通用。

⑥犹：汉简本、楚简本、河上本同，王本作"悠"，帛乙本作"猷"，景龙本作"由"，皆"犹"之假（见杨丙安《老子古本合校》）。当从汉简本、楚简本等作"犹"。第十五章"犹兮若畏四邻"之"犹"，与此"犹"字义同，指迟疑、戒惧。贵言：以言为贵，意为珍视言论，不轻易发号施令。

⑦功成事遂：王本、河上本、傅本同，汉简本、帛书本作"成功事遂"，楚简本作"成事遂功"，景龙本、范本作"成功事遂"，诸本结构不同，但其义无别。今从王本作"功成事遂"。功：功业。成：成就。事：事业。遂：就，成功。

⑧谓：王本、通行诸本同，汉简本、楚简本、范本作"曰"，二字义同，意为言说。我：代词，百姓的自称。然：代词，相当于"如此"

"这样"。一说"然"意为成、形成。《大戴礼记》:"其祸将然。"蒋锡昌云:"《广雅释诂》:'然,成也。'……老子所谓'自然',皆指'自成'而言。"(《老子校诂》)自然:自己如此,自己成就。

【解读】

本章通过对四种治国方式的对比,体现了老子的治国理想。全章分为三个部分:

首先,老子指出,由于君主有不同的类型,百姓对君主的态度也截然不同,或"知有之",或"亲誉之",或"畏之",或"侮之",每况愈下。明代学者薛蕙云:"太上,以大道为治;其次,以仁义为治;其次,以智力为治;又其次,智力复穷矣。"(《老子集解》)薛蕙所说的四种国家治理方式,揭示了百姓对君主的态度每况愈下的根本原因。正如唐代学者陆希声所说:"太古有德之君,无为无迹,故下民知有其上而已,谓帝力何有于我哉?德既下衰,仁义为治。天下被其仁,故亲之;怀其义,故誉之。仁义不足以治其心,则以刑法为政,故百姓畏之。刑法不足以制其意,则以权谲为事,故众庶侮之。"(《道德真经传》)

其次,老子指出,由于君主的诚信不足,必然导致百姓对君主的不信任。"信不足,焉有不信。"老子这句言简意赅的名言,成为千百年来告诫世人和统治者做人必守诚信的警语。

最后,老子强调,好的君主必须谨慎戒惧,珍视言论,因民之性,顺民之情,让百姓在安闲自适的状态下自然地发展。

老子的治国理想,有两个方面的内容:

一、无为而治的治国方略:这是老子极力推崇的国家治理方式,也是《老子》一书的重要内容。对老子"无为而治"的思想,董平有独到的见解,他说:"'自然'的'无为之治',实质上要求统治者摒弃把自己的统治意识强加于人民，在最大程度上减少政治对于人民生活的干预，使人民得以自主决定自己的生活、选择自己的生活方式，充分发挥民众关于生活与生产的自主组织能力，从而'自然地'实现生活本身的秩序性。……汉初的'文景之治'，在某种意义上可算是对这种'无为而治'的一种尝试。"（《老子研读》）

二、诚信为本的治国理念。把诚信提升到治国、做人之本的高度，这是老子对中华民族传统文化的一大贡献。林语堂先生在解读本章时说："最末一等的国君，以权术愚弄人民，以诡诈欺骗人民，法令不行，人民轻侮他。这是什么缘故呢？因为这种国君本身诚信不足，人民当然不相信他。"（《老子的智慧》）可见，统治者要得到人民的信任，首先要做到诚信。只有信守承诺，言而有信，才能取信于民，得到人民的拥护和支持。

十八章

大道废，有仁义①；智慧出，有大伪②；六亲不和，有孝慈③；国家昏乱，有忠臣④。

【译文】

大道废弃了，才提倡仁义；智巧出现了，才产生诈伪；家庭成员不和，才有孝敬慈爱；国家混乱无序，才会出现忠臣。

【注释】

①大道：古代指政治上的最高理想。《礼记·礼运》："大道之行

也，天下为公。"此指清静、无为的政治。卢育三云："大道是老子理想社会的最高原则。在这样的社会里，没有人与人之间的矛盾，没有斗争，没有制约人们行为的道德、法律、政治、文化、教育等上层建筑，或者说，没有名教。这是一种原始混沌的自然状态。大道废，指自然状态的破坏，社会出现了矛盾和斗争，出现了为拯救'弊端'的有为活动。"（《老子释义》）仁义：仁爱和正义。冯友兰云："'大道废，有仁义'，这并不是说，人可以不仁不义，只是说，在'大道'之中，人自然仁义，那是真仁义。至于由学习、训练得来的仁义，那就有模拟的成分，同自然而有的真仁义比较起来，它就差一点次一等了。《老子》说'上德不德，是以有德'，就是这个意思。"（《中国哲学史新编》）

②智慧：聪明，才智。此处指统治者"治天下之智巧，即礼乐权衡斗斛法令之事"（释德清《道德经解》）。伪：欺诈，虚伪。智慧出，有大伪：此句汉简本、帛书本、王本及通行诸本皆有，唯楚简本无，陈鼓应主张当据楚简删，但汉简本、帛书本及传世本皆有，当以不删为是。河上公注："智慧之君贱德贵言，贱质贵文，下则应之以大伪奸诈。"释德清云："上古不识不知，而民自朴素。及乎中古，民情日凿，而治天下者乃以智巧设法以治之。殊不知智巧一出，而民则因法作奸。故曰'智慧出，有大伪'。"（《道德经解》）

③六亲：六种亲属。具体指哪六种亲属，说法不一。王弼注云："六亲，父子、兄弟、夫妇也。"不和：不和睦。孝慈：指对上孝敬，对下慈爱。释德清云："上古虽无孝慈之名，而父子之情自足。及乎衰世之道，为父不慈者众，故立慈以规天下之父；为子不孝者众，故立孝以教天下之子。是则孝慈之名，因六亲不和而后有也。"（《道德经解》）

④昏乱：政治黑暗，社会混乱。忠臣：忠于君主的官吏。吴澄云："君臣上下各由其道而无有昏乱，则臣之忠者亦其常分，不知其

为忠也。商纣不君，奸回群聚，而后知有三代之忠臣。"（《道德真经注》）国家昏乱，有忠臣：王本、河上本、景龙本同，汉简本、帛书本、傅本、范本"忠臣"作"贞臣"，楚简本作"正臣"。"贞臣""正臣""忠臣"义近，今从传世本作"忠臣"。河上公注："政令不行，上下相怨，邪辟争权，乃有忠臣匡救其君也。"王弼注："若六亲自和，国家自治，则孝慈、忠臣不知其所在矣。"

【解读】

本章通过鲜明的对比，体现了老子对原始朴素的理想社会的向往。

在老子推崇的理想社会，没有人与人之间的矛盾和斗争，没有制约人们行为的道德和法律。而老子生活的现实社会，世风日下，战乱四起，道德沦丧，社会混乱。唐代杜光庭说："大道既隐，下德有为，仁义用而巧智兴，小惠成而大伪作。忠臣名著于昏乱，孝慈事彰于不和。弊极风颓，所宜反朴。"（《道德真经广圣义》）杜光庭所说的"反朴"，即返回到原始朴素的理想社会。在这样的社会，人们自然纯朴，仁爱待人，因此不需以"仁义"之名约束自己；国君待人以诚，不用智巧，因此不会产生欺诈虚伪的事；家人和睦相处，尊老爱幼，因此不会用孝慈之名规范行为；国家政治清明，社会治理有序，乱臣贼子没有滋生的土壤，因此不会有忠臣出现。正如卢育三所说："老子已经认识到作为道德规范的仁义、孝慈等不是永恒的，而是历史地发生的，是社会矛盾的产物。老子把概念看作对立的统一，孝慈、忠诚是作为不孝、不慈、不忠的对立物产生的。这种认识是十分可贵的。"（《老子释义》）

有的学者认为，本章的内容，说明老子反对仁义、忠孝和智慧，甚至认为道家与儒家的政治主张是根本对立的。从本章的四组对比中，我们看到，老子通过探究仁义、大伪、孝慈、忠臣产生的原因，进而否定西周以来实行的一整套治国方案和制度。而儒家的政治主张，是针对世风日下、战乱频发、民不聊生的社会现实，提出的以仁、义、礼、智治国的主张。两者的主张不同，观点各异，但建立一个政治清明、社会和谐、百姓安居的社会的目标是一致的。

关于道与仁义礼智的关系，陈徽说："道为本而仁义礼智为末，或曰仁义礼智皆为道之展现，并皆成就着道。然而，这一意义的仁义礼智皆是道的自然展开，而非道'有意'或'执着'之所致，犹如鸡鸣犬吠或花之绽放，自然而然。比如发之于天性的父子之亲、兄弟之爱、夫妇之情等，即是如此。这是真正的'六亲和'，因发于自然，故为老子所推崇。而且，当人们自然而然地表现出'六亲和'时，并非是依据什么道德观念或原则（如仁爱、孝慈、忠诚等）的结果，甚至还不知道有所谓道德的存在。"（《老子新校释译》）可见，老子推崇大道，是抓事物的根本，反对舍本逐末。由于现实社会与老子的理想社会相比发生了深刻变化，儒家提出的政治主张或许更具针对性，但统治者是否采纳，能在多大程度上采纳则另当别论。

十九章

绝圣弃智①，民利百倍；绝仁弃义②，民复孝慈；绝巧弃利③，盗贼无有。

此三者以为文不足④，故令之有所属⑤：见素抱朴⑥，少私寡欲⑦。

【译文】

杜绝聪明抛弃巧智，民众可以获利百倍；杜绝仁慈抛弃道义，民众才能回归孝慈；杜绝机巧抛弃私利，盗贼就会自行消失。

这三个方面不足以用来治理天下，因此要让民心有所归属：确立并持守质朴，减少私心和欲望。

【注释】

①绝：断绝，杜绝。圣：《说文》："通也。"《辞源》："无事不通曰圣。"这里指博通知识、聪明。高亨云："此圣字仅是博通深察，可云大智曰圣，与圣人之圣异义。"（《老子正诂》）弃：抛弃，与"绝"义通。智：本指聪明、才能。此处指巧智、权谋。此句汉简本、王本、河上本、景龙本同，楚简本作"绝知弃辩"，帛书本、傅本、范本"智"作"知"，二字古通用，此处当作"智"。陈徽云："郭店简（即楚简）之说毕竟属孤例，王本等世传本'绝圣弃智'不仅为西汉简、帛所证实，且《庄子》之《胠箧》《在宥》二篇亦引作'绝圣弃智'，则此说亦不可废也。"（《老子新校释译》）

②仁：对人亲善、仁爱。义：公正合宜的道理，正义。王安石云："仁者，有所爱也；义者，有所别也。以其有爱有别，此大道所以废也。"由于有所爱，必然有所不爱，有所区分，必然不能一视同仁。因此，"老子反对的乃是失道之德，对于发之于素朴之性的'仁''义''孝''慈'等，其何尝废之?"（陈徽《老子新校释译》）此句汉简本、帛书本、王本及通行诸本同，唯楚简本作"绝伪弃虑"。陈鼓应认为楚简本"绝伪弃虑"为祖本之旧，且"虑"应为"诈"。因楚简本仅为孤例，今从汉简本、帛书本及通行诸本作"绝仁弃义"。释德清云："仁义本为不孝不慈者劝，今既窃之以为乱，苟若弃之，则民有天性自然之孝慈可复矣。"（《道德经解》）

③巧：《说文》："技也。"本指技巧，技能，引申为虚浮不实，此

处指机巧。利：利益。此处指私利。

④三者：指圣智、仁义、巧利。王本、河上本及通行诸本"三者"一词，汉简本、楚简本、帛书本皆作"三言"，从传世本。文：《说文》："错画也。"本指（在肌肤上）刺画花纹，引申为法令条文。以为文不足：犹言作为法令条文是不够的，意为不足以用来治理天下。奚侗云："'圣智''仁义''巧利'，三者皆文饰之事，反乎素朴之道，不足资以为治也。"（《老子集解》）此句"三"字，楚简本、帛书本及传世本同，汉简本作"参"。"参（sān）"同"三"，后作"叁"。

⑤令：使，让。之：代词，指民众、民心。属：归属。此句汉简本、楚简本、帛书本"令"后有"之"字，王本及通行诸本皆无，有"之"字语意更完整。

⑥见（xiàn）：立，确立。《中华大字典》："见，立也。《孟子·尽心》：'修身见于世。'"一说显露、显现，亦通。素：丝未染色为素。抱：怀藏，持守。朴：木未加工为朴。老子以"素"和"朴"比喻事物的本来面目。见素抱朴，犹言确立并持守质朴。

⑦私：个人的，自己的。与"公"相对，此处指私心。欲：欲望。蒋锡昌云："此文'少私'即七章之'无私'，'寡欲'即五十七章之'无欲'。……人者动物之一，不能完全无私，亦不能完全无欲。其曰'无'者，亦不过欲其减少至最低限度耳。"（《老子校诂》）此句汉简本、楚简本、帛书本及通行诸本均作"少私寡欲"，唯释德清《道德经解》作"少思寡欲"，刘师培以《韩非子·解老》和《文选》谢灵运诗《邻里相送方山》李注为证，认为应作"少思寡欲"（见《老子斠补》）。蒋锡昌云："按《庄子·山木》篇'其民愚而朴，少私而寡欲'，其言本此，可见《老子》自作'私'，不作'思'。若李注作'思'，则为'私'之误。"（《老子校诂》）蒋说是，刘说非。

【解读】

本章和上章的内容有密切联系。上章通过对仁义、大伪、孝慈、忠臣产生原因的分析，揭示了当时社会的病态——道德沦丧，世风日下。本章则针对这些问题，提出了解决的办法，即"见素抱朴，少私寡欲"。

老子认为，只有绝弃圣智、仁义、巧利等有为的东西，才能使民心归正，从而天下大治。"见素抱朴，少私寡欲"，则是实现这一目标的关键之举，也是老子针对当时的社会现实开出的治世之方。只有"见素抱朴"，才能使人坦荡诚恳，没有虚伪；只有"少私寡欲"，才能使人减少私心和欲望，不致贪得无厌。真正做到了这些，才能使大道得以恢复，社会回归原有秩序。在这里，老子展示了人类社会早期那种自然淳朴，没有个人私欲，没有钩心斗角，没有欺诈权谋的平等的社会图景。

老子提出的这一独特主张，来源于他对社会现实和儒家观点的深刻反思，虽然对统治者和民众极具启示价值，但在历史发展的大趋势面前，却难以实现。

唐代杜光庭对此章有独到的见解，他说："圣智仁义巧利，此六者行之初以拯物，执之末以妨道，故奸诈盗窃因而生焉。绝而弃之，可复真素。真素已复，乃资内修。显四行于结成，为真道之要妙矣。夫有迹之圣作，则矜诈之智生。仁起于不仁，义出于不义，孝彰于不孝，慈显于不慈。能绝有迹有为，自复至慈至孝。斥淫巧则私利息。私利既息，盗贼不生，然后凝疏于朴素之乡，杜念于私欲之境，人登富寿，国致遐长。此人君行道之效也。"（《道德真经广圣义》）不难看出，杜光庭看到了老子绝弃圣智仁义巧利是为了倡导回归大道的积极一面，却忽视了老子回避矛盾，企图以"无为"之道消解矛盾，从而返回原始混沌的自然状态的消极一面。

二十章

绝学无忧①。

唯之与阿，相去几何②？美之与恶，相去何若③？人之所畏，亦不可以不畏人④。荒兮，其未央哉⑤！

众人熙熙，如享太牢，如春登台⑥：我独泊兮其未兆⑦，如婴儿之未孩⑧，儽儽兮若无所归⑨。众人皆有余，而我独若遗⑩。我愚人之心也哉！沌沌兮⑪。俗人昭昭，我独昏昏⑫；俗人察察，我独闷闷⑬。惚兮其若海，恍兮若无止⑭。众人皆有以，我独顽似鄙⑮。

我欲独异于人，而贵食母⑯。

【译文】

摒弃世俗之学，就能没有忧患。

应诺与斥责，相差多少？善良与邪恶，差别如何？民众所畏惧的人，也不可不畏惧民众。（这些现象蕴含的道理）多么宏大深刻啊，而且不可穷尽！

众人兴高采烈，好像要享受丰盛的筵席，又好像在春日登台赏景。我却独自恬静淡泊，从不炫耀自己，就像不会笑的初生婴儿；我颓丧疲惫啊，好像无所依归。众人都志得意满，我却独自匮乏不足。我无欲无求，有一颗愚笨之心，像是浑沌无知。俗人都明白清醒，我独自糊涂昏昧；俗人都精于算计，我独自浑噩愚昧。深不可测啊，好像辽阔大海，不可捉摸啊，好像永不止息。众人都想有为，我却独自愚妄而无能。

我要独自与众不同，重视于大道的修养。

【注释】

①绝：断绝，此处意为摒弃。学：学问、学说，此处指世俗之学。释德清云："此承前二章言圣智之为害，不但不可用，且亦不可学也。然世俗无智之人，要学智巧仁义之事，既学于己，将行其志，则劳神焦思，汲汲功利，尽力于智巧之间。故曰'巧者劳而智者忧，无知者又何所求'。是则有学则有忧，绝学则无忧矣。圣人……顺物忘怀，澹然无欲，故无忧。世人无智而好用，逐物忘道，汨汨于欲，故多忧耳。"（《道德经解》）绝学无忧：此句蒋锡昌认为应在十九章之末，姚鼐《老子章义》亦置于十九章之末，高亨、高明、古棣、卢育三等皆取蒋、姚之说。王本、河上本及通行诸本此句均在本章之首，汉简本、楚简本此句也在本章之首，足证传世本分章不误。

②唯：象声词，应答声。用于对尊长，表恭敬。阿：同"诃"，大声斥责，责备。几何：犹言多少。

③美：善，与"恶"相对。此字王本、河上本、景龙本、范本作"善"，汉简本、楚简本、帛书本、傅本均作"美"。虽然"善"与"恶"对称，但老子常以"美""恶"对言，以"善""不善"对言，故汉简本、楚简本等作"美"不误。何若：如何，怎样。

④人之所畏，亦不可以不畏人：此句楚简本、帛乙本同，汉简本无"亦"字，王本、河上本及通行诸本均作"人之所畏，不可不畏"。杨丙安云："老子反复强调者，乃'我'与'众人'之别。'人之所畏，不可不畏'，言众人所畏者，我亦不可不畏。楚简本、帛书本'人之所畏，亦不可以不畏人'，言众人所畏惧的人——亦即指君

王，也不可以不畏惧众人。"（《老子古本合校》）杨说颇合老意，故此句从汉简本、楚简本及帛乙本。

⑤荒：大。此处指宏大。《中华大字典》："荒，大也。《诗·天作》：'太王荒之。'"央：已，尽。未央：未尽，不可穷尽。此句"荒"字，汉简本作"芒"，汉简释文注："传世本多作'荒'，作'荒'是。"

⑥熙熙：欢乐的样子。太牢：盛牲的食器叫牢，大的盛牲食器叫太牢。太牢盛牛、羊、猪三牲，用于宴会或祭祀，后来也指丰盛的筵席。如春登台：汉简本、帛书本"如"作"而"，傅本、景龙本"如"作"若"，范本作"如登春台"。易顺鼎、古棣从范本。王本及通行诸本多作"如春登台"，今从之。

⑦泊：淡泊，恬静。兆：征兆，迹象。未兆：没有迹象可见，意为从不炫耀自己。

⑧孩：同"咳"（hái），二字古通用。《说文》："咳，小儿笑也。……孩，古文咳，从子。"此字王本、河上本、景龙本同，帛乙本、傅本、范本作"咳"，汉简本作"眩"，乃"咳"字之误。未孩：未能笑，形容婴儿初生之貌。

⑨儽（lěi）：困乏、颓丧，意为颓丧疲惫。此字王本、范本同，帛书作"累"，傅本作"偏"，皆失志疲惫貌。河上本、景龙本作"乘"，误。当从王本、范本作"儽"。归：归宿，依归。

⑩有余：指兴致有余，意为志得意满。遗："匮"的借字。指匮乏、缺乏。奚侗云："'遗'借作'匮'，不足之意。《礼记·祭义》：'而穷老不遗。'"于省吾从其说。河上公、林希逸等解作"遗弃"，王弼、苏辙、释德清等解作"遗失""忘失"，与"余"字不应，故皆误（见陈徽《老子新校释译》）。

⑪愚：愚笨，愚昧。沌沌：蒙昧无知貌。蒋锡昌云："沌沌，形

容圣人浑沌无知也。"(《老子校诂》)

⑫俗人：平庸的人。昭昭：明白。释德清云："昭昭，谓智巧现于外也。"(《道德经解》) 昏昏：糊涂貌。

⑬察察：分别辨析。王弼注："察察，分别别析也。"此处意为精于算计。闷闷：愚昧，浑噩貌。苏辙云："世俗以分别为智，圣人知群妄之不足辨也，故其外若昏，其中若闷。"(《道德真经注》)

⑭惚：不清晰、不分明，此处意为深不可测。恍：模糊、不清楚，此处意为不可捉摸。无止：没有尽头。

⑮以：用。王弼注："以，用也。皆欲有所施用也。"有以：有用，有为。顽：愚妄无知。似：王本、河上本等传世本同，汉简本、帛书本作"以"，傅本作"且"。俞樾云："似当读为以，古以似通用。……顽以鄙犹言顽而鄙也。"(《老子平议》) 鄙：鄙陋，浅薄。指无能。

⑯贵：本指价高，引申为重视。食：通"饲"，以食饲人或畜，意为"养"，引申为涵养、修养。母：《说文》："牧也，从女，象怀子形。一曰象乳子也。"比喻本源。老子往往以"母"喻道。贵食母：重视涵养于道，意为重视于大道的修养。蒋锡昌云："《河上》注'食，用也；母，道也；我独贵用道也'。……母为生之本，故以喻道。然依《河上》训'食'为'用'，尚不如据《庄子》训'食'为'养'之尤合古谊。……'我欲独异于人，而贵食母'，谓我独欲异于普通之人君，而贵养于道也。"(《老子校诂》)

【解读】

本章描述了"为学"与"绝学"的不同表现，以诗一般的语言对为什么要坚守无为之道进行了深刻剖析，犹如一幅描摹春秋时期世态人情的风俗画。全章分为四个部分：

第一部分，开宗明义，指出只有摒弃世俗之学，才能没有忧患。

　　第二部分，首先指出应诺与斥责、善良与邪恶所表现的人的品德有高低优劣之分。然后以"人之所畏，亦不可以不畏人"告诫统治者对普通民众要有所"畏惧"，绝不能搜刮、压榨过度。最后，指出这些现象蕴含的道理宏大深刻，不可穷尽。老子认为，只有"绝学"之人，才能重视于道的修养，从而具有良好之品德，而"为学"之人，却追求世俗之学，追求大道衰隐后才出现的仁义礼智等东西。

　　第三部分，以对比的方式描绘了体"道"之士（即"绝学"者）与"众人""俗人"（即"为学"者）的区别。世俗之人与上文"人之所畏"之"人"，所指不同，前者指掌握一定权力的官员，后者指普通民众。老子认为，世俗之人兴高采烈，"如享太牢，如春登台"；世俗之人志得意满，明白清醒，精于算计，因为他们追求的是"有为"。体"道"之士则相反，他恬静淡泊，从不炫耀，颓丧疲惫，无所依归；有"愚人"之心，像是浑沌无知；"昏昏""闷闷"，愚妄而无能。由于体"道"之士"绝学""无为"，所以能达到"惚""恍"的深不可测、不可捉摸之境。正如黄瑞云所说，这部分"多用反语。以众人为有余、有以、昭昭、察察，实则批判众人荒嬉盲目，自以为是；我则不足、无用、昏昏、闷闷，实则表示其大昭若昏，大智若愚"（《老子本原》）。

　　第四部分，得出结论：不能混同尘世，随波逐流，要重视于大道的修养，做一个体"道"、行"道"的有道之士。

　　陈徽说："在《老子》中，母子即喻本末。故本章尾句'贵食母'与首句'绝学'之说正相呼应，而全章的崇本弃末之旨亦昭然若揭。"（《老子新校释译》）可见，"绝学无忧"与"贵食母"起到了首尾呼应，并进而点明主旨的作用。把"绝学无忧"置于十九章末既无版本依据，又使本章缺失开宗明义的点睛之笔。

二十一章

孔德之容，惟道是从①。

　道之物，惟恍惟惚②。惚兮恍兮，其中有象；恍兮惚兮，其中有物③。窈兮冥兮，其中有精④；其精甚真，其中有信⑤。

　自今及古，其名不去⑥，以阅众甫⑦。

　吾何以知众甫之然哉？以此⑧。

【译文】

大德的表现，是遵从于道。

道的形象，隐约不清，难以辨识。虽然迷离恍惚，其中却有形象；虽然难以捉摸，其中却有内容。道尽管幽深暗昧，其中的形象和内容却是实有。这种实有非常真实，其中有信验可凭。

从今天上溯到古代，道的功用常在，可以凭借它来观察万物的本始。

我怎么知晓万物的本始是这样呢？就是凭借"自今及古，其名不去"这句话所说的道理。

【注释】

①孔：《说文》："通也。"本指通达，引申为大。容：本义是盛载、容纳。引申为容貌、仪容。此处指表现。从：遵从，遵循。唯道是从：

河上公注："唯，独也。大德之人不随世俗所行，独从于道也。"董思靖云："凡众有之容，皆道之见于物，谓从道中出也。"(《老子道德经集解》)两说相较，董说虽通，但河上注更合老意。

②物：形色。《周礼》："以五云之物，辨吉凶水旱降丰荒之祲象。"(见《汉语大字典》)形色：即外貌与容色。故此处"物"指形象、模样。注家多训"物"为事物、东西，不确。恍惚：隐约不清，难以捉摸和辨识。道之物：汉简本、帛书本同，王本、河上本及通行诸本为"道之为物"。由于传世本多"为"字，致使此句文意大变，或释为"道这个东西"，或释为"道创造万物"，皆于义难通。

③惚恍：隐约不清，游移不定，不可捉摸。象：形状、象貌，此处指形象。物：事物的内容实质。《易·家人》："君子以言有物，而行有恒。"(见《辞源》)古今注家训"物"，多谓事物或实物，即"通常意义上的具体现象之物"(董平《老子研读》)，此说当否，似可商榷。

④窈冥：幽暗貌。精：当读为"情"，乃"情"之声假，指实情、实有。此"精"字，王本、河上本及通行诸本同，汉简本、帛书本作"请"，汉简释文注："'请''精'皆应读为'情'。"高明云："'情'字在此训'真'或'实'。……后人不知'精'字当假为'情'，皆读为本字，则释作'精神''精力''精灵''精气'，或谓'最微小的原质'等等。诸说虽辩，但皆与老子本义相违，均不可信。"(《帛书老子校注》)高说善，可从。

⑤真：真实。信：《说文》："诚也。"引申为证实、应验。王弼注："信，信验也。"

⑥自今及古：汉简本、帛书本、傅本、范本同，王本、河上本、景龙本作"自古及今"。马叙伦、蒋锡昌皆谓此句当作"自今及古"。严灵峰则云："马、蒋诸氏以韵例主'自古及今'句当作'自今及

古'，于义未安。按：'自'与'及'二字先后并用，乃溯前启后之意，无追后御前之理，谊不可通。十四章云：'执古之道，以御今之有。'只可执古御今，断难执今御古。时不可再也。"（《老子章句新编》）严说甚辩，但此处是指无论古今，道的功用常在，而非执今御古，故不从。待帛书、汉简出，此句亦为"自今及古"。汉简释文注亦谓："由文义及押韵看来，当以帛书、汉简本为是。"其：代词，指道。名：功。此处指功用。《国语·周语》："百姓以为己名。"注："名，功也。"（见《中华大字典》）蒋锡昌云："名非空名，乃指其所以名之为道之功用而言。道名不去，犹言道之功用不绝。"（《老子校诂》）不去：不会消失。吴澄云："不去，谓常存也。"（《道德真经注》）

⑦阅：看，观览。此处意为观察、认识（见《辞源》）。甫：开始，本始。众甫：万物之始。王弼注："众甫，物之始也。"

⑧何以：为何，怎么。之：是。《公羊传》："吾见子之君子也，是以告情于子也。"（见《汉语大字典》）然：代词，相当于"如此""这样"。因"乃"可训是、就是，故"之然"即乃如此、是这样。以：凭借，依据。此：代词，相当于这、这个。但注家训"此"，颇多异说。范应元、林希逸、释德清训为"道"，河上公注"今也"，王弼注"上之所云也"，吴澄谓"此"乃"孔德之有常者"，苏辙谓"此"指"能体道而不去"。诸说之中，王弼之说更近老意。王注所说"上之所云"，指"自今及古，其名不去"这句话。

【解读】

本章阐述了"道"和"德"的关系，分为三个部分：

第一部分，指出大德的表现，是遵从于道。老子以这句话统领全篇，虽然简明扼要，却揭示了"道"和"德"的关系：道是德的根本，德是道的显现，道为德之体，德为道之用，两者是主从关系，本末关系。正如严灵峰在《老子研究》中所说："'德'就是'道'的形式，'道'就是'德'的内容，两者是互相依存的。若是没有'道'，便不会有'德'的功用；没有'德'，也不能显现'道'的力量。"

第二部分，对"道"进行了具体的描绘。从老子具体而充满诗意的描绘中，我们看到，"道"隐约不清，难以辨识；"道"迷离恍惚，幽深暗昧。由于其中"有象""有物""有精""有信"，我们又看到了"道"的存在。张松辉认为："老子的'道'是指普遍规律。规律是看不见、摸不着、无形无声的（见十四章），所以老子说它是恍恍惚惚，不可捉摸的；但老子又敏锐地感觉到，规律又确实是一个客观存在的东西，所以又说'其中有象''其中有物'，这里的'象'和'物'是指某种客观存在的东西而言的，并不是指的物质。无形无声而又客观存在，正是规律的特点之一。"（《老子译注与解析》）由于规律存在于自然、社会的各个领域，并且正如老子所说既看不见，又摸不着，人们要认识和把握它并不容易。比如对战争规律的认识、对病毒活动规律的认识、对人类和环境关系的认识等等。老子生活在二千五百年前的社会，能对"道"有如此深邃的认识，能对"道"进行这样具体的诗意描绘，难能可贵。对此，黄炳辉的评价甚为精辟："老子的理论深奥玄妙，老子的逻辑雄辩周密，老子的语言质朴而模糊。"（《老子章句解读》）

第三部分，首先指出：从今天上溯到古代，道的功用常存，可以凭借它来观察万物的本始，然后得出结论：凭借"自今及古，其名不去"所说的道理，就能知晓万物的本始，从而揭示了本章的主旨。

任思源在解读本章时，对"道"与"德"的关系有一段精彩的评述，他说："'无道'就是'无德'，'有道'就是'有德'，合于道者有德，不合于道者无德。根据上述观点，老子所建构的道德体系也就基本完善了。道体现在宇宙万物上，所以它代表的是宇宙观和世界观。

德对于人类而言，是品格，是德行，是成功者所具备的内在素质的标准。只有真正领悟大道的人才能拥有大德，才能将德行发挥到极致，这就是大道和大德的关系。我们只有对大道和大德的关系有了深刻的认识，并将它们在实践中加以验证，才能领悟大德的真正内涵和意境，从而建立正确的价值观和人生观。"（任思源注解《道德经》）

二十二章

曲则全，枉则正①，洼则盈，敝则新②，少则得，多则惑③。

是以圣人抱一为天下式④。不自见，故明⑤；不自是，故彰⑥；不自伐，故有功；不自矜，故长⑦。夫唯不争，故天下莫能与之争。

古之所谓曲则全者，岂虚言哉⑧？诚全而归之⑨。

【译文】

委曲就能保全，邪曲则应正直，低凹则能满盈，陈旧则将新生，少取反能多得，贪多反而迷惑。

因此，有道的人持守大道，作为治理天下的范式。不自我炫耀，因此聪明；不自以为是，因此明智；不自我夸耀，因此有所作为；不妄自尊大，因此能够长久。正因为不与人争，所以天下没有人去与他争。

古人所说"曲则全"的道理，怎么会是空话呢？如果能够忍受委曲，确实可以达到保全。

【注释】

①曲：《说文》："象器曲受物之形。"段注："引申之为凡委曲之称。不直曰曲。"因此，"曲"指弯曲，引申为委曲。此处意为忍受委曲，忍辱负重。一说局部，不从。全：保全。蒋锡昌云："'曲'者，苟免于咎也。盖唯能苟免于咎，方能全身而免祸也。"（《老子校诂》）枉：弯曲，引申为邪曲、不正直。正：平正，不偏斜。引申为正直、公正。

②洼：低凹、低凹之地。敝：《说文》："败衣。"即破衣，引申为破旧、陈旧。新：《说文》："取木也。"指砍伐树木。引申为新生、更新。

③惑：迷乱，疑惑。少则得，多则惑：犹言少取反能多得，贪多反而迷惑。奚侗云："事以专而易守，心以纷而致乱。"（《老子集解》）

④抱：持守，奉。一：指道。式：《说文》："法也。"指榜样、范式。此句王本、河上本、景龙本、范本同，汉简本、帛书本"抱一"作"执一"，"一"后有"以为"二字。傅本"抱"作"褱"。"褱"同"抱"，"抱一""执一"二者均可通，唯角度不同（见杨丙安《老子古本合校》）。

⑤见（xiàn）：显示，显露，引申为炫耀、表现。范应元、释德清、吴澄、张默生等持此说。一说读为 jiàn，看到，引申为见地、见解、见识，卢育三持此说。不从。

⑥是：正确，与"非"相对。自是：自以为是。彰：明。此指明智。《中华大字典》："彰，明也。《书·皋陶谟》：'彰厥有常。'"此句"是"字，汉简本、帛书本作"视"。汉简释文注谓"视读如是"。陈徽认为："此种释读实有不审。'视'为'示'之古文。'视'若训

'示'，则经文'自视'即'自示'，义为自我显示或自我夸耀。……
因'是'与'视'音近，故王本'是'当通作'视'。"（《老子新校
释译》）鉴于王本及通行诸本皆作"是"，且合于经义，今从传世本
作"是"，并存陈说。

⑦伐：夸耀。吴澄云："夸其功曰伐。"（《道德真经注》）矜：骄
傲，自负。自矜：犹言骄傲自负，妄自尊大。长：长久。一说长进
（黄瑞云持此说），一说首领，或官长，或领导者（任继愈、傅佩荣等
持此说）。三说比较，后二说虽通，但以训"长久"义长。

⑧虚：《说文》："大丘也。"本指大丘、大山，引申为空虚。虚
言：空话，虚妄之言。

⑨诚：确实。全：保全。而：连词，表示承接。归：返回，回
归。此处意为达到。诚全而归之：犹言如果能够忍受委曲，确实可以
达到保全。蒋锡昌云："'诚'，实也，信也。'诚全而归之'，言人苟
行'曲'之道者，则全身之效能确实归其所有也。"（《老子校诂》）
陈剑云："做到曲，确实可以达到全。"蒋、陈之说颇合老意。对此句
的释读，异说纷呈，如陈鼓应释为"它实实在在能够达到的"，任继
愈释为"确实能使人圆满成功"，傅佩荣释为"真的能让人得到保全，
善度一生"，陈徽释为"天下之民实皆归往于圣人"，许抗生释为
"诚然曲能成就全"，汤漳平释为"确实做到周全，就会回归于道"。
上述诸说中，许抗生、汤漳平之说亦合老意。

【解读】

本章论述观察事物应当兼顾正、反两个方面，看到正、反双方的
相互依存关系，体现了老子的辩证法思想。全章分为三个部分：

第一部分，从六个方面阐述事物相互转化的道理。"曲"与"全"、
"枉"与"直"、"洼"与"盈"、"敝"与"新"、"少"与"多"、

"得"与"惑",是事物相互对立的两个方面。这两个方面是对立的,相互依存的关系。老子既看到了它们的对立和依存关系,又看到了它们相互转化的关系,这就是老子的睿智之处。

第二部分,首先提出"圣人抱一为天下式"的观点,接着从"不自见,故明;不自是,故彰;不自伐,故有功;不自矜,故长"四个方面阐述了圣人持守大道的特点——不争。最后得出结论:正因为不与人争,所以天下没有人去与他争。

第三部分,照应前文,指出"曲则全"这句古语并非空话,如果能够忍受委曲,确实可以达到保全。

黄瑞云说:"曲乃能全,柔乃能刚,'夫唯不争,故天下莫能与之争',即本章之旨。"(《老子本原》)作为本章主旨,"曲全"和"不争"是老子阐述的中心。老子认为,有道之人能够"全身""保全",在于能够"委曲",能够忍辱负重。一个"曲"字,充分体现了老子贵柔、守雌的思想。老子认为,有道之人能够做到"天下莫能与之争",是因为他能坚持"不争"。"不争"既是美德,又是艺术,也是一种智慧。

在老子生活的春秋末期,大道衰落,战乱频发,世风日下,民不聊生。一些人骄奢淫逸,巧取豪夺,他们"争名""争利""争权""争霸",汲汲于贪欲。针对这些现象,老子提出了"曲全""不争"的圣人之道,希望世人能够"少私寡欲""委曲求全""无为不争",这对当时的社会来说,可谓一剂清醒剂;对今人而言,也具有积极的警示意义。

二十三章

希言自然①。

故飘风不终朝，骤雨不终日②。孰为此者？天地。天地尚不能久，而况于人乎③？

故从事于道者，同于道④，德者同于德，失者同于失⑤。同于道者，道亦得之；同于失者，道亦失之⑥。

信不足，焉有不信⑦。

【译文】

少发政令合乎自然法则。

因此，狂风不能刮一个早晨，暴雨不能下整个白天，谁让它们这样呢？天地。天地尚且不能让狂风暴雨持久，何况是人呢？

因此，遵从于道的人，就能循道而行；遵从于德的人，就有德行；失道失德的人，就有过失。循道而行的人，道也得到他；失道失德的人，道也抛弃他。

统治者诚信不足，就会有百姓的不信任。

【注释】

①希：罕见、少，后作"稀"。言：指政令，法令。蒋锡昌云："'多言'者，多声教法令之治；'希言'者，少声教法令之治。"（《老子校诂》）自然：指事物的本来状态，犹言自己如此、自成。此句文字

各本皆同。姚鼐本把此句移于上章末，高亨从之。古棣谓此句与下文不连，亦从姚、高把此句移于上章末。但汉简本、帛书本、王本及通行诸本皆属本章，故不取姚、高之说。

②飘风：旋风，也指狂风。终朝：整个早晨。吴澄云："自旦至食时为终朝。"（《道德真经注》）骤雨：急雨，暴雨。终日：整天。

③此：指狂风、暴雨不能长久。杜光庭云："天地，有形之大也，为狂暴之事尚不能终日；人君，统临邦国之大也，而为狂暴，必伤于民；修道之士而为狂暴，必伤其行，皆不可矣。"（《道德真经广圣义》）

④从：听从。从事于道：意为听从于道、遵从于道。同：齐一，统一，合一。同于道：统一于道、与道合一，意为得道、循道而行。吴澄云："同，与《庄子·齐物轮》之'齐'相近，谓与之合一，不相非异也。"（《道德真经注》）此句王本、河上本、傅本、范本"同于道"前重"道者"二字，汉简本、帛书本均无此二字。从汉简本、帛书本，删"道者"二字。

⑤德者：指遵从于德者。同于德：统一于德，即有美德、有德行。失者：指失道失德者。同于失：与失合一，意为有过失。此句文字各本皆同，唯傅本作"从事于德者，德者同于德；从事于失者，失者同于失"。疑傅本为求句式与本段首句一致而误增，不从。

⑥此句同汉简本，王本、河上本、范本皆为三个分句，前后分句中多"同于德者，德亦乐得之"。帛书本有此句，无"同于道者，道亦乐得之"句，汉简本则无"同于德者，德亦乐得之"句。诸本比较，以汉简本为优。陈徽云："因世传本之文多同于王本，其文既多衍、讹，于义难顺。为疏通文义，历来学者也只好各自强说，遂难致信。"（《老子新校释译》）又，王本"得"前有"乐"字，作"乐得之"。"失亦乐得之"，汉简本、帛书本皆为"道亦失之"，王本误。

同于道者：指与道合一者、循道而行者。同于失者：指与失合一者，即失道失德者。

⑦信：诚信。焉：连词，犹言乃、则。此句同汉简本，王本、河上本作"信不足焉，有不信焉"。傅本无后一"焉"字，景龙本、范本则为"信不足，有不信"。此句帛书无，奚侗、马叙伦疑为十七章错简重出，错简说之依据仅为帛书本，汉简本和传世本皆有此句，不能凭帛书本这一孤证就轻率更改经文。

【解读】

本章阐述了"希言"和"诚信"两大治国理念，可分为三个部分：

第一部分，首先提出"希言自然"的治国要求。老子认为，统治者只有"希言"，少发号施令，不扰民，不劳民，才能达到理想政治的自然状态。然后，老子以天地带来的飘风、骤雨尚且不能持久为例，说明统治者"多声教法令之治"，强作妄为，欺压百姓，其统治也不会持久，从反面说明了"希言"的重要性。

第二部分，首先阐述"道""德""失"三者的关系。老子认为，一个人要得道，就必须遵从于道；要有德行，就必须遵从于德；而失道失德的人，必然会有过失。对于统治者而言，如果失道失德，就会失去百姓，失去天下。接着，老子指出："同于道者，道亦得之；同于失者，道亦失之。"进一步强调了得道即循道而行的重要性，既与本章开头的"希言"呼应，又与第三部分的"信"字相照应。

第三部分，指出"信不足，焉有不信"。老子认为，诚信是道体现于德的重要内容。可以说，有诚信便有德，无诚信便无德。如果统治者不诚信，必然得不到老百姓的信任。而得不到老百姓的信任，就会失去民心，最终失去天下。

二十四章

　　企者不立，跨者不行①，自见者不明，自是者不彰，自伐者无功，自矜者不长②。

　　其在道也③，曰余食赘行④。物或恶之⑤，故有道者不处⑥。

【译文】

　　踮起脚跟不能久立，迈开大步不能远行，自我炫耀的不聪明，自以为是的不明智，自我夸耀的不会成功，妄自尊大的不能长久。

　　这些行为对于道来说，都叫作残羹赘瘤。一般人都厌恶它，因此有道的人不会这样做。

【注释】

　　①企：踮起脚跟。《汉书》："日夜企而望归。"《说文》："企，举踵也。"不立：指不能久立。跨：《说文》："渡也。"指越过，引申为迈大步。段注："跨，谓大其两股间，以有所越也。"不行：指不能远行。奚侗云："企而立者，不可以久立；跨而行者，不可以长行。盖任智尚力，违乎自然者，必至求得反失。"（《老子集解》）

　　②自见：自我表现，自我炫耀。自是：自以为是。自伐：自我夸耀。自矜：骄傲自负，妄自尊大。此四句与二十二章"不自见，故明；不自是，故彰；不自伐，故有功；不自矜，故长"四句相似，详见该注。唐玄宗云："露才扬己，动而见无，故不明。是己非人，直

为怨府，故不彰。专固伐取，物所不与，故无功。矜衒行能，人所鄙薄，故不长。"（《御注道德经》）

③其：代词，指上述企者、跨者、自见者、自是者、自伐者、自矜者的行为。

④余食：剩饭，多余之食。赘：肉瘤。孔平仲："吴充病赘，仁宗见之掩鼻。"（见《汉语大字典》）行：通"形"。杨丙安云："易顺鼎、奚侗与蒋锡昌谓'行'在此应读为'形'，'赘行'即疣瘤，说甚是。"（《老子古本合校》）余食赘行：残羹赘瘤。陈景元云："弃余之食适使人恶，附赘之形适使人丑。"（《道德真经藏室纂微篇》）

⑤物：此处指人。或：副词，常常。河上公注："或，常也。"恶：厌恶。物或恶之："谓自见、自是、自伐、自矜者，人们总是厌恶他。"（黄瑞云《老子本原》）

⑥处：处置，办理。不处：不处置，意为不做。一说"不处"即"不处于自见、自是、自伐、自矜之境。"　（黄瑞云《老子本原》）亦通。

【解读】

本章与二十二章对应，前者是从正面立说，本章是从反面论证。前者肯定了"不自见""不自是""不自伐""不自矜"等品德的作用，本章则指出了"自见""自是""自伐""自矜"等行为的危害。本章分为两个部分：

第一部分，从"企者不立，跨者不行"这种生活常理讲起，然后引入论题，即揭示"自见""自是""自伐""自矜"四种行为的危害。

第二部分，指出"自见""自是""自伐""自矜"等行为就像残羹赘瘤一样遭人厌恶，并进而得出结论：有道的人不会这样做。

作为本章的主体，第一部分通过六种行为及其后果或危害的陈述，阐述了"欲速则不达""欲此反彼"的道理，蕴含着深刻的辩证法思想，"是老子思想中极富精义的部分"（张松如《老子说解》）。同时，通过"自见""自是""自伐""自矜"等语，老子告诫世人：做人要谦虚谨慎，不骄不躁，而不能自以为是，妄自尊大。正如卢育三所说："这章主旨在于反对主观，反对自满，反对骄傲。总之，反对有为。反对主观，反对自满，谦虚谨慎，戒骄戒躁，不论是道家，还是儒家，都有这样的思想内容。这是中国古代文化的优良传统之一，我们应该珍视、继承这一传统。"（《老子释义》）

二十五章

有物混成，先天地生①。寂兮寥兮，独立而不改②，周行而不殆，可以为天地母③。吾不知其名，字之曰道④，强为之名曰大⑤。大曰逝，逝曰远，远曰反⑥。

故道大，天大，地大，王亦大⑦。域⑧中有四大，而王居其一焉。

人法地，地法天，天法道，道法自然⑨。

【译文】

有个东西浑然而成，在天地形成前就已产生。它寂静虚空，独立存在而永不改变，循环运行而不觉倦息，可以作为天地万物的本源。我不知道它的名字，给它取名叫道，勉强对它进行描述，就是广大无边。广大无边乃周流不息，周流不息乃无尽遥远，无尽遥远乃复归本源。

　　所以道大，天大，地大，王也大。宇宙中有四大，而王是其中的一大。

　　人效法地，地效法天，天效法道，道合于自然。

【注释】

　　①物：东西，指道。吴澄云："物谓道也。"（《道德真经注》）释德清云："'有物'者，此指道之全体，本来无名，故但云有一物耳。"（《道德经解》）混：同浑。混成：浑然而成，指浑然一体。

　　②寂：静，没有声音。寥：空虚，指无形。独立而不改：独立存在而永不改变。释德清云："超然于万物之上，而体常不变，故曰'独立而不改'。"（《道德经解》）

　　③周：循环，反复。周行：循环运行。殆：通"怠"，倦怠，疲倦。不殆：即不息，犹言不倦怠，不止息。母：母亲。引申为本源、根本。蒋锡昌云："天地自道而生，故道可以为天地之母也。"（《老子校诂》）此句"天地"二字，汉简本、帛书本、范本同，楚简本、王本及通行诸本作"天下"。杨丙安云："'天下'一般多用作一种社会政治概念，故据经义，当以从帛书作'天地'为善。唯'天下'在此也可指天下万物，故作'天下'亦不为误。"（《老子古本合校》）待汉简问世，又为作"天地"添一证据。

　　④字：人的表字。也指取名号。黄瑞云云："老子将这种'先天地生''可以为天地母'的原始存在名之为'道'。老庄之道，定名即始于此，在中国学术史上与儒家双峰并峙的道家亦因此得名。"（《老子本原》）

　　⑤强：勉强。名：称，说。此处指名状，意为描述、形容。大：广。指道广大无边。《诗·鲁颂·泮水》："大赂南金。"汉郑玄《笺》："大，犹广也。"

　　⑥逝：往，过去。形容道周流不息。远：遥远。反：同"返"，

回归。释德清云："老子谓我说此'大'字，不是大小之大，乃是绝无边表之大。往而穷之，无有尽处，故云'大曰逝'。"（《道德经解》）林希逸云："逝者，往也，不可追逐也。……远者，不可近也，不可得而亲附也。……反者，复归于根之意也。"（《老子鬳斋口义》）

⑦道大，天大，地大，王亦大：此句王本、帛乙本、河上本同，傅本、范本"王"作"人"，景龙本"王亦大"作"王大"。汉简本、楚简本此句为"天大，地大，道大，王亦大"。傅本、范本"王"作"人"虽可通，但汉简本、楚简本、帛书本皆作"王"，可见王本、河上本作"王"不误。

⑧域：区域，范围。指空间，引申为宇宙。

⑨法：效法，仿效。前三个"法"字均训为"效法"，后一个"法"字训为"合"。《中华大字典》："法，合也。见《广雅·释诂》。"道法自然：道合于自然。陈徽云："'道法自然'，实曰道以自然为其'本性'。进而言之，天地万物唯皆以'自然'为法，也才能各得其性。"（《老子新校释译》）张舜徽云："《老子》所谓人法地者，法其宁静而生长万物也；地法天者，法其辽阔而施不求报也。《老子》以'道'为'先天地生''可以为天地母'，故推尊之曰'天法道'；道主无为，故又云'道法自然'。"张舜徽具体分析了"人法地，地法天，天法道，道法自然"的原因，颇得老旨。此句唐李约断为"王法地地，法天天，法道道，法自然。"其断句与诸本迥异，把"王"作为全句主语，虽主语明确，"而'法地地，法天天，法道道'则不成辞，老子书与先秦文献均无此句法"（黄瑞云《老子本原》）。

【解读】

本章以简明生动的语言，全面论述了道的特性，是老子"道论"中非常重要的内容。本章分为三个部分：

第一部分，指出道的本质特点表现在四个方面：一是"先天地生"，是一种永恒的客观存在；二是寂静虚空，"独立而不改，周行而不殆"；三是"可以为天地母"，即天地万物都由道所生成；四是功用无穷，永无止境，但最终必然复归本源。用老子的话说，就是"强名之曰大，大曰逝，逝曰远，远曰反"。

第二部分，阐述道在宇宙中的地位。老子认为，在宇宙中有四大，即道、天、地、王。在四大中，道居首位，天、地、王都必须遵道、合道，否则就会"天崩地裂，王纲毁弃"。老子特别强调，君王在邦国之中至高无上，可称为"大"，但毕竟是宇宙中的四大之一，其位置则在道和天、地之后。

第三部分，阐述宇宙中人、地、天、道和自然的关系："天地万物既然皆以道为本根，其存在既然皆是道的具体呈现，则也应因循自然，如此方能生生不息。"（陈徽《老子新校释译》）

古人称"天地人"为"三才"。如《易·说卦》："是以立天之道，曰阴与阳；立地之道，曰柔与刚；立人之道，曰仁与义；兼三才而两之，故易六画而成卦。"老子所说的"域中四大"，除首位的道大，其余三大就是"天地人"，只不过用"王"作为"人"的代表，替换了"人"字。但在本章结尾阐述"天地人"和道与"自然"的关系时，非但没有用"王"来替换"人"，反而把"人"和"天"的位置做了交换，成为"人法地，地法天，天法道，道法自然"这样层层递进的句式。这"反映出老子和先秦诸子中的儒、墨都十分重视人在自然、在社会中的重要地位，可见中华文化中自古以来十分关注人的地位，具有深厚的人文精神，是十分宝贵的。它和西方文化中的上帝创造一切的神话是那样的不同，更和封建迷信直接区别开来。虽然由于时代局限，老子的道论带有直观性和朴素性，但它在哲学上，在认识论方面仍然具有十分重要的意义与价值。"（汤漳平、王朝华译注《老子》）

二十六章

重为轻根，静为躁君①。

是以君子终日行，不离辎重②。虽有荣观，燕处超然③。奈何万乘之主而以身轻天下④？

轻则失本，躁则失君⑤。

【译文】

持重是轻率的根本，宁静是躁动的主宰。

因此，君子整天行走，从不离开携带粮草、衣物的辎重。虽然有华美宫阙作为居所，却能安闲静处，不为外物所动。为什么作为大国的君主，却以自身的轻率来治理天下呢？

轻率就会丧失根本，躁动就会丧失主宰。

【注释】

①根：植物长在土中（或水中）的部分，引申为根基、本源。躁：性情急、不冷静，引申为躁动。君：主宰。蒋锡昌云："重谓寡欲自重，轻谓纵欲自轻，二者皆以治身言。静谓清静无为，躁谓急功好事，二者皆以治国言。"（《老子校诂》）蒋说甚合老意。

②辎重：行者携带的物资，常指军用物资。释德清云："辎重，兵车所载粮食者也。兵行而粮食在后，乃大军之司命。虽千里远行，深入敌国，戒其掳掠，三军不致鼓噪以取败者，赖在其所保辎重也。"（《道德经解》）此句景龙本、范本同，王本、河上本"君子"作"圣

人"，但汉简本、帛书本作"君子"，可见作"圣人"乃后人所改。

③荣观（guàn）：宫阙。河上公注："荣观，谓宫阙。"此指华美的宫阙。喻指奢靡放纵的生活方式。对"荣观"的训释，异说甚多。或训为"荣华之观"（范应元），或训为"荣华之境，可以游观"（吴澄），或训为"纷华之观"（焦竑），或训为"其胸中之所见，极天下之至美，故曰'荣观'"（林希逸）。马叙伦则认为："荣观是营卫之借。……《史记·五帝本纪》曰：'迁徙往来无常处，以师兵为营卫。'"（《老子校诂》）以上诸说皆有不确，而马叙伦之说尤违老意。燕：安闲。也作"宴"。《说文》："宴，安也。"燕处：安闲静处。超然：离世脱俗貌，指不为外物所动。

④奈何：如何，为何。乘：古代一车四马为一乘。万乘：指万辆以上的兵车。万乘之主：指大国君主。身：自我，自身。《尔雅·释诂》："朕、余、躬，身也。"轻：轻率。以身轻天下：意为以自身的轻率治理天下。吴澄云："以身轻天下，谓以其身轻动于天下之上也。"（《道德真经注》）对此句的训释，异说甚多，如释德清释为"以物为重而身为轻"，林希逸释为"以天下为重，以身为轻"，蒋锡昌释为"以身为天下最轻之物"，陈鼓应释为"任天下而轻用自己的生命"，张松辉释为"因为个人享乐而不重视国家"，王中江释为"因贪图一己之乐而忘记了治理天下的使命"。以上诸说，各有其长，亦有值得推敲与商榷之处。

⑤轻：轻率。本：根本。躁：躁动。君：指主宰。此句"本"字，河上本、景龙本作"臣"。范应元云："'本'字，严遵、王弼同古本。河上公作'轻则失臣'，与前文不相贯，宜从古本。"郑良树云："其他若河上本，字亦作'臣'，盖有来历。降自西汉初年，'失臣'乃易作'失根'，与首句'根'字相应，文理卒趋严密矣。……顾广圻曰：'臣当作本，河上非是。'非议河上本，盖不明古本有不同

源流之别。"（《老子新论》）郑良树关于作"臣"源自不同版本之说有据，今存之。但汉简本、帛书本、王本、傅本、范本皆作"本"，作"本"不误。

【解读】

本章通过对重与轻、静与躁两对矛盾的分析，阐述了做人处世要持重、守静，不能轻躁、妄动的思想，分为三个部分：

第一部分，提出"重为轻根，静为躁君"这一论点。蒋锡昌对这两句的理解很深刻，他说："'重为轻根'，犹谓治身须以重为根，勿以轻为根，故下文云'轻则失本'。'静为躁君'，犹谓治国须以静为君，勿以躁为君，故下文云'躁则失君'。"（《老子校诂》）

第二部分，首先以"君子终日行，不离辎重""虽有荣观，燕处超然"，告诫世人和君主要重视修身，要以修身为重而以身外之物为轻。然后，指出作为大国的君主必须持重，不能以自身的轻率治理天下。

第三部分，得出"轻则失本，躁则失君"的结论，并与本章开头照应。

黄瑞云对"静"和"躁"两个概念及其关系做了精辟的分析，他说："注家将'静'理解为绝对静止，这是用现代的概念去理解古人的概念；将'躁'理解与'动'完全同义，更属误解。按老子的概念，'静'不是不动，'躁'也不等于动。'静'和'躁'是'动'的两种形式：'静'是潜移渐进的变化，'躁'指剧烈急进的运动。四十五章曰'静胜躁'，本章曰'静为躁君'，盖老子主张潜移渐进的变化，而反对剧烈急进的运动；主张稳当持重，反对轻率急暴。"（《老子本原》）

老子生活在两千五百年前的春秋时期，他有感于诸侯国的君主们追逐物欲，贪图享乐，轻举妄动，急功近利，提出无论是修身，还是治国，都必须持重、守静，反对轻率、妄动的思想。老子提出的"持重""守静"思想，是老子哲学思想的重要组成部分，也是中华民族优秀传统文化的重要内容，值得今人珍视、弘扬。

二十七章

善行无辙迹，善言无瑕谪①，善数不用筹策②，善闭无关键而不可开③，善结无绳约而不可解④。

是以圣人常善救人，故无弃人⑤；常善救物，故无弃物。是谓袭明⑥。

故善人，不善人之师；不善人，善人之资⑦。不贵其师，不爱其资，虽智大迷。是谓要妙⑧。

【译文】

善于行走的不留痕迹，善于言说的没有瑕疵，善于计算的不用筹码，善于关闭的不用锁却不能打开，善于打结的不用绳却不能松解。

因此，圣人常常善于救护人，因此没有被遗弃的人；常常善于对待物，因此没有被遗弃的物。这就是因顺常道的明智。

因此，善人是不善人的榜样，不善人是善人的财富。不尊重他的榜样，不珍惜他的财富，虽然看似聪明，其实是大糊涂。这是精要微妙的道理。

【注释】

①辙迹：车轮碾出的痕迹，此指人行走留下的痕迹。瑕：玉的斑

点，也泛指疵病、过失。瑕谪：玉上的斑痕，比喻缺点，此指瑕疵。

②数：计算。筹：筹码。策：古代用于计算的小筹。筹策：即古人计算时用的筹码。

③关键：锁门的工具，门锁。释德清云："关键，闭门之具，犹言机关也。"（《道德经解》）范应元云："楗，拒门木也。横曰关，竖曰楗。"（《老子道德经古本集注》）范说误，门闩不同于门锁。

④绳约：绳索。结：打结。解：解开，松解。

⑤救：禁止，阻止。《管子》："山泽救于火，草木殖成，国之富也。"引申为援助、救护，使脱离灾难或危险。弃：遗弃。

⑥救：《中华大字典》："救，治也。《吕览·劝学》：'是救病而饮之以堇也。'"治：整治、修治。此处意为对待。袭：因袭，因顺。《广雅·释诂》："袭，因也。"奚侗云："袭，因也。明，即十六章及五十五章'知常曰明'之明。袭明，谓因顺常道也。"（《老子集解》）蒋锡昌亦以"因顺常道"释"袭明"。陈徽则谓奚说未安，"袭明"义即"因循大道之明"。陈说善，可从。此句王本、河上本同，汉简本、帛书本皆无"常善救物"四字。杨丙安云："如无'常善救物'一句，则文意中断，前后失应。……斟酌诸本，当以存之为善。"（《老子古本合校》）

⑦师：榜样，楷模。资：《说文》："货也。"货物、钱财的总称。引申为财富。一说凭借、借鉴，亦通。林希逸云："资者，言其赖之以自别也。"（《老子鬳斋口义》）吴澄云："师者，人所尊事以为法者。资者，如以财货给人，俾人藉之赖之而得以有所成者。"（《道德真经注》）此句王本、河上本、傅本同，汉简本作"善人，善人之师也；不善人，善人之资也"，帛书本同汉简，但句首有"故"字，"师"后无"也"字。高明认为帛书"保存了《老子》的原文，今本所谓'故善人，不善人之师'者，无疑是由后人妄改，旧注亦多讹误。"（《帛书老子校

注》）杨丙安则云：“高明据韩非《喻老》文王举太公事，谓前一‘善人’指太公，后一善人指‘文王’，故当依帛书无‘不’字。按：此说固可通，唯同句之内‘善人’二字重出而含意迥异，似有未安。故今仍依诸本，并存高说。”（《老子古本合校》）杨说可从。

⑧贵：敬重，尊重。智：聪明。迷：困惑，迷乱。要妙：精要微妙。河上公注：“能通此意，是谓知微妙要道也。”陈徽谓“要妙”读为“窈眇”，“谓隐晦不明，暗昧不清”。（《老子新校释译》）不从。

【解读】

本章通过世人熟知的现象，阐述了自然无为的思想。全章分为三个部分：

第一部分，通过行、言、数、闭、结等人们熟知的事例，说明顺任自然、无为而治的重要性。吴澄对这五种现象进行了分析，他说：“行者必有辙迹在地，言者必有瑕谪可指，计数者必用筹策，闭门者必用关键，结系者必用绳约，然皆常人所为尔。有道者观之，则岂谓之善哉？善行者，以不行为行，故无辙迹。善言者，以不言为言，故无瑕谪。善计者，以不计为计，故不用筹策。善闭者，以不闭为闭，故无关键而其闭自不可开。善结者，以不结为结，故无绳约而其结自不可解。举五事为譬，以起下文‘圣人善救’之意。”（《道德真经注》）可见，行、言、数、闭、结等行为要做到“善”，就必须“无为”，而善行、善言、善数、善闭、善结五事所喻指的，正是老子的自然无为之道。

第二部分，阐述有道的圣人之所以能“常善救人”“常善救物”，做到既“无弃人”，又“无弃物”，是因为他具有因顺常道即自然无为之道的明智。正如吴澄所说：“善救人，善救物，与善行、善言、善数、善闭、善结凡七‘善’字，有道者谓之善，世俗不知其善也。盖世俗以能为其事为善，有迹可见，有名可称，而与不善为对。有道

者以不为其事为善，泯然无迹，浑然无名，而无与为对者也。"（《道德真经注》）

第三部分，首先指出有道之人有别于常人之处，是善于从事物对立的两个方面得到启示，不管是"善人"还是"不善人"，都有其值得学习和借鉴之处。然后强调，一个人能做到既"贵其师"，又"爱其资"，就是懂得了精要微妙的道理。

二十八章

知其雄，守其雌，为天下溪①。为天下溪，常德不离，复归于婴儿②。

知其白，守其黑，为天下式。为天下式，常德不忒，复归于无极③。

知其荣，守其辱，为天下谷。为天下谷，常德乃足，复归于朴④。

朴散则为器，圣人用之则为官长。故大制无割⑤。

【译文】

知道雄强的重要，却持守雌柔，作低凹狭长的溪谷。作低凹狭长的溪谷，永恒的德就不会离失，从而返回到自然纯真的婴儿状态。

知道明亮的功用，却持守暗昧，作治理天下的法则。作治理天下的法则，永恒的德就不会偏离，从而返回大道初始时的纯真状态。

　　知道荣耀的好处，却安守卑下，作低下虚空的川谷。作低下虚空的川谷，永恒的德就会充足，从而返回到与道合一的质朴状态。

　　质朴的道推广便成就万物，圣人运用质朴之道则成为国家的主宰。所以，完善的制度没有伤害。

【注释】

　　①雄：《说文》："鸟父也。"指公（鸟）。喻雄伟、刚强。雌：《说文》："鸟母也。"指母（鸟）。喻柔弱、柔顺。溪：指山间低凹狭长的地带，此处喻低下、谦下、空虚。

　　②常：恒久。常德：恒久之德。婴儿：喻自然纯真。董思靖云："知彼守此，则所守者非勉强而有常。夫雌静谦下，众必赴归，犹水附地。相守之审，在乎有常，则雄动高强之念不作。故性淳气和，无欲之至，而赤子之心不失，此专气以致柔也。"（《老子道德经集解》）此句王本、河上本及通行诸本"常德不离"四字不重，唯帛书本此四字重，高明谓当从帛书，杨丙安认为"此乃因果句，且前句'为天下溪'已重，故此亦当重之为善"。后汉简出，此四字仍未重，故当依汉简本及传世本不重为善。

　　③白：亮，明亮。与"暗"相对。黑：《说文》："火所熏之色也。"本指黑色，引申为昏暗、暗昧。式：榜样，法则。王弼注："式，模则也。"忒：差错，此处指偏离。无极：无边际、无穷，指大道初始时的纯真状态。此句文字，王本、河上本、傅本、范本同，汉简本、帛书本与"知其荣，守其辱，为天下谷。为天下谷，常德乃足，复归于朴"句互乙。易顺鼎《读老杂记》据《庄子·天下》引《老子》只有"知其雄，守其雌，为天下溪；知其白，守其辱，为天下谷"数句，谓"守其黑"至"知其荣"二十三字为"后人窜入之语"。蒋锡昌、马叙伦、高亨、张松如、陈鼓应皆从易说。今查汉简、帛书，虽"知其白"至"复归于无极"和"知其荣"至"复归于朴"

两句互乙，且"荣"皆为"白"，但皆有此二十三字，故"易说虽辩，终系臆测"（杨丙安《老子古本合校》）。

④荣：荣显、富贵，《红楼梦》："一损俱损，一荣俱荣。"辱：《说文》："耻也。"指耻辱、屈辱。谷：两山中间的流水道。因其低下虚空，能包容万物，故有虚怀若谷的比喻。朴：《说文》："木素也。"指未经加工成器的木材。引申为质朴，喻事物的本来面目。苏辙云："白黑，明暗之及我者也。荣辱，贵贱之及我者也。夫欲先而恶后，欲明而恶暗，欲贵而恶贱，物之情也。"（《道德真经注》）"知其荣，守其辱"句，许抗生、陈剑、陈徽等依汉简本、帛书本作"知其白，守其辱"，并训"辱"为"黑"，意为浑浊，亦为有据，并存之。

⑤朴：此指质朴的道。散：分散，消散。意为扩散、推广。器：器物，此指万物。董思靖云："朴即道也。形而上者谓之道，归于朴则体斯立焉。形而下者谓之器，故散朴而器以应万物，道之用所以行也。"（《老子道德经集解》）官长：长官的通称。指领导者，引申为主宰。蒋锡昌训"官长"为"百官之长，即人君"，亦通。大：《中华大字典》："大，善也。《易·系辞》：'莫大乎蓍龟。'"制：《说文》："裁也。"指裁断、制作。引申为制度。大制：即善制，完善的制度。董平训为"圣人之制"，亦通。割：害，伤害。《广雅·释言》："害，割也。"无割：没有伤害。"故大制无割"句，帛书本及传世本均在本章末，唯汉简本在二十九章之首。汉简释文注谓："帛书句首多'夫'字，传世本多作'故'。'夫'为句首语气词，从文气看来，帛书本此句属二十九章的可能性较大；传世本将此句置于上章之末，遂改'夫'为'故'，以承接上文。"疑此句在二十九章之首为流传于汉代的另一版本。

【解读】

本章通过对"知雄守雌""知白守黑""知荣守辱"的论述，提出了"柔弱、不争"的处事原则和"自然、无为"的治国思想。全章可分为两个部分：

第一部分，论述只有"知雄守雌"，才能"复归于婴儿"，只有"知白守黑"，才能"复归于无极"，只有"知荣守辱"才能"复归于朴"。这三个复归，实际上是复归于"道"。而"道"的本质特征，就是"自然、无为"，就是"谦下、不争"。老子所说的"知雄守雌""知白守黑""知荣守辱"，就是"道"的这些特征具体而生动的体现。

第二部分，论述质朴的道的功用。老子认为，质朴的道有重要作用，这体现在两个方面：一是能成就万物，即"朴散则为器"；二是能成为国家的主宰，即"圣人用之则为官长"。由于质朴的道有这些作用，因此有道的君主遵从于道建立的制度就不会有伤害。

老子的"自然、无为""谦下、不争"思想，是老子的人生哲学、治国思想的重要内容。"在此基础上，老子提出了一系列化解复杂矛盾，消除各种冲突，明哲保身的策略方针，即甘处下流、自居柔弱、勇于退守、与世无争、谦恭卑下，从而达到自己一定的政治社会文化目标。老子的这种处事原则与方法，对后世人们的人生态度与行为方式曾产生过及其深远的影响。……这个策略原则体现在道家的治国思想中，就是使道家的治国理念与方法带有浓厚的阴柔特色。"（黄朴民译注《道德经》）

对老子"谦下、不争"的思想，王蒙给予了积极的评价，他说："这是自古以来国人韬光养晦的主张的一种表述。这里讲的是战略战术，讲的是中国人特别有兴趣的谋略。守雌、守黑、守辱，类似的说法还有藏拙或者守拙，还有安贫、忍辱负重、卧薪尝胆等都是如此。韬光养晦是中国独有的一种说法，一种深藏的智慧，……凡能够做到韬光养晦的能人，多能成就一二大事，……而越是锋芒毕露，才华横溢，识（或艺、技、力）压群雄，无可匹敌者，越是被这个嫉贤妒能的天下所不容。"（《老子的帮助》）

二十九章

　　将欲取天下而为之，吾见其不得已①。天下神器，不可为也。为者败之，执者失之②。

　　夫物或行或随，或歔或吹③，或强或羸，或培或隳④。

　　是以圣人去甚，去奢，去泰⑤。

【译文】

　　要治理天下却肆意作为，我看他是不会成功的。天下是神圣的东西，不能对它肆意作为。肆意作为必然失败，特意把持将会丧失。

　　世人秉性不一，有的前行，有的尾随，有的和缓，有的急躁，有的刚强，有的羸弱，有的成长，有的损毁。

　　因此，圣人应该抛弃过度，抛弃奢靡，抛弃骄纵。

【注释】

　　①取：为，治理。河上公注："取，治也。治天下常当以无事，不当烦劳也。"蒋锡昌云："《广雅·释诂》三：'取，为也。'《国语》：'疾不可为也。'韦解：'为，治也。'是取与为通，为与治通。故四十八章河上公注：'取，治也。'"一说获得，亦通。为：作为，有为。吴澄云："取天下，谓使天下悦而归己也。为，谓作为。取天下者，德盛而人自归之尔。苟若有所作为，则是欲用智力以强服天下，岂能得天下之归己哉?"（《道德真经注》）不得已：得不到。意为不会成功。

　　②神器：神圣的东西。释德清云："天下者大器，有神主之，岂

可以人力私智取而夺之耶?"(《道德经解》)一说指人,亦通。《辞源》:"人为万物之灵,故称人为神器。"为:有为。指肆意作为。执:持,把持。蒋锡昌云:此句"言天下乃万民所组成,人君不可施以有为。如施以有为,必致失败无疑也。河上注:'器,物也。人乃天下之神物也。神物好安静,不可以有为治也。'语较王注简明。"(《老子校诂》)此句王本、河上本及通行诸本同,汉简本、帛书本"不可为"作"非可为",易顺鼎谓"不可为也"后有"不可执也"四字,并列举理由加以证明,刘师培、奚侗、马叙伦、高亨、陈鼓应等皆从其说。然汉简本、帛书本均无此四字,足证传世本不误。

③物:指人。与二十四章"物或恶之"之"物"义同。一说万物,亦通。行:前行。随:跟随。歔:指呵气以温物。吹:指吹气以凉物。前者为缓吹,喻和缓,后者为急吹,喻急躁。

④羸(léi):瘦弱。培:指垒土。喻成长。隳:毁坏。喻衰亡。

⑤去:除去,抛弃。甚:过分,过度。一说安乐。《说文》:"甚,犹安乐也。"河上注:"甚,谓贪淫声色。"黄瑞云云:"河上之说,后人多有从之者,其实并不确切。全章之意,谓人本有各种情况,强弱先后,都属正常,不应过分强求。若照河上之说,解作具体生活享受,则上下文意不接。《老子》原文内涵丰富,过于指实,则限制了它的内涵,束缩了它的外延。"(《老子本原》)黄说有理,可从。奢:奢侈,奢靡。一说胜过,意为争胜。亦通。泰:骄纵。

【解读】

本章通过论述"有为"的危害,再一次强调了以"无为"之道治国的思想。全章分为两个部分:

第一部分,首先指出治理天下却肆意作为不会成功,接着指出天下是神圣的东西,不能肆意作为,否则必然招致失败。正如蒋锡昌所云:"天下乃万民所组成,人君不可施以有为。如施以有为,必致失败无疑也。"（《老子校诂》）陆希声则云："天下者，犹神明之大器，非人智力可取而为之。苟非天下所与，强取为之，其功必败。苟非天下乐推，强执有之，其身必失。"（《道德真经传》）陆希声认为，天下与人民密切联系，如果不是"天下所与""天下乐推"，而胡作妄为，就必遭败亡。可见，天下是人民的天下，不是统治者的个人私产，要治理好天下，必须"无为"，而不能"有为"。

第二部分，指出世人的秉性不同，或先或后，或缓或急，或强或弱，或成或毁，应该任其自然，无为无执，抛弃过度、奢靡和骄纵。正如杜光庭所云："知甚者必极，奢者必贪，泰者必盛。极则必反，贪则必怨，盛则必衰。有一于此，必为亡败，故皆去之。"（《道德真经广圣义》）

三十章

以道佐人主者，不以兵强于天下①，其事好还②。师之所处，荆棘生焉③。

善者果而已，不以取强④。果而勿骄，果而勿矜，果而勿伐⑤，果而不得已，是谓果而勿强⑥。

物壮则老，是谓不道，不道早已⑦。

【译文】

以道辅佐国君的人，不以武力征服天下，以武力征服天下可以反过来遭受战祸。军队驻扎过的地方，会荆棘丛生。

有道的人用兵不过是拯救危难而已，不是以武力来逞强。拯救危难的目的实现了，就不要骄纵，不要自负，不要夸耀。实现拯救危难的目的是迫不得已，这是为了拯救危难，而不是为了在天下逞强。

事物达到盛壮就会走向衰亡，这就叫不合于道。不合于道，就会迅速灭亡。

【注释】

①佐：辅助。人主：即君主，国君。兵：军队。指军事力量、武力。强：逞强，强迫。意为征服。

②好：可以。《齐民要术》："二十年，好作犊车材。"（见《汉语大字典》）还：返回，犹言回报、报复。好还：犹言可以反过来遭受战祸（包括受到报复等）。朱谦之云："还，《释文》音旋。其事好还，谓兵凶战危，反自为祸也。"（《老子校释》）苏辙云："圣人用兵皆出不得已，非不得已而欲以强胜天下，虽或能胜，其祸必还报之。"（《道德真经注》）苏说颇合老意，吕惠卿、范应元、吴澄、林希逸、蒋锡昌、朱谦之皆从其说。王弼注："为治者务欲立功生事，而有道者务欲还反无为，故云其事好还也。"王弼所说的"无为"，即"不以兵强"。两说相较，苏说义胜，王说亦通，今并存之。

③师：军队的编制单位，此处指军队。此句王本、河上本及通行诸本同，且其后有"大军之后，必有凶年"一句，但汉简本、帛书本均无此句。杨丙安云："验之王注，亦只言及'荆棘'，而不及'凶年'之意。故当从删。"（《老子古本合校》）

④善者：指有道者，即"以道佐人主者"。果：本指植物所结果实，引申有实现、成功等义。此处训"济"，义为成就、成功，引申为救助、拯救。果而已：犹言拯救危难而已。注家训"果"，见解不一。或训为"果敢"（河上公）；或训为"济"，犹言救助、拯救（王弼）；或训为"胜"，犹言获胜（高亨）；或训为"成"，犹言解决问

题（黄瑞云）。诸说皆可通，而以王弼之说义长。王弼注："果，犹济也。言善用师者，趣以济难而已矣，不以兵力取强于天下也。"取强：即逞强。此句王本、河上本、傅本、范本"不"后均有"敢"字，汉简本、楚简本、帛书本"不"后无"敢"字。俞樾谓此句以无"敢"为是，高明亦取俞说。本章言"不以兵强于天下"，而非"不敢以兵强于天下"，故当从无"敢"字。

⑤果：实现，此指拯救危难的目的实现。衿：自负、自满。伐：夸耀。此三句王本、河上本、傅本、范本以"衿""伐""骄"为序，汉简本以"衿""骄""伐"为序，楚简本以"伐""骄""衿"为序，帛书本以"骄""衿""伐"为序。此三字顺序先后无碍经义，今依帛书以"骄""衿""伐"为序。

⑥果而不得已，是谓果而勿强：此句王本、河上本无"是谓"二字，楚简本、帛书本、范本有"是谓"二字，傅本、景龙本无"谓"字，汉简本此句则为"果而毋不得已"，无后一分句。诸本相较，唯范本较完善，今据改（见杨丙安《老子古本合校》）。

⑦壮：强健，雄壮。《中华大字典》："壮，盛也。见《易·大壮》释文引王肃注。"老：《说文》："考也。七十曰老。"喻衰老、衰亡。不道：犹言不合于道。早：速，迅速。《中华大字典》："早，速也。《国策·齐策》：'早救之。'"已：停止，意为死亡、灭亡。早已：迅速灭亡。

【解读】

本章阐述了老子"不以兵强于天下"的战争思想，分为三个部分：

第一部分，提出"以道佐人主者，不以兵强于天下"的论点，并以"其事好还"和"荆棘生焉"加以论证。老子认为，之所以"不以兵强于天下"，是因为战争会带来严重后果。战争的后果，一是可能反过来遭受战祸，二是会导致荆棘丛生，田园荒芜，民不聊生。老子生活的年代诸侯争霸，战乱频发。如南方的楚国，在诸侯争霸的战争中，就先后灭掉四十二个小国，老子的出生地陈国就是被楚国所灭。老子目睹了战争的残酷和造成的后果，因而产生了强烈的反战思想。

第二部分，提出"善者果而已"，即有道的人用兵不过是拯救危难而已的观点，并强调拯救危难的目的实现了就不要骄纵、不要自负、不要夸耀，因为用兵的目的是为了拯救危难，而不是为了在天下逞强。可见，老子虽然反对战争，但对"不义"的以扩张土地、争夺人口、争霸诸侯为目的的战争，又提倡以武力去对付。老子认为，这种迫不得已的"以战止战"，其目的只有一个，那就是拯救危难，救百姓于水火之中，而不是为了穷兵黩武，逞强于天下。老子这种慎战思想，在儒家、兵家的著作中也有体现，成为中华民族优秀传统文化宝库中的重要思想。

第三部分，指出事物发展的规律是"物壮则老"，其原因就是不合于道，并得出不合于道就会迅速灭亡的结论，从反面论述了"不以兵强于天下"的原因。古今中外，凡是穷兵黩武、称霸天下的统治者，无一不是以失败而告终，最终落得或身死国灭，或遗臭万年的下场，这就是老子所说的"不道早已"的结局。

三十一章

夫兵者，不祥之器①，物或恶之，故有道者不处②。

君子居则贵左，用兵则贵右③。兵者不祥之器，非君子之器④；不得已而用之，恬淡为上⑤。勿美也，而美之者，是乐杀人⑥。夫乐杀人者，则不可以得志于天下矣⑦。

吉事尚左，丧事尚右⑧。偏将军居左，上将军居右，言以丧礼处之⑨。杀人众，以悲哀莅之⑩；战胜，以丧礼处之⑪。

【译文】

战争是不吉利的事情，人们常常厌恶它，所以有道的人不会使用。

君子平时以左边为重，用兵时则以右边为重。战争是不吉利的事情，不是君子做的事情。如果迫不得已而用兵，也要淡然处之。不要自我夸耀，如果自我夸耀，就是乐于杀人。乐于杀人的人，不可能得志于天下。

吉庆的事以左边为尊，凶丧的事以右边为尊。偏将军处于左侧，上将军居于右侧，这是说以丧礼来对待用兵的事。战争中杀人众多，要以悲伤痛苦的心情对待阵亡的将士。战争获胜，要以举办丧事的礼仪来处置相关事宜。

【注释】

①兵：指兵器，引申为战争。祥：吉利，引申为善、好。器：器具，引申为有形的具体事物，与"道"相对，此处指事情。夫兵者：王本、景龙本、范本作"夫佳兵者"，汉简本作"夫佳美"，河上本作"夫佳兵"，傅本作"夫美兵"，帛书本作"夫兵者"。汉简释文注："疑早期版本原有'兵者'与'佳美'两个系统，传世本'佳兵''美兵'乃糅合二本而成，'佳兵'之'兵'亦有可能为'美'之讹。佳美：指有美丽装饰之物。"今从帛书本，作"夫兵者"。

②物：指人、人们。或：常常。处：处置。不处：不处置，意为

不为、不使用。

③贵左：以左为贵。春秋战国时期，中原各国以右为贵，唯楚人以左为贵。老子本陈国人，后陈国为楚所灭，故依楚俗尚左。贵右：以右为贵。此句文字诸本无异，唯汉简本、傅本、范本句首有"是以"二字。

④兵者不祥之器，非君子之器：刘师培云："'不祥之器，非君子之器'二语必系注文，盖以'非君子之器'释上'不祥之器'也。本文当作'兵者，不得已而用之'，'兵者'以下九字均系衍文。"（《老子斠补》）奚侗、马叙伦、蒋锡昌、朱谦之等皆从刘说。验之汉简、帛书、王本及通行诸本，皆有此九字，刘说则并无版本依据。唯汉简本、帛书本"不祥之器"与"非君子之器"互乙。

⑤恬淡：淡泊，安静闲适。后多称不慕荣利为恬淡。"恬淡"二字各本异文甚多，注家训释亦众说纷纭，或释为"铦袭"，义为掩藏兵锋（廖名春）；或释为"括笼"，义为收束兵器（刘信芳）；或释为"铦镂"，义为锋利的铁制兵器（汉简释文注）。但任继愈、李零、高明、许抗生、陈鼓应皆从王本读为"恬淡"，杨丙安亦持"恬淡"之说，故以从王本作"恬淡"为是。

⑥美：《说文》："甘也。"指味道可口，引申为称赞、颂扬、夸耀。此句文字，王本、河上本作"胜而不美；而美之者，是乐杀人"。汉简本作"弗美，若美之，是乐之；乐之，是乐杀人"。楚简本作"弗美也；美之，是乐杀人"。帛书本作"勿美也，若美之，是乐杀人也"。傅本、范本此句则与汉简本略同。此句乃杨丙安"参据楚简、帛书并斟酌诸本写定"（《老子古本合校》）。

⑦得志于天下：意为得到天下人的拥护。

⑧尚：尊崇，崇尚。尚左：以左为重。古人认为左为阳，右为阴，阳主生，阴主杀，因此吉事以左为重。黄瑞云云："凶事尚右，而

用兵则居右者，是让用兵者记住用兵是不吉祥之事，不要逞强，不要乐于杀人。"（《老子本原》）

⑨言以丧礼处之：因战争是不祥之事，故以丧礼对待。意为应慎重、严肃，不可视为儿戏。

⑩杀人众：王本、河上本作"杀人之众"，傅本、景龙本、范本作"杀人众多"。此据汉简本、帛书本校正。悲哀：伤心痛苦。莅（lì）：临，引申为参加，此处意为对待。此字王本、河上本及通行诸本均作"泣"，楚简本作"莅"，汉简本、帛书本作"立"。汉简释文注谓"立""泣"皆应读为"莅"。

⑪丧礼：古代居丧和举办丧事的礼仪。高明云："杀人众则庶民殃，老则失其子女，幼则丧其父母，悲哀降临无辜。故此，战胜不可赞，亦不可颂，当以丧礼处之。以丧礼处之者，以示其残害百姓，荒废田亩，不祥甚矣，不可美也，不可以杀人为美。"（《帛书老子校注》）按：关于本章文字，蒋锡昌提出了"本章经文极芜杂，或全部非老子之作，或一部与其他古注羼混"的观点。黄瑞云则提出了异议："本章旨意，与《老子》整体一致。《长沙马王堆汉墓帛书老子》与王弼本基本相同，可见并无王弼注文羼入。李慈铭《订老子》、马叙伦《老子校诂》、朱谦之《老子校释》皆为之重订正文，删汰甚多，三人所改又各不相同。其实文中除'兵者不祥之器'一句略嫌重外，全章文意通顺畅达，不宜删削。对待经典文词，倘若发现确有错简需要调整，必须有足够的根据，切不宜随意改动。"（《老子本原》）2012 年出版的北大汉简本也与王弼本基本相同，足证此章乃老子经文，并无羼入的王弼注文。

【解读】

本章阐述了有道者不得已而用兵应坚持的原则，体现了老子以慈用兵的战争观。全章分为三个部分：

第一部分，首先指出战争是不祥之事，不但人们厌恶它，有道的人也不会使用。"有道者不处"，虽然文字简明扼要，却充分体现了老子反对不义之战的思想。

第二部分，指出战争是不祥之事，如果迫不得已而用兵，也要淡然处之，不要自我夸耀。老子生活在战乱之世，深知是否需要用兵不以主观愿望为转移，即使自己不愿用兵，不愿诉诸武力，对方悍然发动战争，要置自己于死地，就不得不奋起反击，这就是"不得已而用之"。由于自己用兵是为了拯救危难，而不是为了灭人之国，灭敌之人，因此，在迫不得已而用兵时要处之淡然，不能烧杀掳掠，不能以所谓战果（占领的土地、城池，杀人的数量等）来自我夸耀。老子特别强调，在战争中不能以杀人为乐，"乐杀人者，则不可得志于天下"。纵观历史，古今中外，凡是在战争中烧杀掳掠，以杀人为乐者，谁能得到善终，谁能有好的下场？

第三部分，指出由于战争是不祥之事，要以丧礼来对待用兵的事；战争中敌我双方都会有伤亡，要以悲伤痛苦的心情对待阵亡的将士；战争获胜，要以丧礼来处置相关事宜。老子强调，无论是对待用兵，还是处置战胜后的事宜，都应该"以丧礼处之"，而对待战争中的阵亡者，则应"以悲哀泣之"。"以丧礼处之"，彰显了老子的慎战思想和人道情怀；"以悲哀泣之"，则体现了老子反对嗜杀成性，反对以杀人为乐的悲悯之情和以慈用兵的战争观。

三十二章

道常无名，朴；虽小，天下莫能臣①。侯王若能守之，万物将自宾②。天地相合，以降甘露，民莫之令而自均③。

始制有名，名亦既有，夫亦将知止，知止所以不殆④。

譬道之在天下，犹川谷之与江海也⑤。

【译文】

道恒常而无法描述，它质朴自然；虽然隐微无形，天下却没有谁能主宰它。国君如果能持守、遵从它，广大民众便会自动归服。天地之气相互交融，就会降下甘美的雨露，民众没有命令它却能自然地分布均匀。

万物开始形成就有了尊卑高下的名称，既然有了名称，就要知道适可而止，知道适可而止，所以不会有危险。

用比喻来说，道为天下人所归往，犹如溪流汇入江海一样。

【注释】

①常：恒常。指道永远存在。名：命名、取名，引申为名状。无名：不可名状，犹言无法形容、描述。朴：《说文》："木素也。"指未经加工的原木，引申为质朴。小：形容道隐微无形。莫能：犹言没有谁能。臣：使之臣服，意为主宰它。此句读法颇多，高亨读作"道常无名朴，虽小"，马叙伦读作"道常，无名，朴虽小"，张松如读作"道常无名、朴，虽小"，古棣读作"道常，无名之朴；虽小，"王夫

之《老子衍》读作"道，常，无名。朴虽小"。杨丙安则参据诸本，校读为"道常无名，朴；虽小"。诸说皆可通，今从杨说，并存高、马、张、古、王诸说。

②侯王：即诸侯国的国君。守：持守。之：代词，指道。万物：各种事物，此处指民众。宾：归服，顺从。自宾：自动归服。

③合：犹言融合，交融。甘露：甘美的雨露。古人迷信，以降甘露为太平之瑞兆（见《辞源》）。民：指民众。莫之令：即莫令之，犹言没有命令它。自均：自然地分布均匀。意为自然均匀地润泽万物。

④始：指万物的开始。制：制作、创制，意为形成。名：名称，此处指尊卑高下的名称。止：停止，又指终极处。知止：知道终极处，犹言知道有个限度。殆：危亡，危险。此句是阐述"朴"与"名"的关系，"朴"为本，"名"为末，不能在"名"即尊卑高下的名称产生后就舍本逐末。正如老子所说，只有"知止"，才能"不殆"。释德清云："始，犹方才也。谓朴本无名，方才制作，则有名生焉。且从无名而有名，既有名，而名又有名，将不知其所止矣。庄子所谓'从有适有，巧历不能得'。故曰'名亦既有'。而殉名者愈流愈下，逐末忘本，不知其返矣。故老子戒之曰：'夫名者，不可驰骛而不返，亦将知止而自足。苟不知止足，则危殆而不安。知止，所以不殆也。'"（《道德经解》）

⑤譬：比喻。譬道之在天下：犹言用比喻来说，道为天下人所归往。犹川谷之与江海：犹言如同江海对于溪流。蒋锡昌云："此句倒文，正文当作：'道之在天下，譬犹江海之与川谷。'盖正文以江海喻道，以川谷譬天下万物。"（《老子校诂》）黄瑞云云："道与江海相应，天下与川谷相应；道涵养天下万物，江海容纳千河万溪。比喻极为形象。二句实戒谕侯王，应当守道，使天下之民归之，若天下万物之涵容于道，如千河万溪之归于江海。"（《老子本原》）黄说与蒋说

意同，是对蒋说之发挥。

【解读】

本章描述了道的特点和作用，阐述了天下之人都必须归往大道的道理。全章分为四个层次：

首先，描述道的特点和作用。老子认为，道的特点有三个：一是"常"，即恒常，永恒不变；二是"朴"，即质朴，如未经雕琢的原木，是自然的，纯朴的；三是"小"，即隐微无形，虽然不可见，却能无所不在。老子进而强调，道虽然"小"，却具有神奇的作用，即"天下莫能臣"。接着老子话锋一转，由天道而论及人事，指出侯王如果能持守道，天下民众就会自动归服。

其次，指出天地的运行也离不开自然之道。老子认为，天降甘露，是天地之气相互融合的结果，遵循了自然之道，即使没有人为的支配，也会自然地分布均匀。老子揭示天降甘露的原因，进一步说明了道的巨大作用。

再次，老子指出，由于道生万物，而万物开始形成便会产生尊卑高下的名称，于是就有人舍本逐末，追名逐利。老子认为，要避免这种现象，就必须知道适可而止，"知止"才能"不殆"。

最后，老子以溪流必然汇入江海为喻，说明天下之人都必须归往大道的道理。

杜光庭云："兵之佳也，为天下之凶；朴虽小也，为天下之大。王侯能守，万物所宗，道化既行，天地降瑞。不烦教令，民自和平。君保制御之功，物得依归之所。万国亲附，如水朝宗于海焉。以兹善化之君，不在兵强之美也。"（《道德真经广圣义》）杜光庭这段文字，对本章内容进行了全面的分析，揭示了大道的功用及侯王必须守道无为，方能"知止不殆"的道理。

三十三章

知人者智，自知者明①。

胜人者有力，自胜者强②。

知足者富，强行者有志③。

不失其所者久，死而不亡者寿④。

【译文】

能识别他人的贤愚善恶是智慧，能了解自己的优劣长短是聪明。

能超过别人是有力，能克己守弱是坚强。

自知满足的是富有，勉力而行的是有志。

不丧失立身处世的根本是长久，身虽死而道长存是长寿。

【注释】

①知人：指能识别人的贤愚善恶。智：智慧。自知：自己了解自己。明：光明、明亮，引申为聪明（见《汉语大字典》）。王弼注："知人者，智而已矣，未若自知者，超智之上也。"蒋锡昌云："'知人者智，自知者明'，言能知人之好恶，而行巧诈者，是智也；能知常道，而不自见其所知者，是明也。'智'谓俗君，'明'谓圣人。"（《老子校诂》）王、蒋之说，强调修身为处世之本，可从。一说"知人"为外，"自知"为内，以识人善恶为"智"，以修身尽性为"明"，如吴澄云："智能知人，徇外之智尔；能自知则内能尽性也，故谓之明。"（《道德真经注》）此说虽通，但不如王、蒋之说义长。

②胜：胜过，超过。自胜：战胜自己。犹言克己守弱。吴澄云："有力能胜人，恃外之力尔。能自胜则内能克己也，故谓之强。"（《道德真经注》）蒋锡昌云："'胜人者有力，自胜者强'，言坚强好争，而以胜人为务者，是有力也；柔弱不争，而以自胜为务者，是强也。'有力'谓俗君，'强'谓圣人。"（《老子校诂》）

③知足：犹自知满足。强：勉力，勤勉。奚侗云："少私寡欲，常若有余。身体力行，期于不懈。"（《老子集解》）

④所：处所。此处指立身处世的根本。释德清云："世人贪欲劳形，冀立久长之业，殊不知戕生伤性，旋踵而亡，谁能久哉？唯抱道凝神，而复于性真者，德光终古，泽流无穷，此所谓'不失其所者久'也。"（《道德经解》）不亡：指道不亡，即道存。王弼注："虽死而以为生之，道不亡乃得全其寿。身没而道犹存，况身存而道不卒乎？"黄瑞云云："身死而道存，虽死犹生，就是长寿。"（《老子本原》）此句"亡"字，帛书本作"忘"，许抗生从之。汉简释文注："帛书'忘'，读为'亡'。"河上本经文为"亡"，但其注云："目不妄视，耳不妄听，口不妄言，则无怨恶于天下，故长寿。"则河上乃读"亡"为"妄"。朱谦之云："'亡''妄'古通用。但此处当作'亡'，不作'妄'。"（《老子校释》）

【解读】

本章提出了个人修养重在"自知""自胜""知足""强行"，关键在善于控制自己的观点。同时，通过对"智"与"明"、"有力"与"强"的对比，阐述了修身为处世之本的思想。

老子认为，一个人的精神修养非常重要，精神修养的基本要求，就是遵循大道，做到"自知""自胜""知足""强行"，而其关键，则在善于控制自己。老子指出，有道之人处世，要处理好人与我，即他人与自己的关系。而处理好人与我的关系，不但要识别他人的贤愚善恶，而且要了解自己的优劣长短，不但能超过别人，而且能战胜自己。在人与我的关系中，老子更关注后者，认为个人的精神修养，应立足于对道的探究和领悟，并以道为处世待人的根本。

在本章末句，老子强调"不失其所者久，死而不亡者寿"。"不失其所"，是指不丧失立身处世的根本；"死而不亡"，是说身死而道存。老子认为，只有注重精神修养，遵道行道的有道之人，才能不丧失立身处世之本——道，也才能身死而道存。也就是说，有道之人做到了"不失其所"和"死而不亡"，就既能"长久"，也能"长寿"。

王蒙对"不失其所者久，死而不亡者寿"的解读颇为深刻，他说："事有成败，运有通塞，名有大小，财有多少，地位有高低贵贱，然而一个人不管处在什么情势下不要忘乎所以，不要忘了本：本初、本原、本态、本相。不沉浸在暴发的喜悦或幻想之中，不叫苦于背运的阴影之中，不白日做侥幸的美梦，不因焦虑而无端地战栗失眠崩溃，这就叫不失其所，这就叫不失其本……这就叫庶几近道了。生理的死亡是无法避免的，长寿不仅是生理年龄，不仅是喘气饮食的动物式生存，只有归附于大道，言行不背离大道，人格体现着大道，人与大道合一，才能算是长寿，才永远不会夭折。"（《老子的帮助》）

本章文字简明扼要，内涵极为丰富，蕴含着深刻的辩证法思想，成为流传千古的格言。

三十四章

大道泛兮，其可左右①，万物恃之以生而不辞，功成而不名有②。

衣养万物而不为主，常无欲，可名于小③；万物归焉而不为主，可名于大④。

是以圣人之能成大也，以其不为大，故能成其大⑤。

【译文】

大道广泛地存在，它无时不有无处不在，万物依仗它而生，它却不推辞，它成就了万物，却不说自己的功劳。

道庇护和养育万物，却不做它们的主宰，从来没有私欲，可以称它为"小"；万物都归往于它，它却不作主宰，可以称它为"大"。

因此，圣人之所以能成就他的伟大，是因为他不自以为伟大，所以能成就自己的伟大。

【注释】

①道：指规律。陈鼓应云："'道'是老子哲学上的一个最高范畴，在《老子》书中它含有几种意义：一、构成世界的实体；二、创造宇宙的动力；三、促使万物运动的规律；四、作为人类行为的准则。"（《老子今注今译》）本章的"道"指规律，而《老子》书中"道"的具体含义，应根据各章内容做具体分析。泛：水漫溢，淹没。引申为广泛，普遍。左右：犹言"可以自由运行，无所凝滞"（黄瑞云语）。此句诸本略同，唯汉简本、帛书本"道"前无"大"字，杨丙安云："有无'大'字，其义无殊。今并存之。"（《老子古本合校》）

②恃：依仗，依赖。辞：推辞。一说"辞"同"嗣"，古"司"字，主宰。亦通。名：《说文》："自命也。"不名有：不自命为其所有。犹不言其功。

③衣（yì）：覆盖。《易·系辞下》："古之葬者，厚衣之以薪。"

衣养：庇护和养育，即护养。陈鼓应云："'衣养万物'即'护养万物'。"（《老子今注今译》）主：主宰。常：经常，从来。名：命名、取名，意为说、称。此句文字，诸本略同。唯"衣养万物"帛书本作"万物归焉"，汉简本作"爱利万物"。"衣养"二字，汉简本作"爱利"，河上本、景龙本作"爱养"，傅本、范本作"衣被"。"爱利""爱养""衣被"皆有"养护"之义，故当从王本作"衣养"。

④归：归往。主：主宰。此句文字诸本略同，唯傅本、范本"不为主"作"不知主"。"不知主"虽亦通，但当依汉简本、帛书本、王本、河上本作"不为主"。黄茂材云："道无大小，自吾无欲以观之，则谓之小；自物不知所主以观之，则谓之大。"（彭耜《道德真经集注》）

⑤大：与"小"相对。此处意为伟大。此句王本、河上本、景龙本、范本无"是以圣人之能成大也"句，汉简本、帛书本、傅本皆有此句，足证王本、河上本等有夺文，今据汉简本、帛书本补。释德清云："圣人忘形释智，图于至细，志与道合，终不为大，故能成其大。若夫侯王专务于大，岂能成其大哉？言外之教，亦深切矣。"（《道德经解》）

【解读】

本章论述了道的特征和作用，分为三个部分：

第一部分，论述道的特征。老子认为，道广泛存在，无时不有，无处不在，这是道的第一个特征；道成就万物，万物"恃之以生"，它却不推辞，不居功，这是道的第二个特征。

第二部分，论述道的作用。老子认为，道有两个方面的作用：一、庇护和养育万物；二、是万物的归依。由于道庇护和养育万物，既不主宰，又无私欲，因此可以称它为"小"；由于道是万物的归依，既不主宰，又不居功，因此可以称它为"大"。"小"体现的是道的谦下不争，"大"体现的是道的宽容博大。老子以辩证的观点看待"小"和"大"，从看似矛盾的现象中揭示了道的作用。高延第说：

"大道广博，无所不宜，化育万物，来者不拒。不居其功，不为之宰。浑朴隐约，故小；万物所宗，故大。道家以濡弱谦下为德，故不为大。天下莫与争，故独能成其大。"（《老子证义》）

　　第三部分，由大道论及人事，指出圣人之所以能成就其伟大，是因为他不自以为伟大。不自以为伟大，所体现的正是道谦下不争的特性，也是上文所说的甘处其"小"，才能成就其"大"的结果。正如范应元所说："是以圣人体道无欲，终不自为大也。故以其终不自为大，万物自然归之，故能成其大矣。一有纤毫之私欲，则物不归之，安能成其大也？"（《老子道德经古本集注》）

三十五章

　　执大象，天下往①。往而不害，安平太②。

　　乐与饵，过客止③。道之出言，淡乎其无味④。视之不足见，听之不足闻，用之不可既⑤。

【译文】

　　遵守大道，天下之人归往。归往而不受伤害，则天下太平安泰。

　　动听的音乐与美食佳肴，能让过客暂时停步。而把大道说出来，却平淡而无味。看它不见其形，听它不闻其声，使用它却无穷无尽。

【注释】

　　①执：遵守，掌握。大象：喻道。释德清云："无象谓之大象。大象无形，而能入众形，有形者无不归。"（《道德经解》）奚侗云：

"大象，道也。道本无象，强云大象。"（《老子集解》）

②不害：既指君主不伤害天下，也指万物互不伤害。安：一说安宁、平安，苏辙、范应元、吴澄、董思靖、释德清、林希逸、奚侗均持此说。一说乃、则。王引之《经传释词》："安，犹于是也，乃也，则也。"蒋锡昌、张默生、陈鼓应、张松如、黄瑞云等持此说。一说安于，陆希声、杜光庭、卢育三等持此说。三说之中，今人多从"乃、则"之说，古人多从"安宁、平安"之说。三说皆通，而以"乃、则"之说更合老意，故从之。平：太平。一说平和，不从。太：同"泰"，傅本即作"泰"，康宁、安定、安泰。此句诸本略同，唯汉简本、楚简本、帛书本"太"作"大"。"太"与"大"古通。

③乐：音乐。饵：食物。此处指美食佳肴。止：停止。指止步、停步。王安石云："夫五味之于口，五音之于耳，世皆沉溺而不知反者，以其悦之于口耳之间也。"（彭耜《道德真经集注》）

④言：说话。出言：犹言说出来。淡：平淡。此句诸本略同，唯王本"出言"作"出口"，而此句王弼注云："乐与饵则能令过客止，而道之出言淡然无味。"则王本原作"出言"。王安石云："唯道之于口，则非味而常淡。然耳唯其不悦于味，而视道之无味；不悦于声，而视道之无声，则视之不足见，听之不足闻，而其用不可尽矣。"（彭耜《道德真经集注》）

⑤足：可以。不足见：不可以看见，犹言不可见。不足闻：不可闻。既：本指食尽，引申为尽（见《汉语大字典》）。不可既：不可穷尽。此句诸本略同，唯王本"不可既"作"不足既"。王弼注："若无所中然，乃用之不可穷极也。"可见王本原作"不可既"。薛蕙云："今有鼓乐饮食于此，辄能使行者之留步，为其有声容之美丽，滋味之旨甘故也。而若道者，则言之而无味，视之而无见，听之而无闻，曾不如乐饵之可悦，然取而用之，则能及天下后世而无尽。区区

乐饵之乐，不可同日而论矣。"(《老子集解》)

【解读】

本章阐述了道的作用和特性，分为两个部分：

首先，老子指出，遵守大道有两个作用：一是"天下往"，二是"安平太"。即是说，统治者能坚持以道治国，就能得到天下百姓的拥戴，而且能使天下太平安泰。老子以"天下往""安平太"六个字，描述了以道治国带来的繁荣、盛世景象。

其次，老子把"乐与饵"同"道"进行对比，由"乐与饵"只能使"过客止"，反衬出"道"虽然平淡无味，"视之不足见，听之不足闻"，使用它却无穷无尽的特性。吴澄云："设乐设饵以悦乐宾客，然客既过去，则其声容与味亦止而无复有可为，暂焉之悦乐而不能以终日也。道则非如饵之可饮食，非如乐之有声容可视听也，然用之则能常安、常平、常泰而无可尽之时，非如乐饵暂焉悦乐而已，故曰'用之不可既'。"(《道德真经注》)

于文斌对本章的解读颇有新意，他说："这一章老子讲大道治国的好处，话是说给统治者和被统治者两方的。对于统治者来说，坚持以'道'治国，得民心，顺民意，如此则'天下往'，是杰出侯王统一天下的根本途径。对被统治者来说，坚持大道治国，被统治者会实现安宁幸福，得到实实在在的好处。为了推行自己的'道'，老子的话兼顾了君王和民众两方面的利益，话讲得很全面。"(《道德经精讲精解》)

老子倡导的"以道治国"的思想，体现了他宽容博大的胸怀。同时，道家"以道治国"的思想，与儒家"以德治国"的思想，在中国数千年的治国体制中犹如双峰并峙，珠联璧合，对中华文明的传承、中华民族的生生不息，产生了巨大而深远的影响。

三十六章

　　将欲翕之，必固张之；将欲弱之，必固强之；将欲废之，必固举之；将欲夺之，必固与之①。是谓微明②。

　　柔弱胜刚强。鱼不可脱于渊，国之利器不可以示人③。

【译文】

　　将要收敛它，必先扩张它；将要削弱它，必先强大它；将要废弃它，必先兴起它；将要取得它，必先给予它。这就叫蕴含的"道"虽幽微，而其效显明。

　　柔弱能战胜刚强。鱼不能离开深渊，治国的重器不可以随意示人。

【注释】

　　①翕（xī）：收敛，闭合。固：副词，先，姑且（见《辞源》）。张：扩张。弱：削弱。强：强大，强盛。废：废弃。举：兴起，兴盛。夺：夺取。与：给予。陈象古云："张极必翕，强极必弱，兴极必废，与极必夺，自然之理也。"（彭耜《道德真经集注》）刘骥云："物盛则衰，物极则反，乃消息盈虚之常理也。日中则昃，月满则亏，日月尚尔，况其他乎？此天之道。"（彭耜《道德真经集注》）

　　②微：细、小。明：明了、显明。河上公注："此四事者，其道微，其效明。"历来学者多从此说。如范应元云："几虽幽微，而事已显明也，故曰'是谓微明'。"林希逸云："微，犹晦也，言虽微而甚

易见也。"高延第云:"首八句即福祸盛衰依伏之几,天地自然之运,似幽实明。'微明'谓微而显也。"是谓微明:犹言这就叫蕴含的"道"虽幽微,而其效显明。今人陈鼓应训"微明"为"几先的征兆",黄瑞云则云:"'是谓微明'应联系下句理解。句意谓,这就叫从幽微几兆中得到认识,即柔弱胜刚强。"陈、黄之说亦通。

③脱:离,脱离。利器:锐利的兵器,此处指治国的重器,比喻国家权力或现代社会的关键、核心技术。一说"利国之器"(王弼),一说"权道"(河上公),一说"兵器"(范应元),一说"喻国之威武权势之属"(薛蕙),一说"柔弱为国之利器,人主但可恭默自处,不可揭示于人,示人则致敌而招侮,将返见其不利也"(释德清)。可见,"利器"之外延甚多,凡于国有利者,皆可称为"国之利器",故依王弼之说,统称为"利国之器",并释为"治国的重器"。王安石云:"鱼之为物深潜退伏而藏于深渊之中,而不可脱于渊,圣人之利器常隐于微妙,而不可离于朴也。"(彭耜《道德真经集注》)

【解读】

本章通过列举翕与张、弱与强、废与举、夺与与四对矛盾及其相互转化,阐述了"柔弱胜刚强"的辩证法思想,并以"鱼不可脱于渊"为喻,揭示了"国之利器不可以示人"的道理。

对本章的评价,历来存在截然相反的观点。一种观点认为,老子所说的张、强、举、与是一种手段,翕、弱、废、夺才是真正的目的。老子归结的"柔弱胜刚强",正是以柔弱为手段,达到"胜刚强"的目的。因此,本章所论乃是一种权术,一种阴谋。另一种观点认为,老子列举的翕与张、弱与强、废与举、夺与与四对矛盾及其相互转化是一种客观现象,而"柔弱胜刚强"则是将上述现象上升为客观规律的表述,这与阴谋术截然不同。

最早用此章阐述统治者政治权术的韩非,在《喻老篇》中说:

"越王入宦于吴，而劝之伐齐以弊吴。吴兵既胜齐兵于艾陵，张之于江济，强之于黄池，故可制于五湖。故曰：'将欲翕之，必固张之；将欲弱之，必固强之。'晋献公将欲袭虞，遗之以璧马；知伯将袭仇由，遗之以广车。故曰：'将欲取之，必固与之。'起事于无形，而要大功于天下，是谓微明。处小弱而重自卑，谓损弱胜强也。"又说："势重者，人君之渊也。君人者势重于人臣之间，失则不可复得也。简公失之于田成，晋公失之于六卿，而邦亡身死。故曰：'鱼不可脱于渊。'赏罚者，邦之利器也，在君则制臣，在臣则胜君。君见赏，臣则损之以为德；君见罚，臣则益之以为威。人君见赏而人臣用其势；人君见罚而人臣乘其威。故曰：'邦之利器，不可以示人。'"作为法家的韩非，引用老子此章来阐述统治者的政治权术，在列举历史事实的基础上，把政治权术发挥到了极致。因此，说韩非是把老子此章视为阴谋术的始作俑者，或曰鼻祖，实不为过。

曹峰说："用阴谋论来诋毁老子，基本上起于程、朱等宋儒之后，是基于儒道之争而有意罗织的罪名或者说道德讨伐。"（《老子永远不老》）如薛蕙云："程子尝曰：'老子书，其言自不相入处如冰炭，其初意欲谈道之极玄妙处，后来却入权诈上去，如将欲取之必固与之之类。'程子之言，岂可谓其不然，然学者务在求是而已。理苟未安，虽大儒之言固未可尽执以为是也。窃谓此章首明物盛则衰之理，次言刚强之不如柔弱，末则因戒人之不可用刚也，岂诚权诈之术而与二篇之言相反哉？夫仁义圣智，老子且犹病之，况权诈乎？按《史记》，陈平本治黄帝老子之术，及其封侯，尝自言曰：'我多阴谋，是道家之所禁。吾世即废，亦已矣，终不能复起，以吾多阴祸也。'由是言之，谓《老子》为权术之学，是亲犯其所禁，而复为书以教人，必不然矣。"（《老子集解》）可见，薛蕙是主张老子此章或《老子》一书并非阴谋术的。今人黄瑞云则力主阴谋论，他说："本章表述老子的政治权术。从形式上看，'柔弱胜刚强'是'将欲翕之，必固张之；将欲弱之，必固强之；将欲废之，必固举之；将欲取之，必固与之'的归纳；究其实质，前述诸端是'柔弱胜刚强'的演绎，是这一原则的具体运用，是老子为侯王设计的驾驭臣下与对付政敌的策略。古今许多注家为维护老子哲学的超脱性质，往往曲为回护，不惜曲解经文。……老子是哲学家，同时致力于'圣人'统治之术，其为侯王献谋划策之语，全书随处可见。事实如此，不必为老子讳也。"（《老子本原》）

古今认为老子此章并非宣扬阴谋术的学者，不乏其人。范应元、董思靖、薛蕙、释德清、高亨、张舜徽、南怀瑾、卢育三、陈鼓应、詹剑锋等皆不赞同阴谋术的说法，或曰"以此数句为权谋之术，非也"（范应元）；或曰"圣人唯处于柔弱而不厌，故终能德服天下，此岂与众人共之者哉"（董思靖）；或曰"此诸句言天道也。或据此斥老子为阴谋家，非也"（高亨）；或曰"此数句乃阐明促使事物转化之理"（张舜徽）；或曰"老子所讲的是自然的道理，自然的法则，同时教人看通因果……不是教人去使用计谋手段，而是讲因果律"（南怀瑾）；或曰"老子总结了历史经验，看到了古今成败、存亡、祸福相互转化的规律，提出了'柔弱胜刚强'的思想。这种思想的出发点是为了战胜敌人，保存自己。……它为后来的一些政治家、军事家所汲取、所发展，并成为我们的一份宝贵遗产；这与那些眼光短浅，只谋私利，专搞机巧权变的阴谋家之所为，完全不能相提并论"（卢育三）；或曰"本章第一段乃是老子对于事态发展的一个分析，亦即是道家'物极必反''势强必弱'观念的一种说明。不幸这段文字普遍被误解为含有阴谋的思想，而韩非是造成曲解的第一个大罪人，后来的注释家也很少能把这段话解释得清楚"（陈鼓应）；或曰"这章阐述了自然的辩证法则及其应用，并且有现实意义，这是中国古代辩证法的精华"（詹剑锋）。

　　曹峰在其《老子第三十六章新研》中明确指出"包括第三十六章在内的老子思想不能被理解为权谋论",并引用邓联合的《"阴谋论":老子何以被诬?》进行了阐述。他说:"对立转化现象是天地间普遍存在的自然的、社会的规律。《老子》所引古语古谚或许有着主观的、权谋式的考量,但《老子》在此则上升为客观规律的表述。《周易·系辞》也提到'尺蠖之屈,以求信也;龙蛇之蛰,以存身也',从未有人说这是权谋之术,对老子却大加污蔑,这是不合理的。如邓联合所言,当老子之道转化为政治之术时,对反范畴之间的转化关系就成为'得道者采取的政治实践方式及其将会产生的客观社会效应',但是'老子之所以强调为政以弱而不以强、以与而不以夺、以无私而不以有私,是因为唯有如此方符应于天地自然和社会历史之常则,上合天道,下合人道,所以必将产生积极、久远的政治效应'。'老子的深刻独到之处在于,他不仅批评君王独断专行、扩张放纵,更洞察到社会政治中为人和为己的统一,即君王只有给万物和百姓空间,才能使自己获得更大的空间。……从这个角度说,所谓柔弱谦退、无私无为实际都是君王自我收敛、自我节制的权力使用方式,而并非诡诈机巧的阴谋术。'"邓联合的这一观点,曹峰深表赞同,并说:"老子具有超越时空的眼光和悲天悯人的胸襟,而绝不是一个通过教人计谋企图获得眼前利益的'智谋之士'。老子之所以教统治者退让、克制、收敛,是因为他认识到只有这样才能建立起一个使社会矛盾降到最低点的和谐社会。这是一种宏大的智慧,绝非斤斤计较的诡诈之术。"(《老子永远不老》)曹峰和邓联合的观点,是对老子此章或《老子》一书客观公允的评价,是对阴谋论的有力驳斥。说此章或《老子》一书是阴谋术的观点,可以休矣!

三十七章

道常无为①。侯王若能守之，万物将自化②。化而欲作，吾将镇之以无名之朴③。无名之朴，夫亦将不欲④。不欲以静，天下将自定⑤。

【译文】

道总是顺应自然，不求有所作为。侯王如果能遵从道，万物将自然产生发展。发展过程中如果私欲萌生，我将用质朴自然的道去抑制它。有了质朴自然的道，私欲萌生者就会抛弃私欲。抛弃私欲社会就归于宁静，天下就会自然安定。

【注释】

①常：副词。常常，总是。无为：指顺应自然，不求有所作为。此句王本、河上本及通行诸本皆作"道常无为而无不为"，汉简本、楚简本、帛书本皆无"而无不为"四字。杨丙安云："通行本有者，或涉四十八章有'无为而无不为'之语而误。故此句当以据楚简、帛书作'道常无为'或'道常无名'为是。"（《老子古本合校》）汉简本在杨氏之后整理出版，足证此句当作"道常无为"，无"而无不为"四字。

②守：持守，遵从。之：指道。自：自然。化：生，产生。自化：自然产生。犹言自然发展。吴澄云："侯王若能守此无为之道，则虽无心于化物，而物将自化。"（《道德真经注》）

③欲：私欲，贪欲。作：兴起，发生。镇：抑制。一说安定，一

说镇抚。不从。无名：不可名状。犹言无法描述。形容道的质朴自然。朴：本指未经加工的原木，引申为质朴、淳朴。三十二章云："道常无名，朴。""朴"指道的质朴自然状态，故此处以"朴"代指道。李嘉谋云："道自无而入有，始于喜怒哀乐之萌，而极于礼乐刑政之备。极而不反，化化无穷，则愈失道矣。故圣人于其将流，则复以朴正之。"（陈柱《老子集训》）

④夫：代词。相当于"他""彼"，指"欲作"者。将：副词。相当于"必定""就会"。《左传》："难不已，将自毙。"不欲：即无欲，犹言抛弃贪欲。此句文字，汉简本、王本、河上本及通行诸本"无名之朴"前皆无"镇之以"三字，唯帛书本有此三字。高明、高亨、杨丙安皆据帛书本认为当有此三字。但汉简本与传世本皆无此三字，仅凭帛书本这一孤证断定有，似证据不足，故不从。疑帛书为当时流行的另一版本系统。

⑤以：连词。相当于"则"。静：宁静，平静。定：安定，安宁。

【解读】

本章是《道经》的最后一章，主旨是"道常无为"，即"无为而治"的思想。这是老子思想体系中极为重要的内容。

本章开头，老子开宗明义，提出了"道常无为"这一中心命题。接着，强调了侯王遵从道，即秉持"无为之道"来治理国家，就能产生"万物将自化"的效果。老子认为，在万物"自化"的过程中，难免产生私欲，这就应该用质朴自然的道去抑制，而不能使用武力、暴力去镇压。老子强调，有了质朴自然的道，私欲萌生者就会抛弃私欲，社会就会因为少了争名夺利、尔虞我诈而归于宁静，天下就会自然安定。

在三十二章和本章，老子提出了"朴"的概念。"朴"本指未经加工、雕琢的原木。在"朴"的本来意义基础上，老子赋予了"朴"

新的含义。老子认为，"朴"指质朴、自然，与顺应自然、不求有所作为的"无为"之道有相通之处。因此，在《老子》书中，"朴"往往是"道"的代称。

苏辙云："圣人以无为化物，万物化之，始于无为而渐至于作，譬如婴儿之长，人伪日起。故三代之衰，人情之变，日以益甚，方其欲作，而上之人与天下皆靡，故其变至有不可胜言者。苟其方作而不为之动，终以无名之朴镇之，庶几可得而止也。"（《道德真经注》）苏辙之语，分析了万物"自化"过程中产生贪欲的原因，并提出了解决办法，即"以无名之朴镇之。"

党圣元对本章的解读颇合老意，他说："老子向往远古时代无为之治的理想社会，随着社会的发展，民风日变，人与人之间尔虞我诈，崇尚无为之风气渐渐被'有为'思想所取代，至老子之时，人的性情已完全背离了正常发展的轨道，私欲膨胀，物欲横流，老子在表示深深忧虑的同时，提出'镇之以无名之朴'的解救办法。这里的'朴''不欲''静'不仅仅体现为'道'不同层次的内涵，更体现为'道'在事物发展过程不同阶段所起到的不同作用，体现为社会政治运行应该遵循的内在逻辑规律。"（《老子评注》）

下

篇

三十八章

上德不德，是以有德①；下德不失德，是以无德②。

上德无为而无以为③，上仁为之而无以为，上义为之而有以为④。上礼为之而莫之应，则攘臂而扔之⑤。

故失道而后德，失德而后仁，失仁而后义，失义而后礼。夫礼者，忠信之薄，而乱之首⑥。

前识者，道之华，而愚之首⑦。是以大丈夫居其厚，不居其薄；居其实，不居其华⑧。故去彼取此⑨。

【译文】

最高的德不自以为有德，因此有德；下等的德自居有德，因此没有德。

最高的德顺任自然而无心作为，上等的仁有所作为却无心作为，上等的义有所作为且有心作为，上等的礼有所作为却没有人回应，于是就将衣出臂强拉着去守礼。

所以，丧失了道然后出现德，丧失了德然后出现仁，丧失了仁然后出现义，丧失了义然后出现礼。所谓礼，是忠信不足的产物，是祸乱的开端。

自以为有先见之明的人，注重的是道的虚华表面，这是愚昧的开始。因此，守道的人立身淳厚，而不居于浇薄；立足朴实，而不居于虚华。所以，要舍弃浇薄虚华，采取淳厚朴实。

【注释】

①上德：上等的德，也指最高的德。不德：不自居有德。一说不自以为有德，亦可。

②下德：下等的德。不失德：不失去德，即自居有德。苏辙云："圣人纵心所欲不逾矩，非有意于德而德自足。其下知德之贵，勉强以求不失，盖仅自完耳，而何德之有？"（《道德真经注》）

③无为：顺任自然。一说无所作为，误。以：助词，相当于"所"。无以为：即无所为，意为无心作为。薛蕙云："无以为，谓无所为而为之。"（《老子集解》）林希逸云："'以'者，有心也。'无以为'，是无心而为之也。"（《老子鬳斋口义》）此句文字，汉简本、帛书本、王本、河上本同，唯傅本、范本"无以为"作"无不为"。当依汉简本、帛书本、王本等作"无以为"。又，此句后，汉简本、王本、河上本及通行诸本皆有"下德为之而有以为"一句，唯帛书本无此句。高明云："今本衍'下德'一句，不仅词义重叠，造成内容混乱，而且各本衍文不一，众议纷纭。……'下德'一句在此纯属多余，绝非《老子》原文所有，当为后人妄增。"（《帛书老子校注》）但汉简本出，亦有"下德"一句，可见西汉时已有不同于帛书的另一版本系统，而传世本有此句亦非后人妄增。今从帛书本删"下德"一句。

④上仁：上等的仁。为之：指有所作为。无以为：无心作为。意为出于无意。有以为：即有所为。意为有心作为，即出于有意。

⑤上礼：上等的礼。莫之应：犹言没有人回应。攘（ráng）：捋。攘臂：捋衣出臂，表示振奋（见《辞源》）。意为伸出手臂。扔：牵引、拉。攘臂而扔之：意为捋衣出臂强拉着去守礼。

⑥薄：减损，意为不足。首：始，即开端、起源。苏辙云："忠

信而无礼，则忠信不见，礼立而忠信之美发越于外。君臣父子之间，夫妇朋友之际，其外灿然，而其中无余矣。故顺之则治，违之则乱，治乱之相去，其间不能以发，故曰'乱之首'也。"（《道德真经注》）

⑦前识：即先知。范应元云："前识，犹言先见也。"前识者：即自以为有先见之明者。指大道衰微后制定周代礼制的周公和主张恢复周礼的儒家。华：浮华，虚华。首：始，开始。范应元云："制礼之人自谓有先见，故因天理而为节文，以为人事之仪则也。然使人离质尚文，乃道之华也。渐至逐末忘本，奸诈日生，人之愚昧自此始也。"（《道德真经古本集注》）

⑧大丈夫：指有志气有作为的人。此处指有道的人。厚：淳厚。薄：浇薄。实：朴实。华：虚华。

⑨彼：指浇薄、虚华。此：指淳厚、朴实。

【解读】

本章是《老子》"德经"的第一章，河上公《老子章句》题为"论德"。

本章通过对"道""德""仁""义""礼"五种伦理规范内在关系的描述，阐述了老子的社会伦理观，分为四个层次：

首先，指出德分上下，并分析上德有德、下德无德的原因。老子认为，上德是不自以为有德，因此有德；下德是自居有德，因此无德。吴澄云："上德者，在德之上，道也。下德者，在德之下，仁也。道无为，不以德为事，故曰'不德'。有德者，德在道之中也。……无德者，不能有其德也。"（《道德真经注》）老子认为，上德守道无为，因此不自以为有德；下德离道行仁，因此自居有德。可见，是否守道、得道，是上德、下德的本质区别。

其次，对"上德""上仁""上义""上礼"这四种层次的伦理规范进行了描述。老子认为，上德的特点是"无为"，上仁、上义、上礼的特点是"为之"，但有差别。上德是最高的德，是道的体现。上仁、上义、上礼都属于下德，其层次是逐次下降，上礼则是四个层次中最低的一层。

再次，揭示德、仁、义、礼出现的原因，并强调礼是"忠信之薄"，是"乱之首"。正如张默生所说：老子"深叹社会伦理，由道的境地，日趋坠落。以礼文来维持社会的秩序，以私智来营谋个人的生存，则人类社会的前途，已不堪设想了。至于'礼失而后法'的社会情况，老子便不忍再谈。"(《老子章句新释》)

最后，老子指出，那些在大道衰微之后提出仁、义、礼等规范的人，注重的是"道之华"，是"愚之首"。为此，守道的人就须反其道而行之，要舍弃浇薄虚华，采取淳厚朴实。

张松如说："所谓'失道而后德，失德而后仁，失仁而后义，失义而后礼'，并不是社会历史的真实反映，而只是老子臆造的一种逻辑推论，不过它却曲折地表达出以道治反对礼治的思想。……在春秋季世，历史转折时期，是坚持礼制呢，还是从实际出发，革新图强，实行忠信于民的道治呢？这才是此章章旨之所从出也。"(《老子说解》) 可见，老子通过本章，反映了他所追求的理想社会是符合于道的"无为而治"的社会。在这样的社会，没有胡作妄为，没有尔虞我诈，没有尚文轻质，没有弃本逐末，人们"甘其食，美其服，安其居，乐其俗"(《老子》第八十章)，无私无欲，自然淳朴，过着"鸡犬之声相闻，老死不相往来"的自足、常乐生活。

有的学者把"失道而后德，失德而后仁，失仁而后义，失义而后礼"这句话理解为老子反对儒家倡导的仁、义、礼，其实不然。正如董平所说："'失道'之后而有'德'的产生，'失德'之后而有'仁'的产生，'失仁'之后而有'义'的产生，'失义'之后而有'礼'的产生。价值世界每况愈下，至于'礼'的出现，已经是不能再'下'

的了，所以说'夫礼者，忠信之薄而乱之首'。原情而论，这句话正体现了老子对于现实的价值世界的严厉批判，体现了他试图用'道'之'玄德'来重建人群之价值信仰的初衷。"(《老子研读》)

三十九章

昔之得一者①：天得一以清，地得一以宁，神得一以灵，谷得一以盈，万物得一以生，侯王得一以为天下正②。

其致之也③，天无以清，将恐裂；地无以宁，将恐发；神无以灵，将恐歇；谷无以盈，将恐竭；万物无以生，将恐灭④；侯王无以为正，将恐蹶⑤。

故贵以贱为本，高以下为基。是以侯王自谓孤寡不穀，此非以贱为本邪？非乎⑥？故致数誉无誉⑦。不欲琭琭如玉，珞珞如石⑧。

【译文】

自古以来，得道的事物表现为：天得道而清明，地得道而宁静，神得道而灵验，川谷得道而盈满，万物得道而有生机，侯王得道而使天下太平。

按上述情况推论，如果丧失道，则天不能清明，将会崩裂；地不能宁静，将会倾覆；神不能灵验，将会消失；川谷不能盈满，将会枯竭；万物失去生机，将会灭绝；侯王不能使天下太平，将会覆灭。

所以，尊贵以卑贱为根本，崇高以低下为基础。因此，侯王以孤、寡、不穀自称，这难道不是以卑贱为根本吗？难道不是吗？所以，求取过多的声誉反而没有声誉。有道之士不愿做珍贵的美玉，也不能像丑陋的坚石。

【注释】

①一：古代哲学概念。一、指万物的本源，即"道"。《淮南子》："一也者，万物之本也，无敌之道也。"二、指由"道"派生的原始浑沌之气。《老子》："道生一，一生二，二生三，三生万物。"（见《汉语大字典》）此处指"道"。王弼注："一，数之始而物之极也。""物之极也"即是指"道"。

②清：清明。宁：宁静。灵：灵验，神妙。盈：满，充实。正：治，治理。犹安定。《礼记》："礼之于正国也，犹衡之于轻重也。"一说准则，楷模，亦通。马其昶云："老子言道必及于侯王，救世之心切也。"（陈柱《老子集训》）

③其：指前述几种情况。致：推究，推论。高亨云："致，犹推也，推而言之如下文也。"（《老子正诂》）其致之：犹言就前述情况推论。对此句的作用，历来有两种看法，一为总括上文，王弼、吴澄、林希逸持此说；一为开启下文，河上公、苏辙、范应元、高亨持此说。结合上下文，当以后说为是。此句傅本、范本"之"后有"一"字，汉简本、帛书本、王本、河上本皆无，当从汉简本、帛书本等以无"一"字为是。

④无以：不能。裂：扯开，意为崩裂。发：震动，引申为倾覆。一说通作"废"，倾覆。亦通。奚侗、刘师培持此说。歇：衰败，消失。竭：枯竭。陈象古云："裂则不全，发则不静，歇则不久，竭则易崩，灭则不继，蹶则不安，皆失道所致也。"（彭耜《道德真经集注》）

⑤蹶：失败，覆灭。侯王无以为正：此句王本、河上本、景龙本

作"侯王无以贵高",汉简本作"侯王无已贵以高",帛乙本作"侯王毋已贵以高",傅本作"王侯无以为贞而贵高",范本作"王侯无以为贞"。诸本文字参差,说法纷纭。杨丙安云:"据此节所陈五事之文例观之,与此相应之上句既为'侯王得一以为天下正',则此句当作'侯王无以为正',而不当作'无以贵高',且作'贵高'亦似与老氏处卑、就下之旨不符。此二字或涉下句'贵以贱为本,高以下为基'而衍误。……帛书固当十分尊重,但最需尊重的则是经旨,斟酌诸本,唯范本近是,故从之。"(《老子古本合校》)杨说甚辩,可从。由于汉简本、帛乙本皆有"无已贵以高"数字,为传世本"无以贵高"提供了证据,故并存之。

⑥孤:《说文》:"无父也。"引申为独。寡:《说文》:"少也。"引申指无夫或无妻之人。穀:庄稼和粮食的总称,引申为善、美好。吴澄云:"孤如无父,寡如无夫,不穀,不善也,皆不美之名,非人所愿有者,而侯王自谓,是以下贱自处也。"(《道德真经注》)

⑦致:求得,取得。数:屡次,多次。数誉:指多誉。此句傅本、范本同,汉简本、帛乙本、王本"誉"作"舆",帛甲本"誉"作"舆",河上本、景龙本"誉"作"车"。易顺鼎谓作"舆"义不可通,当从傅本、范本作"誉",马叙伦、高亨、高明、楼宇烈皆谓当作"誉"。作"誉"是。

⑧琭琭:珍贵貌。珞珞:石恶貌。河上公注:"琭琭喻少,珞珞喻多。玉少故见贵,石多故见贱。言不欲如玉为人所贵,如石为人所贱,当从其中也。"严灵峰则云:"盖'琭琭'玉貌,'珞珞'石貌。言宁可如石,不可如玉,'以贱为本'也。"(《老子章句新编》)黄瑞云云:"二句注家大多解作'不欲琭琭如玉,宁欲珞珞如石',非是。'不欲'二字直贯两句,中间并无转折。"(《老子本原》)黄说与河上公注义同,可从。

【解读】

本章从天、地、神、谷、万物说起，进而论及侯王，阐述了道的重要性，分为三个部分：

第一部分，指出道是天、地、神、谷、万物乃至侯王得以保全的依据，对天地万物及侯王具有重要作用。苏辙云："一，道也。物之所以为物者，皆道也。天下之人，见物而忘道。天知其清而已，地知其宁而已，神知其灵而已，谷知其盈而已，万物知其生而已，侯王知其为天下贞而已。不知其所以得此者，皆道存焉耳。"（《道德真经注》）苏辙之语，告诉人们要从天清、地宁、神灵、谷盈、万物生、侯王贞等现象，看到道的重要作用，不能"见物而忘道"。

第二部分，强调天、地、神、谷、万物乃至侯王"失道"的危害。老子认为，道是天地万物存在的根据，是侯王得以保全的前提。如果丧失了道，就会导致天崩裂、地倾覆、神消失、谷枯竭、万物灭绝、侯王覆灭的严重后果。如果说第一部分是从正面阐述道的重要性，那么，第二部分就是从反面强调"失道"的危害。

第三部分，由道尚无为、主谦下的特性，归结为"贵以贱为本，高以下为基"，并以侯王自称孤、寡、不穀，告诫国君要像道一样谦下不争，不要求取过多的声誉。最后，老子指出："因为得道的侯王，他是深知'致誉无誉'的，所以不愿'琭琭如玉'，使人称美他，也不愿'珞珞如石'，使人非毁他。"（张默生《老子章句新释》）

四十章

反者道之动，弱者道之用^①。

天下之物生于有，有生于无^②。

【译文】

循环往复是道的运动规律，柔弱虚静是道的作用方式。

天下万物产生于天地，而天地产生于大道。

【注释】

①反：同"返"，返回、循环。黄瑞云云："老子所谓'反'包含两个意思：一是对立的事物可以向相反的方面转化。……二是万物皆生于无，最终又归返于无。"（《老子本原》）动：运动，此处指运动规律。弱：柔弱。用：运用，此处指作用方式。此句王本、河上本及通行诸本同，汉简本"动""用"后皆有"也"字，楚简本作"返也者，道动也；弱也者，道之用也"。帛书本与楚简本句式相同，但"返"作"反"，"动"前有"之"字。楚简本、帛书本与汉简本句式不同，但文意无异，故依汉简本并删"也"字。

②有、无：注家训释，异说纷呈，主要有七种。一、"有"指天地，"无"指道。河上公注："万物皆从天地生，天地有形位，故曰生于有也。天地神明，蜎飞蠕动，皆从道生。道无形，故曰生于无。"陈柱云："推'无'字之本义，原非与有对待之无。道隐而未形，故谓之无耳。"（《老子集训》）二、"有"指有形、有名，"无"指无形、

无名。《老子》第一章云："无名，天地之始；有名，万物之母。"王弼注："天下之物皆以有为生，有之所始，以无为本。将欲全有，必返于无也。"此说认为道"先天地生"，故"无"为"有"之本，"有"为道所生。三、"有"指天地，"无"指太虚（即天空、太空、宇宙）。林希逸云："有天地然后有万物，故曰'物生于有'。然天地孰生之？天地之始生于太虚，是生于无也，因动静强弱而又推言有无之始也。老子之学，大抵主于虚，主于弱，主于卑，故以天地之间有无动静推广言之，亦非专言天地也。"四、"有"指各种具体存在的有形有象的事物，"无"指先于各种具体物质存在的无形无象的东西，即指道而言（许抗生语）。五、"有"指道的最初生成物，"无"指道，因"道无形无象，不可感知，故曰无"（黄瑞云语）。六、"有"指有形，"无"指无形，"无形"即指道。范应元云："万物生于有形，而有形生于无形。大道无形，动则生物。其用至弱，常胜刚强。"七、"有"指存在的物质，"无"指虚无的空间。"有生于无"是说"物质只有相对于空间才能存在，如果没有空间，也就无所谓什么物质"（张松辉语）。诸说之中，河上公之说简明，林希逸、张松辉之说甚辩，颇为学者认同。王弼、范应元、黄瑞云、许抗生之说亦有合于老意之处。参酌诸说，笔者以为老子所说的"有"，指有形、有名，即河上公、林希逸所说的天地，许抗生所说的有形有象的事物，张松辉所说的存在的物质；"无"指无形、无名，即各种具体物质存在的无形无象的东西。因此"有"训为天地，"无"训为大道。有生于无：犹言天地产生于大道。天地产生于大道，并不是说大道能直接产生天地，而是说天地的形成、发展要遵循"道"，而不能违背"道"。

【解读】

本章阐述了道的运动规律和作用方式，以及道的重要地位。虽然仅有寥寥数语，却在老子哲学中有着重要地位，在中国哲学史上具有深远影响。

"反者道之动"，揭示了万物运动变化的规律，即：对立的事物可以向相反的方向转化，如强与弱、动与静、安与危、有与无等；同时，事物又会循环往复、返本复初，如人和动植物的生、死是循环往复的，虽然后一个"生"与前一个"生"有所不同，是循环中的上升，但没有这种循环往复，人和万物都将灭绝。

"弱者道之用"，指出了道的作用方式，体现了老子柔弱守静、谦下不争的思想。苏辙云："道无形无声，天下之弱者莫如道，然而天下之至强莫加焉，此其所以能用万物也。"苏辙之语，分析了道作用于万物的原因和方式。老子认为，柔能胜刚，弱能胜强，这是事物向相反方向转化的结果。因此，道发生作用是以柔弱的方式。

"天下之物生于有，有生于无。"老子所说的"有"，指有形、有名，即河上公、林希逸所说的天地，许抗生所说的有形有象的事物，张松辉所说的存在的物质。由于道"先天地生"，天地出现之前就有了道，因此，无论是有形有名的天地，有形有象的事物，还是存在的物质，都源出于道，而老子之道即是"无"。所以，老子所说的"有"，实源出于"无"，即由道所产生。王朝华说："'天下万物生于有，有生于无'，在这悖论式的表述中，包含了老子对于宇宙本体、万物起源的深微的体悟和玄妙的冥思。他的体悟和冥思与经验世界密切相关，他的'道'是从经验世界抽象出来的。所以在老子的思想中，道超越于万物又落实于万物，现身于万物之中，与万物混而为一。"（汤漳平、王朝华译注《老子》）

张松如对本章的评价甚为精辟，他说：老子"提出的具有丰富的唯物与辩证因素的思想，在这仅有四句、言简意赅的本章当中，再次做了集中的反映。……老子认识到宇宙间的事物都具有矛盾性，在它们内部各有其对立面，对立面又是经常互相转化的，这就形成为事物的运动变化。……不过，对立面的互相转化，必须在一定条件下才得实现，不具备一定条件，是不能转化的。……老子虽然提出了'反者道之动'的光辉命题，但是这些向对立面转化的运动变化，反映在老子头脑里，基本上是循环的，而不是上升和前进的过程。……不过，'弱者道之用'这个命题，也不完全是消极的，同样也还是有其积极的一个方面。它使我们联想到历史上和现世中的小国战胜大国、弱者打败强者的许多事例。……不容否认，在《老子》书中，'道'有时作为宇宙本体，有时作为运动规律，二义混淆，陷于神秘，这个缺陷确实是有的，但却不得因此改变了老子在世界本原问题上所坚持的唯物论立场。"(《老子说解》)

四十一章

上士闻道，勤而行之①；中士闻道，若存若亡②；下士闻道，大笑之。不笑，不足以为道③。

故建言有之④：明道若昧，进道若退，夷道若纇，上德若谷⑤，大白若辱，广德若不足，建德若偷，质真若渝⑥。大方无隅，大器晚成，大音希声，大象无形⑦。

道隐无名。夫唯道，善始且善成⑧。

【译文】

上士听说道，勤勉地去践行；中士听说道，将信将疑；下士听说道，大声嘲笑。道不被嘲笑，就不能被称为道。

所以，古代立言的人说过：光明的道犹如暗昧，前行的道犹如后退，平坦的道犹如崎岖，最高的德犹如虚谷，极纯的白犹如污浊，广大的德犹如不足，刚健的德犹如怠惰，质朴纯真犹如变化无常，最方正的东西犹如没有边角，最珍贵的器物最后才能制成，最大的声音犹如难以听清，最大的形象犹如没有形象。

道虽盛大却不炫耀声名。唯有道，才能善于开始且善于完成。

【注释】

①士：古代知识分子的通称。老子根据士对"道"的领悟程度，把士分为上、中、下三种类型。勤：勤勉。行：施行，践行。陆希声云："形而上者之谓道，通乎形外者也。形而下者之谓器，正其形内者也。上士知微知著，通乎形外，故闻道而信则勤之。"（《道德真经传》）

②若存若亡：若有若无，意为将信将疑、似懂非懂。此句诸本皆同，唯楚简本"存"作"闻"。杨丙安谓"或涉上句之'闻'字而误"。（《老子古本合校》）陆希声云："中士在微著之际，处道器之间，闻道而疑信相半，故若存若亡。"（《道德真经传》）

③笑：嘲笑。之：指"道"。陆希声云："下士知著而不知微，止乎形内，故闻道则大笑之，不唯笑之，且将非之矣。夫道者，微妙冥通，深不可识，苟不为下士所非笑，则不足以为真精之道也。"（《道德真经传》）

④建：建立。建言：即立言。林希逸云："建言者，立言也，言自古立言之士有此数语，'明道若昧'以下数句是也。此亦是设辞，言此数句不出于我，自古有之也。"（《老子鬳斋口义》）林说善。

⑤明：光明。一说清楚，亦通。昧：昏暗，暗昧。进：前进，前行。夷：平，平坦。纇（lèi）：《说文》："丝结也。"引申为不平，崎岖。谷：溪谷能容，故称虚谷。叶梦得云："明而若昧，夷而若纇，

进而若退者，中智之所疑也。上德者若谷，不自有其德也。"（彭耜《道德真经集注》）

⑥辱：污浊。一说训黑，亦通。广：广大。广德，广大的德。犹言盛德。建：通"健"，刚健。偷：怠惰，懈怠。质：质朴。真：纯真。渝：改变。犹言变化无常。叶梦得云："大白者若辱，能纳汙也；广德者若不足，所以能有进也；建德者若偷，不见其用力则疑于惰也；质真者若渝，不知其有常则以为或变也。"（彭耜《道德真经集注》）

⑦隅：角、角落，引申为边侧之地，即边角。大器：宝器，即珍贵的器物。晚成：犹言很晚才能成就。范应元云："'器'之大者，真积力久，故晚而成。"（《老子道德经古本集注》）希：通"稀"，稀疏，少。希声：极细微的声音，犹言难以听清。大象：最大的形象。叶梦得云："大方者无隅，不示人以形也；大器者晚成，不使见者速也；大音者希声，不使得以闻也；大象者无形，不使得以见也。"（彭耜《道德真经集注》）此四句诸本略同，唯汉简本"晚"作"勉"，帛乙本作"免"。汉简释文注："'免''勉'皆应读为'晚'。"

⑧隐：通"殷"，意为盛大。一说隐蔽、幽隐。亦通。无名：无声名。一说不炫耀显扬。亦通。始：开始。成：完成。善始且善成：善于开始而且善于完成，犹言善始善终。此句唯帛乙本作"夫唯道，善始且善成"。王本、河上本及通行诸本"始"皆作"贷"。于省吾谓"始"从"台"声，与"贷"声近，故当作"始"。（见杨丙安《老子古本合校》）故传世本"贷"当依帛乙本作"始"。

【解读】

本章通过三种士人对道的不同态度，论述了道在天下万物产生、发展过程中的决定性作用，分为三个部分：

第一部分，描述三种不同类型的士人闻道后的不同态度。老子认为，世人对道的领悟不完全相同，有的领悟深，因而能勤勉地践行；有的领悟浅，因而将信将疑，似懂非懂；有的不能领悟，甚至否认大道的存在，因而对道进行嘲笑。

第二部分，引用古代立言之士所说的话，从不同领域的十二种事物的本质与现象中，阐述了矛盾的普遍性。首先，"明道若昧""进道若退""夷道若颣"三句，说明道的本质特征是"明""进""夷"，但它表现出来的现象却是"昧""退""颣"；其次，"上德若谷"至"质真若渝"五句，说明德的本质特征是"上""大""广""建""质"，而表现出来的现象却是"谷""辱""不足""偷""渝"；最后，"大方无隅，大器晚成，大音希声，大象无形"四句，说明道的形态是"大"，而其表现形式则是"无隅""晚成""希声""无形"。因此，老子引用古代立言之士所说的话，意在说明"道"和"德"所表现出来的现象与其本质往往截然相反，告诫士人不能被事物的现象迷惑，要透过上述这些现象认识"道"和"德"的本质，从而增强学道、悟道、行道的信心。

第三部分，指出道虽盛大却不炫耀声名，并强调只有道才能善于开始且善于完成，既是对上文的总结，也阐明了本章的主旨，即领悟大道，勤勉践行。

四十二章

道生一，一生二，二生三，三生万物①。万物负阴而抱阳，冲气以为和②。

人之所恶，唯孤、寡、不穀，而王公以自称③。故物或损之而益，或益之而损④。

人之所教，我亦以之教人⑤。"强梁者不得其死。"吾将以为教父⑥。

【译文】

道创生浑沌未分的统一体，这个统一体产生天地，天地产生阴、阳二气及阴阳和合而成的新生体，阴、阳二气及其新生体产生万物。万物背阴而向阳，阴、阳二气相互激荡进而达到和谐。

人们厌恶的，是孤、寡、不穀，天子诸侯却用来称呼自己。所以，事物减损反而得到增益，增益反而遭到减损。

前人教导我的，我也用来教导人："强横凶悍的人，不得好死。"我将把它作为教人的根本。

【注释】

①道生一，一生二，二生三，三生万物：这是描述"道"生成万物的过程。说"道"生成万物，并不是说"道"像母生子一样直接生出万物，而是说万物的生成、发展要遵循"道"。历来注家训一、二、三，多有臆测成分，如训"一"为道，或元气，或冲气；训"二"为阴气、阳气，或天、地；训"三"为阴、阳相合的"和气"，或天、地、人，或指众多事物。蒋锡昌则认为："《老子》之一、二、三，只是以三数字表示道生万物，愈生愈多之义。"（《老子校诂》）《老子》第四十章曰："天下之物生于有，有生于无。"这是以"无"指道，以"有"指天地或"道的最初生成物"。张松如云："可以说，此章的'一'即四十章的'有'，此章的'道'即四十章的'无'。由此亦可概见老子自然辩证观的宇宙生成论，从而更进一步显示出本

章旨义。"(《老子说解》) 司马光云："道生一，自无入有。"(《道德真经论》) 这是以"有"训"一"。卢育三认为此说"符合老子原义"。(《老子释义》) 陈鼓应从司马光之说，并训"有"为"独立无偶的、浑沌未分的统一体"，即黄瑞云所谓"道之最初生成物"。由此，"二"则训为天、地，"三"则指天地产生的阴、阳二气及阴阳和合而成的新生体。

②负：背依。抱：怀藏。负阴而抱阳：背依阴而怀藏阳，犹言背阴而向阳。冲：《说文》："涌摇也。"涌：指水向上冒。涌摇：犹言激荡。和：和谐。一说和气，不从。

③孤、寡、不穀：古代国君的自谦之词。王公：天子、诸侯。后泛指王侯公卿、达官贵人。

④物：事物。损：减损。益：增益。马其昶云："称孤、寡、不穀，无损于王公，强梁者求益而反损。"(陈柱《老子集训》)

⑤教：教导。此句诸本不一，前一分句汉简本、王本、河上本、景龙本同，傅本、范本作"人之所以教我"，二者义同，今依汉简本、王本等作"人之所教"。后一分句王本、河上本、景龙本作"我亦教之"，汉简本作"亦我而教人"，帛甲本作"夕议而教人"，傅本、范本作"亦我之所以教人"。杨丙安云："'夕'乃'亦'之声假，'议'当是'义'字，读为'我'，'而'在此义同'以'，故'夕议而教人'即'亦我以教人'，亦即言'我亦以之教人'。"(《老子古本合校》) 从杨说，此句后一分句作"我亦以之教人"。

⑥强梁：强横，强悍果决。不得其死：不得其所而死，犹言不得好死。父：始，开始。《中华大字典》："始，根也。《礼记·昏义》：'夫礼始于冠。'"故"父"可训"根"，意为根本。教父：教人的根本。严复云："强梁者不得其死，公例之一，自古皆然，故可以为教父。"(陈柱《老子集训》) 此句诸本略同，唯汉简本"梁"作

"梁"，帛甲本作"良"，汉简本、帛甲本、傅本、范本"教"作
"学"。汉简释文注："'梁'，帛甲作'良'，皆通'梁'。'学父'，
帛甲、傅本同，传世本多作'教父'，'教''学'古常通用，此处
'学'当读为'教'。"

【解读】

本章描述了"道"生成万物的过程，并由自然之道论及人事，强
调了柔弱为本、谦卑自守的处世态度。全章分为两个部分：

第一部分，描述了"道"生成万物的过程，并指出万物"负阴而
抱阳"，即存在相互对立的两个方面，这两个方面在一定条件下可以
和谐共存。"道生一，一生二，二生三，三生万物"，既描述了"道"
生万物的过程，又说明万物的生成是一个从无到有、从少到多、由简
到繁的过程。党圣元认为："道"生万物的过程，"是老子对宇宙万物
生成过程的概括性的模式化表述，是老子对宇宙生成问题提出的具有
抽象思辨性的理论假说。这一假说描述了'道'创生万物的过程，表
明宇宙万物的发展、进化是一个由原初状态的混沌元气，逐步由少到
多，由简单到复杂，由抽象到具体的不断分化的量变过程。"（《老子
评注》）张松辉认为："'道'是规律，万物的生长固然离不开规律，
或者说，万物的生长必须依照规律，但规律是不可能直接生出万物
的。"他指出："事实上，把老子的'道'理解为万物的唯一本源，
说'道'可以直接生出万物，是中国哲学史上的一个最大误解。"
（《老子研究》）在论及"道生一"时，张松辉指出："'道生一'并不
是说规律能够直接产生出物质，而是说规律是产生物质的前提，没有
规律的规定性，事物就无法产生、发展。"（《老子译注与解析》）因
此，"道"生成万物，并不是说万物直接由"道"生出，而是说万物
的生成必须遵循于道，即不能违背规律。如果万物在生长、发展过程
中违背规律，即不遵道、不行道，就会出现三十九章所说的天崩裂、

地倾覆、神消失、谷枯竭、万物灭绝、侯王覆灭的严重后果。

第二部分，由"万物负阴而抱阳"的自然之道论及人事，提出并强调了柔弱为本、谦卑自守的处世态度。老子认为，万物都存在阴、阳对立的两个方面，同样，在社会上也存在尊与卑、损与益、强与弱的对立。老子强调，对尊与卑、损与益、强与弱的选择，决定着人的祸福存亡。因此，有道之士必须懂得"强梁者不得其死"的道理，在做人处世中以柔弱为本，持守谦卑，反对逞强。

四十三章

天下之至柔，驰骋于天下之至坚①。无有入于无间。吾是以知无为之有益②。

不言之教，无为之益，天下希及之③。

【译文】

天下最柔弱的东西，能驾驭天下最坚硬的东西。无形的东西能深入无间隙的东西。我因此知道清静无为的益处。

不言的教化，无为的益处，天下很少有人能做到。

【注释】

①至柔：最柔弱。或释为水，河上公、陆希声、苏辙、吴澄、释德清、林希逸、蒋锡昌、奚侗等皆持此说；或释为道，严遵、黄瑞云、党圣元持此说；或释为"道之用"（范应元）；或释为"正性"（杜光庭）。老子常以水喻道，故注家多以水释"至柔"。本章并未确

指"至柔"为何物，故不必拘泥于"至柔"之所指。驰骋：驰马。意为驾驭。至坚：最坚硬。

②无有：无形迹。指"天下之至柔"。无间：无间隙。指"天下之至坚"。是以：即"以是"，凭借此，犹言因此。此二句诸本歧异较多，王本、河上本"入"后无"于"字，汉简本、帛甲本、景龙本有"于"字，傅本、范本前一句作"出于无有，入于无间"。"入"字后依汉简本、帛甲本等有"于"字善。杨丙安谓无"出于"二字，"直作'无有入于无间'，言'道无形质，故能出入无间'（河上注），或如王注所云：'虚无柔弱，无所不通'，则文通理顺矣。故以无之为是。"（《老子古本合校》）

③教：教化，教诲。希：同"稀"，少。及：到，做到。范应元云："不言之教，柔弱也。无为之益，虚通也。盖柔弱虚通者，大道不言之教，无为之益也，故人当体之。而天下之人蔽于物欲好尚，强梁有为，自生障碍，是以罕有及此道者矣。"（《老子道德经古本集注》）

【解读】

本章通过"至柔驰骋至坚""无有入于无间"的描述，揭示了柔弱胜刚强的自然之理，强调了"无为之道"的重要性。

自然界最柔弱的东西莫过于水，因此，古今注家多以水释"至柔"。《老子》书中，往往以水喻道，因为水的就下、不争和柔弱，与道的尚柔守弱、无为不争完全一致。董思靖云："唯道无形，故曰至柔。唯物有质，故曰至坚。驰骋犹运化役使之意。道之妙物，皆以无形而鼓舞有质也。夫道体无有，化生众形，泰山秋毫，待之成体。故其入于物也，初无间隔，又道体圆摄，无之与有，并囿其中，混然无间，是则道在物中，物在道中，皆无间也。人能体之，则相得性融，廓然无为，而利益不穷矣。文定曰：'圣人唯能无为，故役使众强，出入群有。'"（《道德经集解》）董思靖的解读，揭示了道与物的密切联系，并由道运化役使物这一自然之道论及"圣人无为，役使众强"的无为之道，他对老子此章的领悟，可谓深矣！

老子主张"不言之教"，是要统治者不尚空谈，多做实事，不重声教法令，不滋事扰民。老子所说的"无为之益"，就是施行"无为之道"给国家和民众带来的好处。正如薛蕙所云："不言而民化，无为而事治，此圣人诚信之至德，自然之成功也。若夫教必言而后从，事必为而后成，其所为甚劳，其所及甚寡，去圣人之道远矣。"（《老子集解》）本章结尾，老子有感于"无为之道"作为做人处事和国家治理的普遍原则不为世人理解和遵循，发出了"天下希及之"的感叹！

四十四章

名与身孰亲？身与货孰多？得与亡孰病①？是故，甚爱必大费，多藏必厚亡②。

故知足不辱，知止不殆，可以长久③。

【译文】

名声与身体，哪一个更值得珍惜？身体与财物，哪一个更值得重视？得到与失去，哪一个更加有害？因此，过分爱惜必有巨大耗费，过多聚敛必有巨大损失。

所以，知道满足不会遭受耻辱，适可而止不会遭受危险，这样就可以平安长久。

【注释】

①名：名声，名誉。身：身体。一说生命，亦通。亲：爱，爱重。意为珍惜。一说亲近，亦通。货：财物。多：本指数量大。引申为重，与"轻"相对。亡：失去，遗失。病：损害。犹言有害。一说忧虑，亦通。陈柱云："《墨子·贵义》篇云：今谓人曰：予子冠履，而断子之手足，子为之乎？必不为。何故？则冠履不及手足之贵也。又曰：予子天下，而杀子之身，子为之乎？必不为。何故？则天下不若身之贵也。此以身为贵之说也。《庄子·外物》篇云：外物不可必。故龙逢诛，比干戮，箕子狂，恶来死，桀纣亡，此以名货为重之说也。"（《老子集训》）

②甚：过分。费：损耗，耗费。藏：收存，储藏。此处指聚敛。厚：大，多。亡：损失。厚亡：犹言损失更多。林希逸云："爱有所着，则必自费心力以求之，爱愈甚，则费愈大，此言名也。贪而多藏，一旦而失之，其亡也必厚。无所藏则无所失，藏之少则失亦少，多藏乃所以厚亡也。"（《老子鬳斋口义》）

③故：王本、河上本、傅本、范本无此字，汉简本、楚简本、帛书本、景龙本皆有此字，当如汉简本等有此字。辱：耻辱。殆：危险。知止：知道停止。犹言适可而止。《礼记·大学》："知止而后有定，定而后能静。"

【解读】

本章是老子的修身观，对人的立身处世提出了要求和告诫，分为两个层次：

首先，老子指出，一个人立身处世，不要为名利所困，不要追名逐利、舍本求末。苏辙云："使天下知名之不足亲，货之不足多，而后知贵身。知贵身，而后知忘我，此老子之意也。不得者以亡为病，及其既得而患失，则病又有甚于亡者。唯齐有无，均得丧，而后无病也。"(《道德真经注》) 苏辙之语，说明名声、财物对于人而言皆为末，而身才是本，只有弃末才能守本，然后"知贵身"，进而"知忘我"。只有不为名利所困，才能达到"贵身""忘我"的境界。古今中外，那些拼命追求金钱名利的人，忘记了人立身处世之本，大多没有好的结局。

其次，老子告诫世人，对名利、财物等身外之物，要知足知止，不能贪得无厌。释德清云："不唯爱者费而藏者亡，抑且身死名灭，国危而不安。斯皆不知止足之过也。故知足则不辱，知止则不殆，即斯可以长久矣。噫，老氏此言，可谓破千古之重昏，启膏肓之妙药，昭然如揭日月于中天也。而人不察乎此，惜哉。"(《道德经解》) 释德清之言，颇得老意。对身外之物，老子要求的是知足知止，即要有所节制。无论是统治者，还是普通百姓，如果绝对不考虑、不获取身外之物，则衣食住行、立身处世等最基本的需求都无法保证，何谈对美好生活的向往。老子所反对的，是当时的统治者为聚敛财富而贪得无厌、无所节制的行为。

王蒙说："《老子》一书主要针对的是侯王、圣人、君子，大人物们精英们统治者圈子中人。对于他们，他的劝告应该说是诚恳的也是有教益的。甚爱大费，多藏厚亡，这都是经验之谈。用现在的话来说，不管你追求什么，喜好什么，收藏什么，积攒什么，都要自我控制，适可而止，不要失控，不要过分，不要使自己的所好变成自己的敌人。要考虑长久，而不是享受完了等着杀头。"(《老子的帮助》) 王蒙的这段话，既诠释了老子本章的大意，又对社会上一些人拼命追逐身外之物而无所节制敲了警钟。

四十五章

大成若缺，其用不敝①。大盈若冲，其用不穷②。

大直若屈，大巧若拙③，大辩若讷④。

躁胜寒，静胜热⑤。清静为天下正⑥。

【译文】

最完满的好像有残缺，它的作用却不会衰竭。最充盈的好像很空虚，它的作用却不会穷尽。

最端直的好像弯曲，最灵巧的好像笨拙，最善辩的好像迟钝。

活动能战胜寒冷，安静能消除燥热。清静无为是天下的准则。

【注释】

①大：极，很，最。成：完整的。陆游："不以字害其成句。"（见《汉语大字典》）此处意为完满。一说通"盛"，意为满，马叙伦持此说。亦通。缺：破损，残缺。敝：尽，竭。陈景元云："大成谓全德之君子也。夫德充于内者，故能包荒含藏，支离其形。若器之缺玷，罕见其用，故得保完全而无困败之敝也。又如大壑，酌之而不竭，明鉴应之而不蔽，故曰其用不敝。"（《道德真经藏室纂微篇》）

②盈：满，充盈。冲：通"盅"。《说文》："盅，器虚也。"意为空虚。穷：尽。陈景元云："盛德大业者，谦冲而不骄，富贵满堵者，虚俭而不奢，其所用也，常有羡余，岂能穷匮哉！"（同上）此句文字各本略有差异，汉简本、楚简本、帛书本、土本、河上本"盈"字，

傅本、范本作"满"；汉简本、帛乙本、王本、河上本、景龙本"冲"字，楚简本、傅本、范本作"盅"。"盈""满"义同。"冲"乃"盅"之借字，应读为"盅"。

③屈：弯曲。巧：巧妙，灵巧。拙：笨拙。陈景元云："大直谓随物而直彼，含垢而不申，其直不在己，故若屈也。大巧，谓因物性之自然而成器用，不造为异端，故若拙也。《列子》云：'圣人恃道化而不恃智巧。'夫道化者可谓大巧矣，因物而成，不矜己能，故若拙也。"（《道德真经藏室纂微篇》）此句王本、河上本、景龙本同，汉简本、帛甲本、傅本、范本"屈"作"诎"，汉简本、帛书本"若"作"如"。"屈""诎"古常通用，"若""如"义同。

④辩：善言辞。讷：言语迟钝。苏辙云："辩而不讷，其辩必穷；因理而言，虽讷而辩。"（《道德真经注》）此句文字王本、河上本及通行诸本同，汉简本作"大盛如绌"，楚简本作"大成若诎"，且与前二句之语序为"大巧""大成""大直"，与传世本不同。帛甲本作"大赢如炳"。汉简释文注谓"成"通"盛"，"赢""盛"义近，"炳"从"内"得声，"内"属泥母物部，故"炳"可读为"绌"（透母物部）。故帛甲本"大赢如炳"读为"大盛如绌"，与汉简本同。又谓传世本"大辩若讷"一句，亦见于《韩诗外传》卷九引《老子》，或为与简帛本并存的另一版本系统，不一定是"大盛如绌"所致。杨丙安、陈徽则在"大辩若讷"后增"大盛如绌"一句，但并无版本依据，故不从。

⑤躁：动，躁动。静：安静。陈景元云："此言躁为死本，静为生根者，以况君王躁强则拒敌饰非，犯物之性，以致家国凋敝，是谓躁强则寂然而寒薄，寒薄则衰灭矣。静理则垂拱无为，全物之真，以致社稷永安，是谓静理则煦然而人和，人和则隆盛矣。"（《道德真经藏室纂微篇》）蒋锡昌认为此句当作"静胜躁，寒胜热"。严灵峰、

陈鼓应皆从蒋说。但汉简本、楚简本、帛书本、传世本皆作"躁胜寒，静胜热"，蒋说仅为一家之言，并无版本依据，故不从。

⑥清静：指无为。吴澄云："清静，无为也，心者无一尘之滓，寂然不动也。"（《道德真经注》）正：平正，不偏斜。犹言准则、楷模。一说正道、常道，一说本来状态，亦通。徐大椿云："凡事相反则能相制，如人躁甚则虽寒亦不觉，而足以胜寒；心静则虽热亦不觉，而足以胜热。由此推之，则天下纷纷纭纭者，若我亦用智术以相逐，则愈乱而不可理矣；唯以清静处之，则无为而自化，亦如静之胜热矣。"（陈柱《老子集训》）

【解读】

本章描述了道的本质特征、外在表现及道的作用，并进而论及人事，提出了"清静为天下正"的重要观点。本章分为两个部分：

第一部分，以"大成""大盈""大直""大巧""大辩"喻道的本质特征，以"若缺""若冲""若屈""若拙""若讷"喻道的外在表现。这种看似矛盾的现象，说明道包含了正、反两个方面。这两个方面既互相对立，又互相制约，体现了老子的辩证法思想。"其用不敝""其用不穷"两句，则是对道的作用的阐示，即是说：道虽然好像有残缺、很空虚，但其作用却不会衰竭和穷尽。老子所阐述的对立统一思想，能给世人以深刻的启示，正如张松如所说："遇事若能注意'设置对立面'，善于运用矛盾对立统一原则，则'其用不敝''其用不穷'，为政亦然。"（《老子说解》）

第二部分，由"躁胜寒，静胜热"这一自然现象，进而提出"清静为天下正"的观点。老子认为，虽然"躁"能胜寒，但"躁"为动，属有为，这有违于道。而"静"属无为，是道的本质特征。上文"若缺""若冲""若屈""若拙""若讷"所表现的，正是道的虚静无为的特征。因此，老子在上文描述道的本质特征、外在表现及道的作用的基础上，进而论及人事，提出了治国、从政要秉持"清静无为"之道的观点。

严遵在对本章的评述中，谈到了"清静无为"的妙用，他说："为之愈乱，治之益烦，明智不能领，严刑不能禁。是无为者，有为之君而成功之主也，政教之元而变化之母也。其除祸乱，犹躁之胜寒而静之胜暑也。是以圣人，去知去虑。虚心专气，清静因应，则天之心，顺地之意。政举化流，如日之光，祸乱消灭，若云之除。天下象之，无所不为，万物师之，无所不事。"（《老子指归》）

四十六章

天下有道，却走马以粪①；天下无道，戎马生于郊②。

罪莫大于可欲，祸莫大于不知足，咎莫憯于欲得③。

故知足之足，常足矣④。

【译文】

国家政治清明，把战马退还民众用来耕种施肥；国家政治黑暗，被征为战马的母马在郊野产驹。

罪过没有比追求名利更大的，祸患没有比不知止足更大的，灾殃没有比贪得无厌更惨痛的。

所以，知道止于何时何处的满足，才能保持长久的满足。

【注释】

①有道：指政治清明。却：退回、退还。走马：善跑的马，指战

马。粪：《说文》："弃除也。"本指扫除。引申为粪便，又引申为肥田、施肥（见《辞源》），此处指耕种施肥。陈景元云："天下有道，言时泰也。时泰则万民昌而宗庙显，宇内安而诸侯宾，四海清夷，兵革寝息，人多务本，户竞农桑，屏去走马之武功，而归治田之常业也。"（《道德真经藏室纂微篇》）

②无道：暴虐，没有德政。指政治黑暗。戎马：战马。生：产，指因战争征用的母马产驹。一说兴起，指战马兴起于郊野，亦通。陈景元云："天下无道，谓时否也。时否则百职废而主上忧，币藏虚而水旱数，郡县盗起，强弱相陵，人皆失业，习尚战争，自然戎骇之马生于郊境。"（《道德真经藏室纂微篇》）

③可：堪，值得。可欲：指值得引起欲念的事物。犹言追求名利。一说多欲，孙诒让持此说，高亨从之；一说"可"训"用"，"可欲"犹言逞其欲望，黄瑞云持此说。孙、黄之说亦通。范应元云："欲，贪也。可欲，谓凡可贪之事物也。可贪则多爱，爱则求于外而有过，爱之不已则不知足，故过积而为祸。祸，害也，谓害于人而害于身也，犹不知祸。凡所贪者，又必欲得之，彼此爱欲，遂起交争，致祸积而为咎。"（《老子道德经古本集注》）祸：祸患。咎：灾祸，灾殃。憯（cǎn）：惨痛。欲得：贪心，贪得无厌。徐大椿云："天下所以无道之故何也？以其嗜欲之多，则必求所以餍其欲，而荒淫之事兴，罪莫大焉。意愿甚奢，而不知厌足，则忮求无已，祸莫大焉。"（陈柱《老子集训》）

④足：本为人体下肢的总称，又专指"脚"。引申为满足，又引申为已、止。此处义为止。知足：知止。犹言知道止于何处、止于何时。一说足即满足，知足即知道满足，注家多取此说，但"义嫌浅薄"（陈徽语），故不从。常：恒久，长久。杜光庭云："贪之与足，皆出于心。心足则物常有余，心贪则物常不足。贪者，虽四海万乘之

广，尚欲旁求；足者，虽一箪环堵之资，不忘其乐。适分知足，唯在
于心，所宜勖也。"（《道德真经广圣义》）

【解读】

本章通过退还战马于耕种施肥和征用战马导致母马产驹于郊野的
对比，进而分析导致天下无道的原因，并提出了克制贪欲，使天下重
归太平的措施。本章分为三个层次：

首先，老子指出，把征用的战马退还民众用来耕种施肥，这是
"天下有道"的表现；被征为战马的母马产驹于郊野，这是"天下无
道"的表现。释德清云："上古之世，有道之君，清静无欲，无为而
化。故民安其生，乐其业，弃却走马而粪田畴，所以家给人足，而无
不足者。及世衰道微，圣人不作，诸侯暴乱，各务富国强兵，嗜欲无
厌，争利不已，互相杀伐，故戎马生于郊，以致民不聊生，奸欺并
作。"（《道德经解》）释德清之语，以上古之世的清静无为、民安其
生和春秋时期的诸侯暴乱、民不聊生，对老子此句进行诠释，颇得
老意。

其次，老子用"罪莫大于""祸莫大于""咎莫大于"这个排比
句，一气呵成，指出了人的贪欲带来的种种危害，揭示了统治者的贪
欲是导致"天下无道"的根本原因，即根源所在。吴澄对此句的诠释
颇为深刻，他说："兵端之起，其罪由于知土地之为可欲，知其可欲，
务求得之，则贪夺矣。此灾殃之始也。得之不知厌足，得陇望蜀，则
战争无已时。此灾殃之极也。倘以各有分地、不求广辟为心，知自足
之为足，则不贪夺战争而常自足矣。"（《道德真经注》）

最后，提出克制贪欲的措施、对策。老子认为，无论是普通人，
还是统治者，一旦有了贪欲而不节制、不收敛、不收手，就会贪得无
厌，欲壑难填。而克制贪欲，最有效的办法，就是要自知满足，要知
道止于何时何处。董平对此有深刻的理解，他说："'知足'也即是

'知止'，也即是要懂得限度。人的欲望是无止境的，正因为它是无止境的，所以是不能被无节制地释放的，而必须给它一个恰当的限度。对欲望的恰当限度即是'止'，限于'止'即是'足'。只有'止'于限度的'满足'，才有可能是持之以恒的'满足'。……'知足之足常足'，乃是老子的幸福观。"（《老子研读》）

四十七章

　　不出户，知天下；不窥牖，知天道①。其出弥远，其知弥少②。

　　是以圣人不行而知，不见而名，不为而成③。

【译文】

　　不出房门，就知道天下的事理；不看窗外，就知道自然的规律。出门走得越远，知道的反而越少。

　　所以，圣人不远行却知道天下的事理，不去看就知道自然的规律，不妄为就能成功。

【注释】

　　①户：单扇的门，也泛指房屋的出入口。天下：指天下事物之理。一说天下事，不从。窥：本指从孔隙中或隐僻处偷看，泛指观看。牖（yǒu）：本指木窗，此处泛指窗。天道：古人认为天道是支配人类命运的天神意志，后指自然的规律（见《辞源》）。知天道：汉简本、帛书本及傅本同，王本、河上本、景龙本、范本作"见天道"。

杨丙安云："'天道'系指日月星辰运行之规律，故'知''见'二字义虽可通，但终以作'知'为长。"（《老子古本合校》）刘笑敢亦谓"天道"是抽象的，本不能"见"，作"见天道"并不恰当（见《老子古今：五种对勘与析评引论》）。故传世本"见天道"依汉简本、帛书本、傅本改为"知天道"。章安云："出户而知，知其所可知尔。窥牖而见，见其所可见尔。天下之大，天道之广，岂可以知知以见见乎？出户则离此而有所知，其知能几也？窥牖则即彼而有所见，其见岂远也？"（焦竑《老子翼》）

②弥：副词，表示程度更深。相当于"更""越"。李息斋云："出而求天地者，求其形也。天地不可以形尽而可理尽，故其出弥远，其知弥少。若知其理之在此，则虽闭户可也。"（焦竑《老子翼》）严复云："出弥远，知弥少，不可与上文反对看。作反对看，其义浅矣。其知所以弥少者，以为道日损故也。夫道无不在，苟得其术，虽近取诸身，岂有穷哉？而行辙五洲，学穷千古，亦将但见其会通而统于一而已。是以不行可知也，不见可名也，不为可成也，此得道者之受用也。"（陈柱《老子集训》）

③行：出行，远行。一说行动、实践，亦通。知：指知道事理。见：看到。名：通"明"，明白、明了。不为：犹言不妄为。一说不有所作为，亦通。章安云："天下者，物之所在，使然者也。天道者，道之所在，自然者也。其粗在物，其妙在道，皆不离当体而尽夫知见，何事于出，何待于窥？出户则有行，窥牖则有见。圣人不行，而本乎智；不见，而本乎心，故天下之事皆可得而知，天道之妙皆可得而名。能知能名，故不为而为，成其所自成也。"（焦竑《老子翼》）

【解读】

本章阐述了认识事物必须重视理性认识和逻辑推理的道理。

老子认为，人总是生活在一定的环境之中，离不开对不同类型的人和纷繁复杂的事物的交往或接触。同时，人还通过书本和各种实践不断地获取知识，这些知识既有直接获得的，也有间接获得的。人在生活和实践中不断获得知识的同时，还要学习和领悟"道"。可见，老子所说的"不出户，知天下；不窥牖，知天道"的人，并不是学识浅薄的普通人，而是见多识广、悟道守道的有道之士。这样的有道之士，既有丰富的学识，又领悟了大道，自然能达到"不出户""不窥牖"就能举一反三，推知天下的事理，知道自然的规律的境界。

反观古今的许多人，他们虽然有一定的知识，也有足够的财力和充裕的时间，他们游览名山大川，周游世界各地，其阅历可谓丰富，足迹可谓长远，但他们对世界和人生并无透彻的了解和认知。当今世界一些国家的政治精英，只会信口雌黄，只会政治操弄，只会搞阴谋诡计，既不干实事，也无能力干实事，还要干扰和阻止懂行的专家干实事。他们的眼界不宽广，阅历不丰富吗？但他们恰恰不能达到老子所说的"不行而知，不见而名，不为而成"的境界。

不必讳言，从认识论看，此章确实存在夸大理性认识和逻辑推理，轻视感性认识和实践经验的倾向和不足。但据此认为老子主张和宣扬唯心论，则有失公允。张松如对此进行的评述颇为中肯，他说："晚近解老诸家，常常引此章据以证明在认识论上，老子是彻头彻尾的先验论者。表面看，这判断是有理的，实际上却并不确切。'不出户，知天下；不窥牖，知天道。其出弥远，其知弥少'，并不是在认识上完全否认感觉观察的作用；老子在另一处曾说：'以身观身，以家观家，以乡观乡，以邦观邦，以天下观天下。'最后还概括说：'吾何以知天下之然哉？以此。'（五十四章）像这样，怎么能说他是不要感觉经验呢？在这里，老子只是认为在认识上纯任感觉经验是靠不住的，是无法深入事物的内部，认识事物的全体的。因此，与其说老子否认感觉经验，毋宁说他是夸大了理性认识的作用。……正确地说明感性认识与理性认识的辩证关系，这已经不属于春秋时代的思想家们所能解决的历史课题了。……在认识来源上，感性是重要的，老子未必根本不懂这一点；在思维抽象能动作用上，理性应该更强调，老子似乎更看重了这一点。当然从总体上说，把感性与理性割裂开来，是不能达到真知的。"（《老子说解》）

四十八章

为学者日益，为道者日损①。损之又损，以至于无为。无为而无不为②。

取天下常以无事③，及其有事，不足以取天下④。

【译文】

研究学问的人知识日渐增多，探求大道的人私欲日渐减少。减少又减少，直到顺应自然而不妄为。顺应自然而不妄为就没有不能做成的事。

治理天下总是以自然无为之道，如果妄为多事，就不足以获取天下了。

【注释】

①为：学习，研究。《韩非子》："群臣为学。"为学：研究学问，治学。日益：日渐增多。王弼注："务欲进其所能，益其所习。"为道：犹言学道，求道。日损：日渐减少。王弼注："务欲反虚无也。"释德清云："为学者，增长知见，故日益；为道者，克去情欲，隳形

泯智，故日损。"（《道德经解》）李嘉谋云："为学所以求知，故日
益；为道所以去妄，故日损。"（陈柱《老子集训》）

②无为：指顺应自然，不求有所作为。一说无所作为。顺应自然
不等于无所作为，故不从。无不为：犹言没有不能做成的事。苏辙
云："去妄以求复性，可谓损矣，而去妄之心犹存，及其兼忘此心，
纯性而无余，然后无所不为，而不失于无为矣。"（《道德真经注》）

③取：治，治理。一说取得，不从。蒋锡昌云："《广雅·释诂》：
'取，为也。'《国语》十四：'疾不可为也。'韦解：'为，治也。'是
'取'与'为'通，'为'与'治'通，故河上云'取，治也'。"（《老
子校诂》）无事：即无为。吴澄云："无事，无所事，即无为也。"（《道
德真经注》）

④有事：即有为。指施行政令，制定刑罚等。苏辙云："人皆有
欲取天下之心，故造事而求之，心见于外，而物恶之，故终不可得。
圣人无为，故无事，其心见于外，而物安之，虽不取天下，而天下归
之矣。"（《道德真经注》）严复云："虽有开创之君，栉风沐雨，百战
苦辛。若汉高、唐太之开国，顾审其得国之由，常以其无事者，非以
其有事者也。若秦、隋之君，所以既得而复失者，正欠此所谓无事者
耳。诚哉有事不足以取天下也。"（陈柱《老子集训》）

【解读】

本章通过对"为学"与"为道"的比较，阐述了"无为"之道
对于成就事业，乃至治理天下的重要作用。本章分为两个层次：

首先，老子认为"为学"与"为道"的结果完全相反。"为学"
的目的是研究学问，是求知，其结果是知识、学问一天天增多。"为
道"的目的是修身，是悟道，其结果是私欲、诈伪一天天减少。随着
私欲、诈伪的减少，就能顺应自然而不妄为，并进入"无为而无不
为"的境界。冯友兰说："'为学'就是求对于外物的知识。知识要

积累，越多越好，所以要'日益'。"（《中国哲学史新编》）这千真万确。他又说："'为道'是求对于道的体会。道是不可说，不可名的，所以对于道的体会是要减少知识，'见素抱朴，少私寡欲（第十九章）'，所以要'日损'。"他认为"对于道的体会是要减少知识"，这未免让人生疑，而"见素抱朴，少私寡欲"才是老子所说的"日损"的真正含义。愚以为，老子所说的"为道"，是由探求"道"进而领悟"道"，是一种精神修养和追求。一个真正悟道、守道的人，有很高的精神境界，对人生和世事有清晰而透彻的了解，他日渐减少的是私欲诈伪，而不是知识。河上公云："学谓政教礼乐之学也；日益者，情欲文饰日以益多。道谓自然之道也；日损者，情欲文饰日以消损。"把"日益"的对象局限于"情欲文饰"，这是对老子本意的曲解。蒋锡昌云："'为学者日益'，言俗主为有为之学者，以情欲日益为目的，情欲日益，天下所以生事多扰也。'为道者日损'，言圣人为无为之道者，以情欲日损为目的，情欲日损，务欲天下复返虚无也。"（《老子校诂》）蒋锡昌认为，"为学"是为"有为之学"，"为道"是为"无为之道"，由于目的相反，自然一个"日益"，一个"日损"。其推理无懈可击，虽然"为道"乃为"无为之道"确属老子之意，但说"为学"是为"有为之学"，则未免武断，有违老意。

其次，由"无为而无不为"进而论及"无为"之道对于治理天下的重要性。老子有感于春秋时期诸侯争霸，战乱四起，尸横遍野，民不聊生的境况，提出"取天下常以无事"的观点，是告诫统治者不要有为多事，不要穷兵黩武，不要妄动干戈，只有秉持"无为"之道，才能得民心，顺民意，这样才能得到民众的拥戴，天下才能太平。所谓"得民心者得天下"，老子深谙其中的道理。

四十九章

圣人常无心，以百姓之心为心^①。

善者吾善之，不善者吾亦善之，得善矣^②。信者吾信之，不信者吾亦信之，得信矣^③。

圣人之在天下，歙歙焉；为天下，浑心^④焉。

百姓皆注其耳目，圣人皆孩之^⑤。

【译文】

圣人往往不固守主观意愿，而是以百姓的意愿作为自己的意愿。

善良的人我善待他，不善良的人我也善待他，这样人人都会向善。诚信的人我信任他，不诚信的人我也信任他，这样人人都会诚实守信。

圣人治理天下，和洽宽厚，无所偏执，使天下百姓都保持混沌质朴之心。

百姓都专注其耳目，以听圣人之言教，圣人则要他们复归于婴儿，使之质朴纯真。

【注释】

①心：本指心脏，引申为思想、意志、意愿等。无心：指无主观意愿。一说无私心，亦通。此句各本有小异，"常无心"，王本、河上本、傅本、范本作"无常心"，汉简本、帛乙本作"恒无心"，景龙本作"无心"。王本、河上本、傅本、景龙本"以百姓心为心"，汉

简本、帛书本、范本"心"前有"之"字。"恒""常"古通用。张
松如谓"常心"二字并非老子专用术语，宜从帛书本作"常无心"。
后来面世的汉简作"恒无心"，可见作"常无心"既有版本依据，又
较作"无常心"义长。

②善之：犹言以善待之，或曰以善良之心待之。得善：得到善。
意为人人都会向善。此句诸本略同，唯傅本、景龙本"得善"，王本、
河上本、范本作"德善"，汉简本作"直善"。高亨谓"德"当读为
"得"，故依傅本、景龙本"德"作"得"。汉简释文注谓"直"读为
"得"。

③信：诚信。信之：犹言以信待之，或曰以诚信之心待之。得
信：得到诚信，意为人人都诚实守信。此句诸本略同，唯王本、帛乙
本、河上本、范本作"德信"，傅本、景龙本作"得信"，汉简本作
"直信"。"直"读为"得"。高亨谓此"德"亦读为"得"。故从汉
简本、傅本、景龙本作"得信"。

④在：《说文》："存也。"本指存在，引申为省视、观察。《大戴
礼记》："存往者，在来者。"（见《汉语大字典》）此处意为治理。
歙：和洽。歙歙：无所偏执貌，意为无分别之心。浑：混沌，质朴。
浑心：混沌质朴之心。蒋锡昌云："言欲天下皆受圣人之化，而亦混
沌无欲也。"（《老子校诂》）此句诸本文字稍异，"浑心焉"，王本、
河上本、景龙本作"浑其心"，汉简本、帛甲本作"浑心"，傅本作
"浑浑焉"，范本作"浑心焉"。杨丙安据帛书并参以范本及王注作
"浑心焉"，今又有汉简为据，故杨说可从。

⑤注：关注，专注。注其耳目：犹言专注其耳目，以听圣人之言
教。孩之：犹言要百姓复归于婴儿，使之质朴纯真。奚侗云："注耳
目者，视听专也；视听专则少私而寡欲；圣人则视若孩提以长以养而
已。"（《老子集注》）

【解读】

本章阐述了圣人在治理国家中实施无为之道的具体表现，反映了老子的社会政治理想。

老子所说的圣人，是他心目中理想的统治者，是真正践行无为之道的国君，是胸怀博大、心地质朴、心系天下和百姓的人。

本章所描述的圣人有三个特征：一是胸怀博大，不固守自己的主观意愿。春秋时期热衷于争霸战争的国君，往往唯我独尊，把自己的意愿强加于臣属，强加于百姓。老子心目中的圣人，却心怀天下，心系百姓，把百姓的意愿作为自己的意愿，百姓的安危、冷暖、愿望，是他时刻关注的问题。二是善待百姓，不因个人好恶苛求百姓。老子心目中的圣人，无论善良的人还是不善良的人都能善待，从而使天下之人都会向善；无论诚信的人还是不诚信的人都能信任，从而使天下之人都能诚信。在这里，老子向世人展示了有道之世的社会治理和谐景象，对21世纪的人类社会如何进行社会治理，如何共建和谐繁荣的命运共同体，不无启示。三是和洽宽厚，无所偏执。老子心目中的圣人，在治理天下时，能践行无为之道，对百姓循循善诱，而不是强迫、训斥。这体现在两个方面，即"浑心"和"孩之"。所谓"浑心"，就是要使天下百姓都保持混沌质朴之心；所谓"孩之"，就是要百姓复归于婴儿，使之质朴纯真。"浑心"是对百姓而言，即百姓应该怎样做人；"孩之"是对圣人而言，即圣人应该怎样教化百姓。

董思靖云："唯圣人无我，故其心不滞于一，而物来顺应矣。……圣人于人，莫不皆以善信遇之，此圣人之德量也。盖善不善信不信在彼，而吾善信未尝渝，此圣德之善信矣。苟善善信信而绝其不善不信者，则岂所谓常善救而不弃哉。天下之善恶信伪，皆未知所定。圣人则歙歙然为天下浑心，盖欲融化其异而混合其同，故无善恶无信伪，皆一以待之。彼方注其耳目以观圣人之予夺，吾皆以婴孩遇之，若保赤子，此圣人之诚心也，则彼亦将释然而自化矣。"（《道德经集解》）董思靖之语，对本章进行了诠释，颇得老子之意。

五十章

出生入死①。生之徒十有三；死之徒十有三②；而民生生，动皆之死地，亦十有三③。夫何故？以其生生之厚④。

盖闻善摄生者，陵行不避兕虎，入军不被甲兵⑤。兕无所投其角，虎无所措其爪，兵无所容其刃⑥。夫何故？以其无死地焉⑦。

【译文】

人脱离生就进入死。世上正常活着的一类人有十分之三；不能正常活着而死去的一类人有十分之三；而过度养生，自动走向死地的人也有十分之三。为什么这样呢？因为他们养生过度。

听说善于养生的人，在深山行走不避让犀牛、猛虎，在战争中不遭受兵器的伤害。犀牛没有地方使用它的角，猛虎没有地方运用它的爪，兵器没有地方发挥它的作用。为什么这样呢？因为善于养生的人没有可导致死亡的地方。

【注释】

①出：脱离。出生入死：脱离生就进入死。一说出生地，入死地。王弼、黄瑞云持此说。一说出世为生，入地为死。蒋锡昌、高亨、张松如、卢育三、任继愈、陈鼓应等持此说。一说始于生，终于

死。韩非、吴澄持此说。如《韩非子·解老》："人始于生而卒于死。"吴澄云："出则生，入则死。出谓自无而见于有，入谓自有而归于无。"这是以"有""无"来概括人的一生。后三说皆可通。

②徒：同类的人。一说"徒"为"塗"和"途"的本字，释为"途径"或"道路"。马叙伦、朱谦之、黄瑞云持此说。不从。十有三：犹言十分之三。王弼注："十有三，犹云十分有三分。"一说"十有三"即十三，而十三所指，皆属臆测。如朱谦之云："十有三之说，自韩非子、河上公、碧虚子、叶梦得以四肢九窍为十三，已涉附会。乃又有以十恶三业为十三者，如杜广成；以五行生死之数为十三者，如范应元。其说皆穿凿不足信。苏辙谓生死之道九，而不生不死之道一，老子之言其九，不言其一，使人自得之。似深得老子之旨，而实以佛解老。焦竑因之而有读《老子》至'出生入死'，大悟游戏死生之说。吁！亦诬矣！"（《老子校释》）今人高亨则以七情六欲释"十三"，亦为误解。

③生：养育，养护。生生：养护生命，即养生。此处意为过度养生。动：自动。一说妄为，亦通。之：至，到。此句诸本文字稍异，帛书"而民生生"，汉简本作"而民姓生焉"，"姓"读为"生"。王本、河上本、景龙本作"人之生"，傅本作"而民之生生而动"，范本作"民之生生"。傅本"动皆之死地，亦十有三"，汉简本、帛甲本作"动皆之死地之十有三"，帛乙本同帛甲本但"动"作"僮"；河上本、景龙本作"动之死地，十有三"，范本同河上本但"十"前有"亦"字。此句据汉简本、帛书本及傅本写定。

④厚：重，指过度。生生之厚：养生过度。指过度追求山珍海味、声色犬马等物质生活。

⑤摄生：养生。陵：大土山，山陵。陵行：犹言在深山行走。避：避让。兕：古代犀牛一类的兽名。入军：从军，意为在战争中。

被：受，遭。一说装备、披挂。亦通。甲兵：铠甲兵器，泛指兵器。此句诸本略同，仅个别文字有异。汉简、帛书"陵行"，王本等传世本皆作"陆行"；汉简本"避"字，帛乙本作"辟"，传世本作"遇"；汉简本、帛书本及多数传世本"被"字，河上本作"避"。汉简释文注："传世本'陆'当为'陵'之讹。……'不避'乃积极的'不躲避'，较消极的'不遇'更符合本章文义。"又，河上本"不避甲兵"之"避"字，当为"被"字之讹。

⑥无所：没有地方。投：投送，置放。此处意为使用。措：运用。容：通"庸"，用。容其刃：即用它的锋刃。无所容其刃：没有地方用它的锋刃，犹言没有地方发挥其作用。

⑦死地：死亡之地。无死地：犹言没有可导致死亡的地方或问题。一说不自处于死地（黄瑞云），一说没有进入死亡的领域（陈鼓应），不从。陈柱云："夫去其生生之厚，则于物无夺，而能去所厚者以养人；是顺物之性而不逆者也，孰从而害之哉？夫生生之厚，死地也。无生生之厚，故无死地。"（《老子集训》）

【解读】

本章通过"生之徒""死之徒""动皆之死地"三类人的比较，阐述了养生的重要性，体现了道家对生命的重视和关怀。全章分为两个部分：

第一部分，老子对人的生命有超凡的了解，认为生老病死是客观存在，人生在世，有生必有死，不必患得患失，杞人忧天。老子所说的"生之徒"，指能正常活着的人，这一类人或者生逢治世，或者身体健康，因而能够尽享天年。老子所说的"死之徒"，是指不能正常活着的人，这一类人或者生逢乱世，或者身患重病，因而过早失去生命。老子所说的"动皆之死地"一类人，往往是位高权重、锦衣玉食的人，他们为了益寿延年、永享繁华，想通过养生来延续生命，结果事与愿违，反而因过度养生而过早夭亡。

　　第二部分，描述了善于养生的人的特点，即"陵行不避兕虎，入军不被甲兵"。其原因是"兕无所投其角，虎无所措其爪，兵无所容其刃"。老子采用比喻，而非实指，意在说明善于养生的人不会遭受外物的伤害。后世道家中有人认为此章老子所说的是实指，之所以兕虎不能伤，是因为"善摄生者"修炼到了超凡入圣的极高境界。如黄元吉云："圣人修性立命有年，聚则成形，散则成气，日月随吾斡旋，风雷任其驱使，虎兕纵烈，兵刃虽雄，只可以及有形，安能施于无形？天下唯无形者能制有形，岂有有形者而能迫无形乎？"（《道德经讲义》）黄元吉所说的得道的圣人能达到"聚则成形，散则成气"的境界，纯属神话和幻想。

　　古今注家对本章的主旨，有比较恰当而深刻的诠释。如杜光庭云："夫当其生也，不以利欲乱其心，不以厚养伤其性，安于淡默，顺其冲和，则神守于形，气保于神，志和于气，心寂于志，静定其心。如此则不求于延生，生自延矣，不求于进道，道自至矣。"又云："善摄生之人，不起心害物，所以陆行不求遇于兕虎，入军不被带于甲兵，故虎兕甲兵无伤之意。"（《道德真经广圣义》）针对老子"陵行不避兕虎，入军不被甲兵"的比喻，陆希声云："求生之厚，越于生理，是以动而乖常，则之于死地。故善摄生者则不然，知生有常理，则守道抱德而不厚其生；知死亦常理，则乐天知命而不忧其死。生死不能动其心，患难不能夺其志，则陆行遇鸷兽而不惊，入军冒白刃而不誊，虽处患难与不遇同。何以致其然耶？有心害物，物亦害之；有信及物，物亦信之。我无心害物，故兕虎无所投其爪角；有信及人，故甲兵无所容其锋刃。是知生理不存于中，则死地不见于前。仲尼曰：忠信则水火可蹈。盖近之矣。"（《道德真经传》）"不起心害物"和"无心害物"的观念，在日益重视环保、生态和野生动物保护的二十一世纪，愈彰显其价值和重要作用。

蒋锡昌对此章的诠释，强调了"少私寡欲"的妙用，他说："若死之由于求生过厚者，无关机缘，乃人贪得好多之过也。夫生之由于偶然者，不可必得；死之由于求生过厚者，非不可避；故圣人贵乎摄生，摄生则生十九可得，而死亦十九可避也。摄生之道奈何？曰：在于'少私寡欲'（十九章）而已。"（《老子校诂》）

五十一章

道生之，德畜之，物形之，势成之①。是以万物莫不尊道而贵德②。

道之尊，德之贵，夫莫之命而常自然③。

故道生之，畜之，长之，育之，亭之，毒之，养之，覆之④。生而不有，为而不恃，长而不宰，是谓玄德⑤。

【译文】

道生成万物，德养育万物，万物赋予自己形体，凭自然之力成就自己。因此万物都尊崇道而珍视德。

道被万物尊崇，德被万物珍视，这不是谁的命令，而是因为道和德对万物不加干涉，总是任其自然。

所以，道生成万物，养育万物，使万物生长发育，安定成熟，得到抚育和保护。生成万物而不居功，养育万物而不依恃，使万物生长而不主宰，这就是深远博大的德。

【注释】

①生：生成。畜：养育。形：形体。此处作动词，意为赋予形体。势：力量，威力。势成之：犹言凭自然之力成就自己。陆希声云："夫物生而后畜，畜而后形，形而后成。其所由生者，道也；其所以畜者，德也。形其材者，事也；成其用者，势也。"（《道德真经传》）

②尊：尊崇。贵：重视，珍视。此句同王本、河上本及通行诸本，汉简本、帛书本无"莫不"二字，汉简本"尊"作"奠"。汉简释文注："'奠'读为'尊'，二字同源，形近常混用。"

③莫之命：没有谁命令，犹言不是谁的命令。常自然：犹言对万物不加干涉，总是任其自然。张默生云："万物既从道生，所以莫不尊道。既受德畜，所以莫不贵德。但是道虽尊，德虽贵，却不自尊其尊，不自贵其贵。其施于物的，并不是有心命物，乃是无心命物，而物物各自然以生，各自然以畜。故曰：'夫莫之命而常自然。'"（《老子章句新释》）此句同王本、河上本及通行诸本，汉简本、帛乙本"命"作"爵"。汉简释文注："古者授爵必以命，'爵命'常连言，故二字可互用。"

④长、育：均为使动词。亭：《说文》："民所安定也。"引申为安定。毒：通"熟"，成熟。一说同"笃"，笃厚。亦通。覆：覆盖。意为保护。此句王本、河上本及通行诸本"故道生之"后为"德畜之"，汉简本、帛书本皆无"德"字。劳健谓此"德"字乃衍文。当从汉简、帛书删"德"字。陈景元云："上言道生德畜，此不言德者，以道无不贯而略其文也。夫受其精之谓生，函其气之谓畜，遂其形之谓长，字其材之谓育，辅其功之谓成，终其时之谓熟，保其和之谓养，护其伤之谓覆。此八者皆大道之元功，蛸翘蠕动之物，得不尊之贵之乎？"（《道德真经藏室微篇》）

⑤有：此指占有，意为居功。恃：依赖，倚仗。长：助长，生长。宰：主宰。玄：《说文》："幽远也。"幽远：意为深远。玄德：犹言深远博大的德。一说暗昧不可测之德，喻至德（陈徽语），亦通。一说天德，指顺自然无为的品德（于文斌语），不从。陆希声云："既生之而不执有，既为之而不矜恃，既长之而不宰制。此之谓玄德。"（《道德真经传》）

【解读】

本章揭示了万物尊道贵德的原因，阐明了道和德的区别和联系，分为两个部分：

第一部分，老子指出，由于"道生之，德畜之，物形之，势成之"，因此万物都尊道而贵德。万物尊道贵德的根本原因，是"莫之命而常自然"。老子认为，在万物（包括人）的生长发育过程中，道和德总是不加干涉、任其自然，因此万物（包括人）能够各得其所，有着不受外界干扰的发展空间，体现了无为之道在国家治理中的重要作用。

第二部分，老子描述道"生之、畜之、长之、育之、亭之、毒之、养之、覆之"，阐明了道在万物生长发展过程中的功用。从表面上看，这是描述道的"为"，但这样的"为"是顺应万物之自然的"为"，这正是老子所倡导的"无为"。这"无为"的具体表现，就是"生而不有，为而不恃，长而不宰"。老子称这样的"无为"是"玄德"，是道在万物生长发展过程中的体现。

老子揭示万物尊道贵德的原因，意在阐明道和德的区别和联系。老子认为，道和德两者，道是体，德是用；道是本源，德是载体。道通过德而显现，德离开道则为无源之水，无本之木。可见，道和德既有区别，又密切联系。对此，陆希声做了精辟的诠释："夫物生而后畜，畜而后形，形而后成。其所由生者，道也；其所以畜者，德也；

形其材者，事也；成其用者，势也。万物以能生，故尊道；以能畜，故贵德。道德以生畜之，故自然为万物所仰，岂有授之爵位而后见尊贵哉！然道者真精之体，德者妙物之用。体可以兼用，用不可以兼体。道可以兼德，德不可以兼道。故禀其精谓之生，含其气谓之畜，遂其形谓之长，字其材谓之育，权其成谓之亭，量其用谓之毒，保其和谓之养，护其伤谓之覆，此之谓大道。既生之而不执有，既为之而不矜恃，既长之而不宰制，此之谓玄德。"（《道德真经传》）

　　曹峰说："在万物生成过程中，'道'和'德'担任不同的角色，发挥不同的职能，我将其称为《老子》生成论的两条序列，或者说《老子》生成论是由'生'论和'成'论共同构建，没有'德'的参与，《老子》生成论是不完整的。……'德'是'道'之分，是'道'所赋予万物的那种具有内在规定性的东西，'道'与'德'呈现为'一'和'多'、'分'与'总'的关系。另外，'德'兼含万物生成之普遍潜质和具体个物之现实特性的双重含义。从'道'下落为'德'，是一个把普遍潜质具体化为现实特性的动态过程。……'道'虽然是万物的总根源、总依据，但是万物的形成却必须同时借助'德'的'化育'才能得以完成。……就万物的出生和形成而言，这两者缺一不可，没有'道'则万物无以发生、出现，没有'德'则万物无以繁育、成长。'道'的职责在于始，'德'的职责在于终。……《老子》之所以由《道经》和《德经》两部分构成，从某种意义上说也与这种生成论有很大关系，因为这两者必须共存。如果'道'侧重的是本原，那么'德'侧重的就是显现。这种道家所特有的，或者说中国哲学所特有的生成论，体现出中国哲学特有的思维方式和言说方式。"（《老子永远不老》）曹峰从生成论的角度对"道"和"德"的区别、联系和各自的职责进行了分析，揭示了本章在《老子》一书中的地位和作用，见解独到，值得重视。

五十二章

　　天下有始，以为天下母①。既得其母，以知其子；既知其子，复守其母，没身不殆②。

　　塞其兑，闭其门，终身不勤③。开其兑，济其事，终身不救④。

　　见小曰明，守柔曰强⑤。用其光，复归其明，无遗身殃，是谓袭常⑥。

【译文】

　　天下万物都有其本始，这本始就是天下万物的本源。既然得到了作为万物根源的道，就能认识天下万物；已经认识了天下万物，又能复归并持守道，终身不会有危险。

　　堵塞嗜欲的孔窍，关闭巧智的门户，终身不会劳苦。打开嗜欲的孔窍，成就多欲妄为之事，终身不能挽救。

　　洞察细微叫作"明"，保持柔弱叫作"强"。收敛光芒而不外露，就能复归真正的聪明，不给自己留下祸殃，这就是因顺永恒的道。

【注释】

　　①始：开始，引申为本始，指道。蒋锡昌云："'始'即'道'也。道先天地生，故为天下万物之母也。"（《老子校诂》）陈景元云："夫道外包乾坤，内满宇宙，万物资之以生，由之以成，所以成者子也，所以生者母也。"（《道德真经藏室纂微篇》）

②得：得到。子：指万物。没：尽，终。没身：终身。苏辙云：
"圣人体道以周物，譬如以母知子，了然无不察也。虽其智能周之，
然而未尝以物忘道，故终守其母也。"（《道德真经注》）

③塞：堵塞。兑：孔穴，孔窍。门：门户。勤：劳苦。王弼注：
"兑，事欲之所由生。门，事欲之所由从也。"蒋锡昌云："言圣人当
塞兑闭门，令无知无欲，则终其身可不劳而治也。"（《老子校诂》）
高延第云："兑，口也。口为言所从出，门由人所由行，塞之闭之，
不贵多言，不为异行，循其自然，不劳而理，即复守其母之事也。"
（陈柱《老子集训》）

④济：成就，完成。事：指多欲妄为之事。救：挽救。奚侗云：
"'开其兑'则民多智慧，'济其事'则法令滋彰，天下因以燔乱，终
身不能治也。"（《老子集解》）高延第云："尚口者穷，多为者败，徒
长诈伪，无益于事，故不救。"（陈柱《老子集训》）

⑤见：看见，引申为洞察。小：细，微。喻事物萌发之时。守：
保守。林希逸云："所见者大，能敛而小，则为至明。所主者刚，退
而守柔，则为至强。即不自见故明，不自矜故长也。"（《老子鬳斋口
义》）

⑥用：《说文》："可施行也。"本指施行，引申为处理、处置。
此处意为收敛。光：光芒。古棣云："'用其光'与五十六章'和其
光'同义，与五十八章'光而不耀'相通，其义即不要锋芒外露，而
要收敛光芒。这样就能复归到真正的聪明。"（《老子校诂》）对"用
其光"的训释，异说较多，或曰"运用智慧之光"（蒋锡昌、陈鼓
应），或曰"展现出光华"（陈徽），或曰"用道的智慧去照见万物"
（吴诚真），或曰"运用他觉察的眼光"（冯达甫），或曰"用道的玄
鉴之光内照自己"（于文斌）。诸说比较，古棣之说既简明又不违老
意，其余诸说似显纡曲。身：指自己、自身。殃：灾殃，灾祸。袭：

因袭，因顺。《广雅·释诂》：“袭，因也。”常：指常道，永恒的道。
蒋锡昌谓“袭常”即“因顺常道”，黄瑞云、张松如、卢育三亦持此
说。一说“常”指自然，“袭常”即因袭自然，高亨、许抗生、冯达
甫持此说，亦通。高延第云：“有道之士，见微知著，故能明；柔可
克刚，故能强。用其光，知白也；归其明，守黑也。察见渊鱼者不
祥，不为察察，故无殃。”（陈柱《老子集训》）

【解读】

本章论述了“道”对世人的重要性，提出了人应返本守柔、因顺
常道的要求，分为三个部分：

第一部分，指出“道”与万物的关系。老子认为，“道”是天下
万物的本源，万物都由“道”生成，“道”和万物的关系，犹如母和
子的关系。老子以“母”喻道，以“子”喻万物。老子所说的“道”
和万物的关系是母、子关系，也就是本、末关系，既说明两者密切联
系，不可分离，又说明两者相辅相成，不可偏废。陈徽云：“无‘本’
则无‘末’，达‘本’亦能知‘末’；反之，无‘末’则‘本’亦无
所依或无所见，‘本’将沦为虚寂之体。……因此，老子既强调即
‘本’而达‘末’，又强调因‘末’而反‘本’。基于前一方面，以见
老子思想的现实关怀与实践精神；基于后一方面，以见老子思想的
虚、无之旨和破执之法。然总体而言，老子更重‘反本’或‘守
母’，故又有‘塞其兑，闭其门’之说。”（《老子新校释译》）

第二部分，对“塞其兑，闭其门”和“开其兑，济其事”两种
行为方式进行比较，告诫世人要想“终身不勤”，就必须堵塞嗜欲的
孔窍，关闭巧智的门户，不强作妄为，不追名逐利；反之，如果打开
嗜欲的孔窍，成就多欲妄为之事，就会“终身不救”。老子主张“塞
其兑，闭其门”，反对“开其兑，济其事”，进一步强调了无私无欲、
返本守道的重要性。

第三部分，由"见小曰明""守柔曰强"进而得出要"无遗身殃"就必须因顺常道的结论。老子认为，只有洞察细微，能见微知著，能抓好细节，才叫作"明"。收敛光芒而不外露，做事不张扬，不锋芒毕露，才能复归真正的聪明，不给自己留下祸殃。这样去做人处世，就是因顺常道。

五十三章

使我介然有知，行于大道，唯施是畏①。大道甚夷，而民好径②。

朝甚除，田甚芜，仓甚虚③；服文采，带利剑，厌饮食，财货有余④。是谓盗夸，非道也⑤。

【译文】

即使我对道确有认识，但用以治国，好比行走在大道上，唯独畏惧的就是走邪路。大道非常平坦，而世人却喜欢走捷径。

宫廷很华美，田地很荒芜，仓库很空虚；穿着华丽的衣服，佩戴锋利的宝剑，厌倦精美的饮食，占有富足的财物。这些人就是大盗，其行为是不符合"道"的。

【注释】

①使：假使。介然：坚确貌。此处意为确实。《中华大字典》："介，坚确也。《易·豫》：'介于石。'""介"又通"芥"，指"芥子"，喻微小。故"介然"训"稍微"亦通。古今注家训"介"，异

说甚多，如河上公训为"大"，唐玄宗、杜光庭训为"耿介"，陆希声、焦竑、蒋锡昌训为"微"，奚侗训为"分别"，高亨训为"黠"，意为"慧然"。又，帛书甲本"介"作"撃"，释文注谓乃"挈"之异体。高明云："'挈''介'古同为见纽月部字，读音相同，今本'介'乃'挈'之借字，此当从甲本。"(《帛书老子校注》)陈徽又据高明说，谓"介"通作"挈"，训为"持有"。诸说比较，以作"介然有知"，并释为"对道确有认识"义胜。施(yí)：邪，邪曲。此指邪路。《淮南子》："接径直施，以推本朴。"(见《汉语大字典》)王念孙云："'施'读为迤。迤，邪也。言行于大道之中，唯惧其入于邪道也。"

②夷：平坦。径：小路。喻邪道、捷径。苏辙云："大道夷易，无有险阻，世之不知者以为迂缓，而好径以求捷。"(《道德真经注》)奚侗谓"民"当作"人"，指人主。蒋锡昌从之。但汉简本、帛书本及传世本皆作"民"，不宜轻率更改经文。

③朝：指朝廷，宫廷。除：本指宫殿的台阶，引申为修治，此处意为整洁华美。严遵云："丰屋荣观，大户高门，饰以奇怪，加以采文。"(《老子指归》)一说清除、废弃，此处意为废弛、败坏，亦通。严灵峰云："'除'犹废也。言朝政不举而废弛也。"一说"除"借为"污"，意为污秽肮脏，马叙伦、高明持此说。《韩非子·解老》篇云："朝甚除也者，狱讼繁也。"高明云："民之狱讼繁多，官吏忙于审讯，官府污秽肮脏。"(《帛书老子校注》)"除"本无"污"义，马叙伦以同音假借之说，训"除"以"污"义，不顾"除"之本义或引申义，故不取。芜：荒芜。仓：本指收藏谷物的地方。泛指仓库、府仓。

④服：穿戴。文采：错杂艳丽的彩色。指华丽的衣服。厌：饱，满足。意为厌倦。饮食：此指美食。李息斋云："方且服文采以眩人，

带利剑以威众，积饮食财货而无所用之，是谓盗夸。如此则去道远矣。"（焦竑《老子翼》）

⑤夸：本指奢侈，引申有"大"义。《中华大字典》："夸，大也。见《广雅·释诂》。"盗夸：即盗之大者，犹言盗魁、盗首，指大盗。严灵峰云："《说文》：'夸，奢也。从大，于声。'是'夸'有'大'义。疑'盗夸'即'大盗'之意，乃古楚之方言成语也。"（《老子章句新编》）王本、河上本、严遵本及通行诸本"盗夸"二字，《韩非子·解老》篇作"盗竽"。韩非云："竽也者，五声之长者也。故竽先，则钟瑟皆随；竽唱，则诸乐皆和。今大奸作，则俗之民唱；俗之民唱，则小盗必和。故服文采，带利剑，厌饮食，而资货有余者，是之谓盗竽也。"高亨从韩说，并云："'夸''竽'同声系，古通用。据韩说，盗竽犹今言盗魁也。"（《老子正诂》）俞樾、蒋锡昌、朱谦之等亦从韩说。但姚鼐认为："韩非子作盗竽，虽古而说自讹，何必从之。"（《老子章义》）马叙伦从姚说，奚侗则谓"《韩非·解老》篇'夸'作'竽'，说解穿凿，于谊不合。"（《老子集解》）后汉简本面世，也作"盗竽"，证明韩非作"盗竽"有版本依据。鉴于传世本及严遵本皆作"盗夸"，而汉简本和《韩非子·解老》篇作"盗竽"，作"盗竽"或为西汉流行的另一版本系统。因"盗夸""盗竽"皆可训"盗魁"，故今从传世本作"盗夸"，并存韩非及汉简本之说。

【解读】

本章通过"行于大道"和"好走捷径"的对比，强调了有道之士必须复本守道，并对统治者的荒废政事、奢侈腐朽进行了无情的揭露。全章分为两个部分：

第一部分，老子以"我"的口吻，对统治者提出了"介然有知，行于大道，唯施是畏"的告诫。老子认为，普通人都好走捷径，其中还有人好走邪路，担负治国重任的统治者就不能这样。老子强调统治者以"道"治国，好比行走于大道，要小心谨慎，唯独畏惧一不小心误入歧途，走上邪路。老子关于"介然有知，行于大道，唯施是畏"的告诫，"体现了老子以自然无为之'道'治理国家的政治理想"（党圣元《老子评注》）。

第二部分，老子列举"朝甚除，田甚芜，仓甚虚；服文采，带利剑，厌饮食，财货有余"等不合于"道"的现象，对当时社会的腐败、官员的奢靡进行了揭露。由于统治者荒废政事，追求骄奢淫逸的生活，造成了虽然宫室华美，但是田地荒芜、仓库空虚的后果。在这种情况下，大小官员们却"服文采，带利剑，厌饮食，财货有余"，过着醉生梦死、骄奢淫逸的生活。老子称这样的统治者为"盗夸"，是大盗，表现了老子对逆"道"而行的统治者的愤慨之情。

五十四章

善建者不拔，善抱者不脱，子孙以祭祀不辍①。

修之身，其德乃真；修之家，其德乃余；修之乡，其德乃长；修之国，其德乃丰；修之天下，其德乃普②。

故以身观身，以家观家，以乡观乡，以国观国，以天下观天下③。吾何以知天下之然哉？以此④。

【译文】

善于建立的不能拔出，善于抱持的不会脱落，子孙凭借"道"就能祭祀祖先世代不绝。

以道修身，其德就纯真；以道治家，其德就丰足；以道治乡，其德就广大；以道治国，其德就丰盛；以道治天下，其德就博大。

所以，以其身之德审视其修身，以其家之德审视其治家，以其乡之德审视其治乡，以其国之德审视其治国，以天下之德审视其治天下。我靠什么知道天下的治理情况呢？就是靠的这种方法。

【注释】

①建：建立，创设。抱：抱持。辍（chuò）：止，停止。不辍：犹言不断绝。"善建""善抱"两句，比喻立身要有道的根基（黄瑞云语）。苏辙云："世岂有建而不拔、抱而不脱者乎？唯圣人知性之真，审物之妄，损物而修身，其德充积，实无所立，而其建有不可拔者，实无所执，而其抱有不可脱者，故至其子孙，犹以祭祀不辍也。"（《道德真经注》）

②修：治。之：代词，指道。修之身：犹言以道修身。真：纯真。余：通"馀"，丰足，宽裕。长：大，广大。一说长久，亦通。丰：本指草木茂盛，引申为丰满、丰盛。普：遍、全面，引申为广大、博大。陈景元云："此五者，近修诸身而远及天下也。夫修道于身者，心闲性恬，爱气养神，少私寡欲，益寿延年，乃为真人矣。修道于家者，父慈子孝，兄友弟顺，夫信妻贤，九族和睦，庆流来世矣。修道于乡者，尊老抚幼，教诲愚鄙，百姓和集，上下信向，其德久长矣。修道于国者，体乐自兴，百官称职，祸乱不生，万宝丰熟，则物充实矣。修道于天下者，不言而化，不教而治，平易无为，和一大通，比屋可封，化被异域而德施周普矣。"（《道德真经藏室纂微篇》）

③以身观身：古今注家训释，歧异甚多。或曰"以修道之身，观不修道之身，孰亡孰存也"（河上公语，蒋锡昌、张松如从之）；或曰

"以治身之道反观吾身心，身心能体于道，则德乃真矣"（陆希声语）；或曰"以修身之法观身，能清静者乃真"（杜光庭语）；或曰"以吾之身观人之身，以至于观家、观邦、观天下，一理而已"（范应元语，林希逸、陈鼓应从之）；或曰"以修身之道观身，吾之德真而身修矣"（马其昶语）；或曰"从我的自身去观察别人"（傅佩荣语）；或曰"以我身之欲如此，观于他人，亦知其如此也"（陈柱语）；或曰"以其身之德审视其治身"（陈锡勇语）；或曰"老子并不是要以我观他，以此观彼，而是要以物观物，以道观物，故此句意为'从身来看身'"（王朝华语）。此句是承上文而言，上文"修之身，其德乃真"，是说以道修身的作用，即"其德乃真"。比较诸说，以陈锡勇之说尤合老意。而王朝华之说亦有独到之处。"以家观家，以乡观乡，以国观国，以天下观天下"等句，依陈锡勇之说类推。陈柱云："此即孟子所谓'善推所为'之义。以我身之欲如此，观于他人，亦知其如此也；以我家之欲如此，而知他家亦欲如此也；推而至于乡邦，莫不皆然；乃至于今日之天下，与异日之天下，亦莫不皆然。人同此心，心同此理，无不可以推知。此所谓不出户，知天下也。"（《老子集训》）

④然：代词，相当于"如此""这样"。此：指上述的方法。此句帛乙本、河上本及通行诸本"然"前有"之"字，汉简本、王本无"之"字。有"之"字善。

【解读】

本章阐述了复归大道对于个人修身养德的作用，并进而论及了以道治国对于国家治理乃至天下太平的重要性。本章分为三个部分：

第一部分，指出"善建""善抱"的结果。老子认为，要建而不拔、抱而不脱，必须有"道"的根基，就是说，只有守道行道的人，才能"善建"而不拔，"善抱"而不脱。释德清云："以机术而守之，则有机术之尤者，亦可以夺之矣。是皆不善建、不善守者也。至若圣人复性之真，建道德于天下，天下人心感服，确乎而不可拔，故功流万世，泽及无穷，傑然而不可夺。此皆善建、善抱，所以福及子孙，故祭祀绵远而不绝也。"（《道德经解》）

第二部分，阐述以道修身、治家、治乡、治国、治天下的意义。老子认为，要治家、治乡、治国、治天下，首先要修身。在老子看来，修身是立身之本。老子由修身而治家、治乡、治国、治天下的理论，与儒家修身、齐家、治国、平天下的理论都强调以修身为本，而且认为只有修身达到极高境界的贤人、圣人，才能担负治国、平天下的重任。两者的根本区别，是道家以"道"作为修身的内容，儒家则以"仁、义、礼"作为修身的内容。

第三部分，提出"以身观身，以家观家，以乡观乡，以国观国，以天下观天下"的以物观物、以类相观的观察事物的方法。这一具有普遍意义的方法，体现了老子的认识论思想。张松如云："此章讲的是'道'的功用，也就是'德'给人们带来的好处。……老子并不否定感性认识，并不否定外在经验的吸取。……老子的'直观'亦即'以物观物'，乃是心之睿智与耳目之聪明并重，并没有完全忽视耳目的经验，也就是不曾完全否定感性认识。……当然，这也并不能否定老子是更重视理性认识的，更不能说明老子已经掌握了感性认识与理性认识的辩证关系。"（《老子说解》）尽管如此，老子肯定感性认识，提出以物观物、以类相观的方法，仍然具有重要的认识论价值和意义。

五十五章

含德之厚者，比于赤子①。蜂虿虺蛇不螫，猛兽攫鸟不搏②。骨弱筋柔而握固，未知牝牡之合而朘作，精之至也③。终日号而不嗄，和之至也④。

和曰常，知常曰明⑤。益生曰祥⑥，心使气曰强⑦。

物壮则老，谓之不道，不道早已⑧。

【译文】

道德涵养深厚的人，犹如初生的婴儿。蜂蝎毒蛇不咬刺他，猛兽鸷鸟不伤害他。他筋骨柔弱，但握拳紧固；他不知男女交合之事，但阴茎自然勃起，这是因为精气充盈至极的缘故。他整天号哭，但不会气逆，这是因为元气和顺至极的缘故。

元气和顺则符合自然规律，洞察自然规律就叫作明达。刻意养生就会有祸殃；意气用事就叫作逞强。

事物达到壮盛就会衰老，这就叫不合于道，不合于道必然很快死亡。

【注释】

①含：指口中衔物，引申为藏，此处指怀藏、涵养。赤子：婴儿。庄子云："卫生之经，能儿子乎？终日行不知所之，居不知所为，身槁木之枝。若是者，祸亦不至，福亦不来。祸福无有，恶有人灾物害也？"（《道德真经四子古道集解》）

②虿（chài）：蝎子一类的毒虫。虺（huǐ）：蛇类，有的有毒。螫（shì）：毒虫或毒蛇咬刺。攫（jué）：鸟兽用爪抓取。攫鸟：指用爪抓取猎物的猛禽，如鹰鹫之类。搏：击。指伤害。王弼注："赤子无求无欲，不犯众物，故毒螫之物无犯于人也。含德之厚者，不犯于物，故无物以损其全也。"此句同范本，王本、河上本、傅本、景龙本"猛兽"后有"不据"二字；"蜂虿虺蛇"四字，河上本、景龙本作"毒虫"，傅本作"蜂虿"。楚简本、帛书本异文甚多，此不赘述。

③握：屈指成拳。握固：指握拳紧固。牝牡：雌雄两性，指禽兽。合：特指两性的交配。牝牡之合：雌雄交配，喻指男女交合。朘（zuī）：男孩的生殖器，即阴茎。《说文》："朘，赤子阴也。"作：起、起立，此指勃起。精：精气。至：极，意为充盈。陈景元云："明赤子之全和，喻至人之纯德。赤子未知喜怒而拳握至坚者，其真性专一故也。赤子情欲未萌阳德自动者，真精之气运行之所至也。以况至人虚心无情，气运自动而诸欲莫干也。"（《道德真经藏室纂微篇》）

④号：大声哭。嚘（yōu）：气逆。《太玄》："柔，婴儿于号，三日不嚘。"嚘，传世诸本多作"嗄"，意为"嘶哑"，亦通。和：和顺，平和。和之至：犹言元气和顺至极。一说"和气调适"（吴澄）；一说"气和之至"（苏辙、范应元、薛蕙、释德清、林希逸）；一说"元气淳和"（陈鼓应）；一说"和气纯厚"（张松如）。诸家之说，皆指婴儿体内充满起平衡作用的"气"，这种"气"叫作"和气"或"元气"。

⑤和：此指元气和顺。常：规律。陈景元云："赤子以和全真，至人知和为贵，故用之为常道。知常不变，守之自明，此含德之厚者也。"（《道德真经藏室纂微篇》）

⑥益：增加。益生：增益生命。犹言刻意养生。释德清云："苟不知真常之性，徒知形之可养，而以嗜欲口腹以益其生，殊不知生反

为其戕，性反为其伤。"（《道德经解》）祥：吉凶的征兆。后多以吉兆为祥，而以凶兆为不祥。此言"益生"反受其害，故此"祥"即为"不祥"。又，吴澄、苏辙、释德清皆训"祥"为"妖"，《说文》段注云："凡统言则灾亦谓之祥，析言则善者谓之祥。"奚侗训"祥"为"灾害"，应为有据。故"祥"训"灾殃"或"不祥"均可。

⑦心：欲念。使：放纵，驱使。气：意气，感情。心使气：欲念驱使意气。犹言意气用事。强：逞强。今人训释"心使气"，异说甚多，如"为欲望支配而任气"（张松如）、"心支配气"（卢育三）、"欲望支配精气"（任继愈）、"心机主使和气"（陈鼓应）、"心执意于运气"（陈徽）、"用心主使形气"（许抗生）、"意念操纵体力"（傅佩荣）、"理智控制自己的欲望"（张松辉）。诸说之中，张松辉之说明白晓畅，颇得经义，他训"强"为"强大"，也有别于诸家。其余则含糊不清，令人费解。陈景元云："夫心有是非而气无分别，故任气则柔弱，使心则强梁。又志能动气，气能动志，以心任气，气盛心强。益生、使气，失道者也。"（《道德真经藏室纂微篇》）

⑧壮：盛大，壮盛。老：衰老。不道：不合于道。此句楚简本、范本作"是谓不道"，汉简本、帛书本及多数传世本皆作"谓之不道"。今从汉简本、帛书本等作"谓之不道"。

【解读】

本章以婴儿为喻，描述"含德之厚"者无知无欲、元气充实、顺应自然、蛇兽不伤的状态，进而阐明了善养生者持守无为之道、洞察自然规律、保持自然本性对于养生的重要作用。全章分为三个层次：

首先，以初生的婴儿为喻，描述道德修养达到极高境界后的种种表现。一是蜂蝎毒蛇不咬刺，猛兽鸷鸟不伤害。这是"对得道者及其德性的理想化、象喻化的描述"（王朝华语），而不是实指，反映了老子人与万物和谐共生的观念，也可说是人类生态、环保观念的先声。

二是"未知牝牡之合而朘作",因为他精气充盈至极。三是"终日号而不嘎",因为他元气和顺至极。老子说"精之至""和之至",意在描述道德修养的妙用。

其次,指出元气和顺则符合自然规律,而洞察自然规律才叫作明达,并进而指出"益生"的后果和"心使气"的实质。老子把"常"规定为对自然规律的认知和把握,体现了他既重视感性认识,又重视理性认识的认识论思想。老子反对刻意求生,反对意气用事,所体现的是持守无为之道、顺任自然而不强作妄为的思想。

最后,以"物壮则老,谓之不道,不道早已"总结全文,点明主旨。老子以事物达到壮盛就会衰老这一物极必反的道理告诫世人和侯王,在任何时候都要守道行道,如果逆道违道,恣意妄为,必然很快死亡。释德清云:"草木之物过壮,则将见其枯槁而老。人之精神元气不知所养,而斫丧太过,可谓不道之甚矣。不道之甚,乃速其死也。故曰'不道早已'。此老氏修养功夫,源头盖出于此。而后之学者,不知其本,妄构多方,傍门异术,失老氏之指多矣。"(《道德经解》)释德清所说的"本",即无为之"道";所说的"修养功夫",即以"道"修身的功夫,他强调的仍然是老子告诫世人和侯王的道理,即必须守道行道。

五十六章

知者不言,言者不知①。

塞其兑,闭其门,挫其锐,解其纷,和其光,同其尘,是谓玄同②。

　故不可得而亲，亦不可得而疏；不可得而利，亦不可得而害；不可得而贵，亦不可得而贱③。故为天下贵④。

【译文】

知"道"的人不言说"道"，言说"道"的人不知"道"。

堵塞嗜欲的孔窍，关闭巧智的门户，摧折其锋芒，消解其纷争，收敛其光芒，混同于尘世，这就是与天地万物混同。

所以，达到这种境界的人，既不能够与他亲近，也不能够与他疏远；既不能够使他得到利益，也不能够使他受到伤害；既不能够使他尊贵，也不能够使他卑贱。因此，他的境界为天下人所珍视。

【注释】

①知者：指知"道"者。言者：言说"道"者。释德清云："谓圣人自知之明，故善能含养于心，而不形于言。以自知之真，言有所不及也。若夫常人哓哓资于口谈者，皆非真知者也。故曰'知者不言，言者不知'。"（《道德经解》）

②挫：摧折。锐：锋利，此指锋芒。纷：纠纷、争执，此指纷争。和（hè）：调和，引申为缓和、收敛。尘：指尘世、俗世。玄同：与天地万物混同为一（见《辞源》）。奚侗云："'玄'，《说文》：'幽远也'。幽远不可见，混沌之象。'玄同'，犹云混同。塞兑闭门，挫锐解纷，和光同尘，是与物混同也。"（《老子集解》）又，玄：幽深微妙、高远莫测的道（见《辞海》）。同：齐一，合一。玄同：与道合一。因此，"与天地万物混同为一"即"与道合一"之意。注家训释"玄同"，异说甚多。一说"玄妙的大同"（王朝华），一说"混然同一于道"（卢育三），一说"玄妙齐同的境界，即道的境界"（陈鼓应），一说"深奥的同一"（张松如），一说"微妙的混同"（张松

辉），一说"在精微神妙处与大道相同"（于文斌）。以上诸说，不乏猜测成分，可见老子的许多措辞，由于极其简洁古奥，加之汉字的引申义甚多，给了后世注家广阔的思考和探究空间，从而难免出现猜测和谬误。

③得：能够。《淮南子》："鱼不长尺不得取，彘不期年不得食。"不可得：不能够。吴澄云："我既玄同，则人不能亲疏、利害、贵贱我矣。"（《道德真经注》）唐玄宗云："玄同无私，故不可得而亲。泛然和众，故不可得而疏。无欲，故不可得而利。不争，故不可得而害也。体道自然，故不可得而贵。洗然无滓，故不可得而贱也。体了无滞，言忘理畅，锐纷尽解，光尘亦同，既难亲疏，不可贵贱，故为天下至贵矣。"（《御注道德经》）

④贵：重视，珍视。吕惠卿云："夫可得而亲疏、利害、贵贱者，则贵在于物，而物能贱之；不可得而亲疏、利害、贵贱者，贵在于我，而物不能贱也。其为天下贵，不亦宜夫！"（《老子吕惠卿注》）

【解读】

本章阐述了得道的圣人"为天下贵"的原因，分为三个层次：

首先，指出"知者不言，言者不知"。所谓"知者"，就是"悟道""得道"的人。"知者"不言说，是因为他清静无为，重视内心的修养，不张扬，不炫耀，不夸夸其谈。言说"道"的人，为追名逐利而夸夸其谈，炫耀自己的才能。所谓"不言"，就是"无为"。在治国上，就是持守"无为"之道，不搞声教法令之治。所谓"言者"，就是"有为"。在治国上，就是逆道妄为，行声教法令之治。因此，"不言"是得道的圣人的第一个特点。

其次，阐述达到"玄同"的途径。老子认为，学道的人要达到"玄同"即"与天地万物混同"的境界，必须"塞其兑，闭其门，挫其锐，解其纷，和其光，同其尘"。苏辙认为："塞兑闭门以杜其外，挫锐解纷和光同尘以治其内者，默然不言，而与道同矣。"（《道德真经注》）就是说，"塞兑闭门"是为了杜绝外界的诱惑，"挫锐解纷和光同尘"是为了进行自身的修养。加强这两个方面的修养，才能达到"与天地万物混同"、与"道"合一的境界。达到"玄同"，即与"道"合一，是得道的圣人的第二个特点。

最后，进一步阐述"玄同"的特征。老子认为，达到"玄同"境界，即与"道"合一的人，无私无欲，境界崇高，超越是非得失，超越世俗价值，如吴澄所云："我既玄同，则人不能亲疏、利害、贵贱我矣。"（《道德真经注》）薛蕙对不能亲疏、利害、贵贱达到"玄同"境界的人和原因做了分析，他说："望之崇深，不可得而亲；饮人以和，又不可得而疏也。少私寡欲，不可得而利；含德之厚，又不可得而害也。不羡宠荣，不可得而贵；不嫌卑辱，又不可得而贱也。此至德之事，故为天下贵。"（《老子集解》）薛蕙列举了达到"玄同"境界的人的品德和素质，正是具备了这些品德和素质，能够超越亲疏、利害、贵贱等世俗价值，所以为天下人所珍视。因此，超越亲疏、利害、贵贱等世俗价值，是得道的圣人的第三个特点。

五十七章

以正治国，以奇用兵，以无事取天下①。

吾何以知其然哉？夫天下多忌讳，而民弥贫②；民多利器，国家滋昏；人多智巧，奇物滋起；法物滋彰，盗贼多有③。

故圣人云：我无为而民自化，我好静而民自正④，我无事而民自富，我无欲而民自朴⑤。

【译文】

以正道治国，以奇谋用兵，以无为之道治天下。

我怎么知道是这样的呢？因为天下的禁忌教诫越多，民众就会越贫穷；民众的锐利兵器越多，国家就会越混乱；人的智谋巧诈越多，邪恶行为就越会产生；礼法制度越是详明，盗贼就会越多。

所以圣人说：我持守无为，则民众自能发展；我清静自然，则民众自能端正；我减轻徭役赋税，则民众自然富足；我没有贪念私欲，则民众自然纯朴。

【注释】

①正：合规范、合标准，此指正道。奇：出人意料，变幻莫测。此指奇谋。以奇用兵：以奇谋用兵。意为用兵要随机应变，巧用谋略。《孙子·计篇》："兵者，诡道也。故能而示之不能，用而示之不用。"吴澄云："奇者，权谋诡诈，谲而不正。孙吴以奇用兵，帝王以吊民伐罪为心，不尚权谋诡诈以为奇。奇者仅可施于用兵，不可以治国；正者仅可施于治国，不可以取天下。"（《道德真经注》）无事：犹言"无为"。取：为，治理。《广雅·释诂》："取，为也。"奚侗云："'无事'，无为也。'取'，治也。"（《老子集解》）

②然：代词，相当于"如此""这样"。忌讳：避忌某些言语或举动，也泛指避忌，此指禁忌。弥：副词，相当于"更""越"。苏辙云："人主多忌讳，下情不上达，则民贫而无告矣。"（《道德真经注》）此句王本及通行诸本"然哉"后有"以此"二字，汉简本、楚简本、帛书本皆无。当从汉简等古本删"以此"二字。

③利器：锐利的兵器。滋：副词，相当于"愈益""更加"。昏：

昏暗、迷乱，此指混乱。智巧：智谋和巧诈。奇：泛指一切奇特的、异乎寻常的人或事物。奇物：奇特的事物，此指邪事、邪恶行为。起：兴起，此处意为产生。法：刑法，法律。物：典章制度。法物，犹言礼法制度。彰：显著、显明，此指详明。薛蕙云："人皆敦本业而不趋末，虽有利器，无所用之。其多利器，是交骛于利也，故国家之乱滋甚矣。民诚素朴，岂有作淫巧者哉。由民多技巧，故多奇邪无益之物，皆乱天下之具耳。平世则法令愈简，乱世则法令愈繁，上苛法以防下，下巧法以罔上，则奸宄浸长而盗贼多有也。四者之患，始于人主有为，而天下愈乱如此，以此知取天下者必以无事也。"（《老子集解》）

④无为：指顺应自然，不求有所作为。化：变化、改变，此指发展。正：规范，端正。一说安定。不从。

⑤无事：犹言无为，指不扰民，犹言减轻徭役赋税。富：富足。无欲：没有贪念私欲。朴：纯朴。此句诸本略同，唯汉简本、楚简本、帛乙本"无欲"作"欲不欲"。杨丙安云："'无欲'与'欲不欲'虽措词稍异，而文意则无殊。今两存之。"（《老子古本合校》）又，"故圣人云"后四句，帛乙本、王本及通行诸本以"无为""好静""无事""无欲"为序，汉简本以"无为""无事""好静""欲不欲"为序，楚简本则以"无事""无为""好静""欲不欲"为序，体现了不同版本系统的差异。

【解读】

本章通过有为之政的危害和无为之政的益处的对比，阐述了"无为而治"的政治主张。全章分为三个部分：

第一部分，指出治国和用兵的区别，进而推及治天下必须以"无为"之道。老子认为，治国和用兵的根本区别在于，治国要用正道，即"无为"之道，用兵则应用奇谋，如果在战争中循规蹈矩，不能随机应变，就会打败仗。正如薛蕙所云："为治有体，故治国以正法。兵事欲敌人不测，故用兵以奇谋。"（《老子集解》）南怀瑾也说："'以奇用兵'这句话，涉及中国几千年来的军事思想，用兵的谋略。凡是涉及用兵，涉及谋略等，总不外'出奇制胜'四字。不但用兵如此，即使经商、创业，都要'出奇制胜'。"（《老子他说》）王朝华云："'以正治国'是相对于'以奇用兵'而言的，而'以无事取天下'则是对'以正治国'的补充和阐发。老子所说的'正'道，也就是清静无为之道，'以正治国'与'以无事取天下'在思想上是同一的。"（汤漳平、王朝华译注《老子》）

第二部分，论述有为之政的危害。老子指出，实施有为之政，在国家层面表现为"天下多忌讳"和"法物滋彰"，其危害是导致民众更贫穷、盗贼越来越多；在下层社会表现为"民多利器"和"人多智巧"，其危害是国家更加混乱、邪恶行为越来越多。黄瑞云说："'天下多忌讳'一段，描绘了一幅混乱不堪的社会图景：统治者政令烦苛，进行高压统治；人民动辄得咎，没有丁点儿自由，开口即触犯忌讳，一动即陷于法网；人民自然越来越贫穷，而国家也更加昏乱。老子的述说无疑是针对春秋末年的现实而发的，而在漫长的历史长河中有多少时候不是这种惨象呢！"（《老子本原》）

第三部分，论述无为之政的益处。老子指出，实行无为之政，表现在"无为""好静""无事""无欲"四个方面，带来的益处，是"民自化""民自正""民自富""民自朴"。可见，老子关注的重点是"民"，如果采取的治理制度能够给民众带来利益和好处，民众能够自主发展、自给自足，就能在精神层面得到提升，即立身端正、归于纯朴。唐玄宗对无为之政亦有独到的见解，他说："无为则清静，故人自化；无事则不扰，故人自富；好静则得性，故人自正；无欲则全和，故人自朴。此无事取天下矣。"（《御注道德经》）

黄瑞云对本章做了精辟的评述，他说："老子的无为政治有他的时代局限，但'以正治国，以奇用兵'，在任何时代都是真理。因为治国是对待人民的，不能使用欺诈手段；而用兵是对付敌人，当然可以运用奇谋。统治者如果运用权谋欺诈，对人民如临大敌，不管手段多么高明，镇压多么残酷，迟早总是要失败的。"(《老子本原》)

五十八章

其政闷闷，其民淳淳①；其政察察，其民缺缺②。

祸兮，福之所倚；福兮，祸之所伏。孰知其极？其无正也③。正复为奇，善复为妖④。人之迷也，其日固久矣⑤。

是以圣人方而不割，廉而不刿⑥，直而不肆，光而不耀⑦。

【译文】

政治上淳朴正大，百姓就质朴、敦厚；政治上严苛明察，百姓就不满、抱怨。

灾祸啊，幸福就依附在它里面；幸福啊，灾祸就隐藏在其中。谁能知道祸福循环的究竟？它们并没有一个定准。正常变为奇邪，善良变为凶恶。统治者的迷惑，时间已经很久了。

因此，有道的人处事方正而不恣意害人，为人廉洁而不尖刻伤人，品行率直而不放肆，事业光大而不炫耀。

【注释】

①闷闷：愚昧、浑噩貌。浑噩：扬雄《法言·问神》："虞夏之书浑浑尔，商书灏灏尔，周书噩噩尔。"浑浑：浑厚质朴貌；噩噩：严肃正大貌。后因称上古淳朴为浑噩之世（见《辞源》）。故"闷闷"即"浑噩"，犹言淳朴正大。一说"闷闷"即糊涂之貌，亦可通。淳淳：质朴、敦厚。今人训释"闷闷"，异说甚多，或曰"昏昏默默"（蒋锡昌），或曰"昏昏昧昧"（陈鼓应），或曰"昏聩不明"（陈徽），或曰"沉静宽闳"（黄瑞云），或曰"暗昧不明"（卢育三），皆与河上公注"其政教宽大，闷闷昧昧，似若不明也"不无联系。刘骥云："闷闷者不徇于物而恬淡无为也。"（彭耜《道德真经集注》）

②察察：分别辨析。意为严苛明察。缺：不足，缺少。缺缺：不满足。意为抱怨。黄茂材云："昏昏默默至道之极，窈窈冥冥至道之精，而以察为政者，岂足语道哉？故曰水至清则无鱼，人至察则无徒。"（彭耜《道德真经集注》）

③倚：依附，依凭。伏：隐蔽，隐藏。极：尽头，极限。犹言究竟。其：代词，此指祸福。正：合规范、合标准，此指准则、定准。《韩非子·解老》篇云："人有祸则心畏恐，心畏恐则行端直，行端直则思虑熟，思虑熟则得事理。行端直则无祸害，无祸害则尽天年。得事理则必成功，尽天年则存而寿。必成功则富与贵，全寿富贵谓之福。而福本于有祸，故曰'祸兮福所倚'。人有福则富贵至，富贵至则衣食美，衣食美则骄心生，骄心生则行奇僻，而动弃理。行奇僻则身死夭，动弃理则无成功。夫内有死夭之难，而外无成功之名者，大祸也。而祸本生于有福，故曰'福兮祸之所伏'。"李息斋云："天下之事，祸福之相为倚伏，所从来久矣。政闷闷者，无得在我，而有得在民。政察察者，有失在民，而有得在我。我得则彼失，我福则彼祸，自然之理也。"（焦竑《老子翼》）

④正：指正常情况。复：返回、复返，此指变为。奇：奇邪，诡异不正。妖：恶，凶恶。《中华大字典》："妖，恶也。《国语·晋语》：'辨妖祥于谣。'"释德清云："世衰道微，人心不古，邪正不分，善恶颠倒。本示之以正，则彼反以为奇诡；本教之以善，而彼反以为妖怪。正所谓'未信而劳谏，则以为厉谤'，此人心之迷固已久矣，纵有圣人之教，亦不能正之矣。"（《道德经解》）

⑤人：指统治者。迷：迷惑。日：时间，时日。固：副词，相当于"已经"。吴澄云："常人迷昧不知此理，其日固已久矣，非自今日然也。"（《道德真经注》）薛蕙云："自圣王既没，后之为政者大抵以道化为迂阔，而甘心于刑名锲薄之术矣。人之迷，其日固久，岂不信哉？"（《老子集解》）

⑥方：方正。割：害，伤害。《广雅·释言》："害，割也。"此指恣意害人。廉：廉洁，廉正。刿：刺伤，割伤。此指尖刻伤人。陈景元云："有道之君，方正其身，俾物自悟，不以己之方正断割于物，使物从之而失其性也。有道之君，率性清廉，使物自化，不以己之洁扬彼之污，但使物知劝而洗除秽浊耳。"（《道德真经藏室纂微篇》）此句王本、河上本及通行诸本略同，汉简本、帛乙本无"圣人"二字，且汉简本本段四句置于下章之首。

⑦直：耿直，率直。肆：恣纵，放肆。光：大。《书·顾命》："燮和天下，用答扬文武之光训。"此处指光大，意为事业发展兴旺。一说光明正大，亦通。一说明亮，一说光明，不从。耀：炫耀。陈景元云："有道之君，禀气耿直，自任不曲，而不以己之直意申肆激拂于物，亦犹大直若屈也。有道之君，明慧鉴照，复能葆蔽隐晦，不以己之强智爝耀于物，使之殂丧也。"（同上）

【解读】

本章通过描述为政得失、祸福倚伏和圣人德性，阐明了"无为"

之治的重要性。全章分为三个层次：

首先，指出"闷闷"之政和"察察"之政的得和失。老子认为，实施淳朴正大的无为之政，百姓就质朴、敦厚；实施严苛明察的有为之政，百姓就不满、抱怨。董思靖云："夫有德者，其于义分，莫不截然明白，而其量则宽洪，故为政以德，则不察察于齐民。虽以俗观之，若不事于事，然民实感自然之化，乃所以为淳和之至治也。唯不知修德以为为政之本，而专尚才智，乃欲以刑政齐民，然民未可以遽齐，苟务在于必齐，则必有所伤，故缺缺也。"（《道德经集解》）董思靖所说的"为政以德"，就是实施"无为"之政，"不知修德以为为政之本"，就是施行"有为"之政。

其次，阐明祸福互相倚伏、正反互相转化的道理，体现了老子朴素的辩证法思想。老子指出："祸兮，福之所倚；福兮，祸之所伏""正复为奇，善复为妖"。这两句话，简洁明快，寓意深刻，成为体现老子辩证法思想的千古名言。杜光庭云："修道之要，在乎应变无心，方圆任器，不滞于祸福，不惑于正邪。滞于福则善复为妖矣，惑于正则正复为奇矣。帝王乘时任人，随才适用。求正过切，矫正者必来；求善过切，矫善者必至。若虚心无滞，推公任贤，奇诈妖祥，几乎息矣。"（《道德真经广圣义》）杜光庭之语，阐述了统治者在治国理政中应该怎样运用祸福互相倚伏、正反互相转化的辩证法思想。

最后，描述有道的圣人的德性，寄托了老子对为政理想人格的向往。老子认为，有道的圣人是"无为"之道的践行者和体现者，在处事上的表现是方正，在为人上的表现是廉洁，在品行上的表现是率直而不放肆，在事业光大时也不炫耀。"其精神实质，是要统治者积蓄充分的力量，而不要逞强使胜，不要使百姓受到伤害；也就是要做到'其政闷闷'，以达到'其民淳淳'的目的。"（黄瑞云《老子本原》）

五十九章

治人事天，莫若啬①。

夫唯啬，是谓早服②。早服谓之重积德；重积德，则无不克③；无不克，则莫知其极；莫知其极，可以有国④。有国之母，可以长久⑤。

是谓深根固柢，长生久视之道⑥。

【译文】

治理国家，奉行天道，没有比节俭更好的办法。

唯有节俭，可谓早从事于道。早从事于道，就是深厚积累德性；深厚积累德性，则没有不能胜任的事；没有不能胜任的事，则无法估计他的力量；无法估计他的力量，就可以担负治国的大任。有了治国的根本，就可以长久。

这就是根基牢固，永不衰老的道。

【注释】

①治：治理，统治。治人：犹言治国。事：侍奉，奉行。天：自然，泛指不以人意志为转移的客观必然性，亦称天道。事天：奉行天道（河上公、陆希声、吕惠卿、范应元等持此说）。一说侍奉上帝（杜光庭），一说祭天（薛蕙），一说"天"指"身"，"事天"即治身、养生（韩非、王安石、王纯甫、奚侗、刘师培等持此说）。《说文》："天，颠也，至高无上，从一大。"本指人的额部、脑袋，引申

可指身、身体。故"事天"训"治身"或"养生"亦通。啬：节省，节俭。一说农夫（王弼），一说作"穑"，意为务农（尹振环）。王、尹之说皆由"啬"有"收获谷物"之义并作"穑"引申而来。诸说比较，以训"节省、节俭"为善。

②服：从事。早服：犹言早从事于道。陈景元云："省费而不奢侈，俭啬而爱精神，是能服从于道也。圣人于祸福未兆之前，常服从于道，是谓早服也。"（《道德真经藏室纂微篇》）

③重：《说文》："厚也。"意为深厚。克：制胜，攻下。无不克：没有不能战胜的，犹言无往不胜，没有不能胜任的事。薛蕙云："早服则积累之日久，故重积德。重积德则人给家足，故无所不克。"（《老子集解》）徐梵澄云："国无三年之积，则国非其国也，故重食。而有重于食者，则德也。是重积食不如重积德。有食而无德，是何以为人耶？——由此以推'重积德则无不克'，以至于'可以有国'，以至于'可以长久'。皆理之至顺而相联贯。古史唯禹似之。谓为'深根固柢长生久视之道'，乃与墨家'强本节用'之说合，非必由兹衍出，姑谓道之同。"（《老子臆解》）

④极：极限。莫知其极：不知其极限，犹言"无法估计他的力量"（任思源语）。有：为。《辞源》："《国语·晋语》：'克国得妃，其有吉孰大焉。'"为：治理。有国：治理国家。又，"有"有"保护"义，故"有国"可训为"保护国家"。薛蕙云："无所不克，其国未可量也，故莫知其极。莫知其极，则能长保其社稷，故可以有国。"（《老子集解》）

⑤母：根本。长久：犹言长治久安。薛蕙云："有国之母，谓'啬'也。可以有国，其本由于啬，故谓之有国之母。"（《老子集解》）

⑥根：植物长在土中（或水中）的部分。柢：树的主根。相对于主根，则根为"曼根"。根喻事物的本源或根由；柢喻事物的本源或基础。深根固柢：犹言根深柢固，意为根基牢固，不可动摇。视：

活，生存。潘岳："命有始而必终，孰长生而久视。"久视：久活、久存。犹言永不衰老。一说久看。吴澄云："根不拔则木永不枯瘁，蒂不脱则果永不陨落，此身所以长生，目所以久视，而能度世不死也。"（《道德真经注》）林希逸说同。一说久立，意为长久存在。亦通。高亨、陈鼓应持此说。因"视"字通"示"，"示"训"置"，"置"训"立"（见《辞源》），故高亨云："视读为寘。寘：置也，立也。……久视即久立，久立即久活，故高诱迳训视为活耳。"（《老子正诂》）

【解读】

本章阐述了"治人事天"的根本原则是"啬"。"啬"就是节省、节俭，与六十七章"三宝"之一的"俭"，是老子提出的侯王治理国家和奉行天道的法则，其实质就是"无为"。

老子生活在春秋时期，诸侯们一方面追求物欲，生活奢靡，另一方面穷兵黩武，频繁发动战争，其结果是国家凋敝，国库空虚，田地荒芜，民不聊生。老子认为，统治者的这些行为，耗尽了国家的元气，动摇了立国的根基。针对这种情况，他提出了"啬"这一"治人事天"的根本原则。

从"夫唯啬，是以早服"到"有国之母，可以长久"这句话，是本章的主体。老子采取一气呵成的递进句式，阐述了坚持"啬"这一原则带来的良好效果：唯有"啬"，才能"早服"；只有"早服"，才能"重积德"；"重积德"，才能"无不克"；"无不克"，就"莫知其极"；"莫知其极"，则"可以有国"；"有国之母"，则"可以长久"。阅读老子一气呵成的这句话，可以感悟到老子思维之深邃，推理之严密，更能看到老子忧国忧民的情怀。

古棣对老子提出的"啬"做了诠释，他说："综观《老子》全书，'啬'就治国为政而言，盖取其收敛、收藏之义，亦即不要扩张、多事，针对当时国君互相争夺，锋芒毕露的有为政治而发；并取其爱惜之义，亦即六十七章所谓三宝之一的'俭'，针对当时国君挥霍无度和腐化堕落而发；就治身养生而言，盖爱惜精神，少私寡欲之意。"（《老子校诂》）张松如则认为："寡欲知足，去奢崇俭，要具有这种品德，是老子所期望于作为体'道'者的侯王或人君的。……啬与俭当然符合'无为而无不为'的思想；不过，如果强调它是一种消极、退守的政治倾向，就未免只从表面形式上看问题，不见得是看到了它的精神实质。"（《老子说解》）

六十章

治大国若烹小鲜①。

以道莅天下，其鬼不神②；非其鬼不神，其神不伤人；非其神不伤人，圣人亦不伤人③。夫两不相伤，故德交归焉④。

【译文】

治理大国如同煎小鱼。

以道治理天下，鬼怪就不灵验；不是鬼怪不灵验，神灵也不伤害人；不是神灵不伤害人，圣人也不伤害人。鬼怪和圣人都不伤害人，所以其德都合于道。

【注释】

①烹：煮、烹饪，此指煎。鲜：泛指鱼类。苏辙云："烹小鲜者，不可挠；治大国者，不可烦。烦则人劳，挠则鱼烂。"（《道德真经

注》）此句诸本略同，唯范本"鲜"作"鳞"，汉简本、帛乙本、景龙本"烹"作"亨"。"鳞"乃"鲜"之误字，"烹""亨"古通用。

②莅：临视、治理。鬼：迷信称人死魂灵为鬼，指万物的精灵，此指鬼怪。神：神奇、玄妙，此指灵验。一说灵，亦通。高延第云："有道之君御天下，上下安于性命之情，不邀福，不稔祸，祈祷事绝，妖祥不兴，故其鬼不神。庄子云：'一心定而王天下，其鬼不祟。'又云：'阴阳和静，鬼神不扰。'皆此义也。"（陈柱《老子集训》）

③神：指神灵。神不伤人：即神灵不伤害人。一说本章的四个"神"字皆训"灵"。亦通。张松如云："其鬼不灵云者，犹言其鬼不兴妖作怪也。"（《老子说解》）

④两不相伤：指鬼神和圣人都不伤害人。苏辙云："人鬼之所以不相伤者，由上有圣人耳，故德交归之。"（《道德真经注》）高延第云："鬼神阴类，以静为德。人以非分干之，是相扰也。"（奚侗《老子集解》）苏、高皆以人鬼互不相害训"两不相伤"，实误。交：副词。俱，同时。归：此指归于道，犹言合于道。王弼注："神圣合道，交归之也。"一说归于圣人（陆希声、苏辙、吴澄持此说），一说归于民（韩非、高明、卢育三、张松如、陈鼓应等持此说），不从。

【解读】

本章以烹小鱼为喻，论述了治理国家贵在不扰民的道理，分为两个层次：

首先，指出治理大国就像煎小鱼一样，不要随意翻动，随意翻动鱼就会烂。老子以日常生活中人们熟知的现象为喻，说明了治国要清静无为，不要轻举妄动，不要滋事扰民的道理。可以说，不扰民是老子"无为"之道的精髓。释德清云："此言无为之益，福利于民，返显有为之害也。凡治大国，以安静无扰为主，行其所无事，则民自安居乐业，而蒙其福利矣。"（《道德经解》）

其次，阐述以道治天下带来的好处。老子所说的鬼怪、神灵不伤害人，是一种比喻的说法，意在说明有道的圣人践行"无为"之道会给民众带来安居乐业、不受伤害的生活。在老子生活的春秋时期，不但下层民众中盛行祖先祭祀和鬼神崇拜，上层社会也非常重视祭祖、祭天。老子认为，"在'大道'盛行的社会中，不论是世间的'圣人'、统治者，还是阴间的鬼神，都不再干扰、侵犯人们的正常生活。这样，人们就能过上和乐幸福、自由安宁的生活。"（党圣元《老子评注》）老子强调，只有"两不相伤"，即鬼神和圣人都不伤害人，其德才合于"无为"之道。老子说鬼神不伤人，是虚指，是比喻；说圣人不伤人，是实指，是目的。因此，老子在本段以比喻的方法，巧妙地说明了有道的圣人用"无为"之道治理天下，不会滋事扰民，不会伤害百姓。达到了这种境界，其德就与道合一了。正如张松如所说："鬼魅兴妖作怪，都是当权者为政为出来的，若能'以道莅天下'，亦即'处无为之事，行不言之教'，则'民忘于治，若鱼忘于水'，不需要再利用宗教迷信以麻醉人民，当然就'其鬼不神'了。这也就是为什么老子把圣人和鬼魅相提并论的原因。老子是含蓄着讥讽和微笑，以非常幽默的口吻写这段文字的。慢慢读，自然就品出味道来了。"（《老子说解》）

六十一章

大国者下流，天下之牝也①。天下之交，牝常以静胜牡。以其静，故为下也②。

　　故大国以下小国，则取小国；小国以下大国，则取于大
国③。故或下以取，或下而取④。大国不过欲兼畜人，小国不
过欲入事人。夫两者各得其所欲，则大者宜为下⑤。

【译文】

　　大国犹如江海，又好像天下的雌性。天下的雌雄动物交配，雌性
常常凭借柔静胜过雄性。因为雌性柔静，所以自居下位。

　　因此，大国以谦下对待小国，就能取得小国的拥护；小国以谦下
对待大国，就能被大国接纳。因此，有的以谦下取得小国的拥护，有
的以谦下取得大国的包容。大国不过是想兼容小国，小国不过是想归
附大国。如果能以谦下相待，两者都能满足自己的愿望，而大国更应
该谦下。

【注释】

　　①下流：指下游。此指江海。奚侗云：“‘下流’，犹云江海。江
海善下，为众水所交会，故能为百谷王。大国为天下所归往，亦视此
矣。”（《老子集解》）牝：雌性的兽类，引申为雌性。此句“下流”
二字汉简本作“下游”，“交”字帛甲本作“郊”，汉简本、帛书本
“天下之牝”属此句，传世本“天下之交”与“天下之牝”互乙，
“天下之牝”属下句。傅本、范本“下流”作“天下之下流”。“下
流”“下游”义同，“郊”乃“交”之同音借字。汉简释文注谓传世
本此句作“天下之交，天下之牝”，“由此导致文义理解错乱纷纭，并
造成进一步的文本错误。帛书两本句序皆同汉简本，当为古本原貌。”

　　②交：交配，交合。一说交会，指“下流”是江河的交汇处，河
上公、王弼、陆希声、吴澄持此说。一说归聚，意为天下归聚于大
国，司马光、范应元持此说。后两说虽通，但不合经义，故不取。
以：凭借。牡：雄性的兽类，引申为雄性。以其静，故为下也：此句

同汉简本、傅本、范本，王本、河上本、景龙本作"以静为下"。"以静为下"文意不明，当从汉简本等作"以其静，故为下也"。

③下：本指低处，引申为处下、谦下。取：取得。取小国：犹言取得小国的拥护。以下大国：以谦下对待大国。取于大国：取容于大国，犹言被大国接纳、包容。此二句诸本略同，唯帛甲本"国"作"邦"，汉简本、帛书本及傅本"则取于大国"，王本、河上本、景龙本、范本皆无"于"字。汉简释文注："此处'于'字表被动，传世本删减'于'字，遂致文义难解。"杨树达则谓古"施受同辞"，"取小国"之"取"乃主事之词，"取大国"之"取"乃受事之词，故"取大国"亦可指取于大国。蒋锡昌、古棣从杨说。杨丙安则谓有无"于"字皆可通。今从汉简本、帛书本及傅本增"于"字，并存二杨之说。

④或：代词，相当于"有的"。下以取：以谦下而取得。下而取：以谦下而被取得。此句王本、帛甲本及多数传世本同，唯傅本无"故"字。帛乙本残缺三字，汉简本"而取"至本章末"为下"前共残缺二十八字（遗失完整竹简一枚）。

⑤兼：同时具备若干方面。畜：容纳。兼畜人：犹言兼容小国。人：来。《中华大字典》："人，犹来也。《礼记·丧服小记》：'非养者入主人之丧。'"入事人：来侍奉人，犹言归附大国。为下：居于下面。意为谦下。陈柱云："'下'字当作'谦下'解。非含垢忍辱不图自强之谓也。知其雄，则内自强矣；守其雌，则外谦下矣；外不谦下，固足以起争端；内不自强，亦足以招战祸。"（《老子集训》）

【解读】

本章以江河之水趋下、雌性动物处下为喻，阐述了大国、小国相处应保持谦下的道理。全章分为两个层次：

首先，指出大国犹如江海，又好像天下的雌性，并进而分析原因。老子认为，雌性动物有两个特征，一是柔静，二是处下。正是因为柔静和处下，雌性常常战胜雄性。老子长于观察事物，能准确把握事物的特征，这得益于他对感性认识的重视。他从江河之水总是流往低处，抽象出了水趋下的特征；从雌雄动物交配时雌柔胜过雄强，抽象出了雌性柔静处下的特征。而柔静和处下，正是人与人、国与国相处谦下不争的表现。

其次，阐述大国、小国相处必须保持的"谦下不争"之道。老子由上文论及的自然之道，进而论及人世之道，具体说就是大、小国家正确相处之道。老子生活在春秋时期，诸侯争霸，连年混战，大国穷兵黩武，极力扩张，不断开疆拓土，强占资源，小国拼死拒敌，力求自保，无奈势单力薄，难逃国破家亡的厄运。老子的生地陈国，就是被楚国所灭。为了构建和谐共存的大、小国关系，老子提出了持守谦下的外交政策，并强调了大、小国家和平相处的关键在于大国的态度。

人类进入 21 世纪以后，"在国际政治关系中，大国国力强盛，政治上处于优势，只要它不去侵略别的小国，大小国家之间就不会出现暴力与反抗，也不会出现侵略与反侵略，社会就会安定，人民就能享受太平。这种和平安定的政治理想尤其要求大国统治者能恪守'守弱、谦下'的处事原则。……大国如果能有江海一样处下的胸怀，能有牝母一样宁静、谦下的智慧，不仅能取得国与国之间关系的和谐，而且还能使自己获得小国的拥戴。"（党圣元《老子评注》）因此，大国的统治者应有"海纳百川，有容乃大"的胸怀，要有谦下不争的智慧。反之，如果心胸狭隘，目光短浅，意气用事，逞强好胜，终将落得四面楚歌，遗臭万年的下场。

六十二章

道者，万物之奥，善人之宝，不善人之所保①。

美言可以市，尊行可以加人②。人之不善，何弃之有③？故立天子，置三公，虽有拱璧以先驷马，不如坐进此道④。古之所以贵此道者，何也？不曰求以得，有罪以免邪？故为天下贵⑤。

【译文】

道是万物的庇荫，是善人的珍宝，也是不善的人赖以保全的东西。

华美的言辞可以用来交易，奉道的行为可以增益于人。人虽然有不善，有什么理由抛弃他呢？所以，拥立天子，设置三公，虽然有依次进献拱璧、驷马的礼仪，不如安然进献此道。古人之所以尊崇这自然无为的道，是什么原因呢？难道不是说探求则能得到，有罪可以免除吗？所以道为天下人所尊崇。

【注释】

①奥：藏。河上公注："奥，藏也。道为万物之藏，无所不容也。"一说暖，意为庇荫、保护。王弼注："奥，暖也。可得庇荫之辞。"蒋锡昌云："《广雅·释诂》：'奥，藏也。''奥'有藏义，故含有覆盖、庇荫等义。言道为万物之庇荫也。"（《老子校诂》）保：保全。所保：犹言赖以保全的东西。李哲明云："善人自与道亲，固宝夫道；不善

人虽与道远，而恃之而生，亦保于道，所以浑善不善而纳于大同也。若善者与不善弃，示道之不广矣。"（陈柱《老子集训》）吴澄云："不善人向道而改悔，亦可以自保其身。"（《道德真经注》）

②市：交易，进行买卖。尊：尊奉。尊行：指奉道的行为。加：增益。加人：增益于人。一说"加"训"重"（见《尔雅·释诂》），"加人"即"见重于人"。亦通。马其昶云："美言之入人，犹市物之易售，故曰：美言可以市；尊，行成于己，人尊仰之，如加被于其身者然，故曰：尊行可以加人。有道者之言行如此，虽有不善者亦感而化矣，何弃之有？此申言道为不善人之所保也。"（陈柱《老子集训》）

③之：代词，指他。何弃之有：犹言有何弃之，意为有何理由抛弃他。苏辙云："朝为不义，而夕闻大道，妄尽而性复，虽欲指其不善，不可得也，而又安可弃之哉？"（《道德真经注》）

④置：设立，设置。三公：辅助国君掌握军政大权的最高官员。周代三公指太师、太傅、太保。拱璧：两手合抱的大璧，后泛称珍贵之物。驷马：指四匹马驾的车。拱璧以先驷马，以拱璧为驷马之先（蒋锡昌语）。坐：安然。《中华大字典》："坐，犹言安然也。《蜀志·诸葛亮传》注引《汉晋春秋》：'使孙策坐大，遂并江东。'"一说跪坐，以示尊敬，亦通。古人席地而坐，双膝跪地，把臀部靠在脚后跟上。一说坐致，意为轻易，引申为立即。此说颇为纡曲，不从。进：奉献，送上。此指进献。马其昶云："立天子，置三公，则有朝聘之享礼；驷马充庭实，而先之拱璧；玉以比德，故贵之也。然犹不如坐进此道之为贵。古者三公坐而论道，故曰坐进。此申言道为善人之宝也。"（陈柱《老子集训》）

⑤以：连词，相当于"则"。求：探索，探求。求以得：探求则能得。免：豁免，免除。贵：崇尚，尊崇。薛蕙云："夫求者恒难得，有罪者恒难免，故虽王公之贵，晋楚之富，固未能遂其所求，免其有

罪也。唯此道以求所欲则必得，以免有罪则必免，岂非天下之至贵邪？此古之人所以贵乎此道也。"（《老子集解》）

【解读】

本章主要阐述道的作用和价值，分为两个部分：

第一部分，指出道是万物的庇荫，善人视之为珍宝，不善人赖以自保。薛蕙云："善人得此道，犹怀宝于身，则能无所往而不利。不善人始失此道，及其惧祸以图存，然后保守于道，亦能转祸而为福。言道之在天下，善与不善皆蒙其利，所以为万物之奥也。"（《老子集解》）可见，道对世人一视同仁，无所偏爱，既保护善人，又不抛弃不善之人，这与二十七章"是以圣人常善救人，故无弃人；常善救物，故无弃物"前后照应，并进一步阐明了道的作用。

第二部分，由"美言可以市，尊行可以加人"进而论及与其进献拱璧驷马，"不如坐进此道"，并阐明道为天下人所尊崇的原因。老子认为，美言对于世人，虽然动听诱人，却只能用作交易、谈判的工具，奉道而行的人不张扬，不炫耀，实实在在，却能使人受益。向天子、三公进献拱璧驷马等珍贵礼物，不如安然进献清静无欲之道。老子强调，由于道具有"求以得，有罪以免"的特征，所以道为天下人所尊崇。

王蒙对本章的评述有其独到之处，他说："说到功用，这里有一个懒处。你过于强调了道的有用，道能使你求以得，祸以免，心想事成，免灾消难，既宝且保……这太好了，但也太实利太通俗太简单化了，太亲爱温柔甘甜润滑了。……那么求以得、罪以免是不是就全无是处呢？当然不是。真正求道得道的人，应该算是圣人吧，他自然不会贪得无厌，求其不能，求其无道非道，求其逆天害人。用道来规范选择自身的所求，这是得的保证，就是说你可能得到的是合乎大道的东西而不是违背大道的贪欲。他至少已经得到了与大道一致的恢弘与虚静，得到了尊重与加分。而罪以免呢，当然也不是说他会无恶不作，他至多是悟道悟得比别人慢一点迟一点，他宝贵珍视的仍然是道。有这点道心道性向道之意，不论是求还是罪，都比坚持无道、背道而驰好得多，这样讲就完全是真理了。"（《老子的帮助》）而老子本章的主旨，在王蒙这里得到了中肯的诠释。

六十三章

　　为无为，事无事，味无味①。大小多少，报怨以德②。

　　图难于其易，为大于其细。天下难事必作于易，天下大事必作于细③。是以圣人终不为大，故能成其大④。

　　夫轻诺必寡信，多易必多难。是以圣人犹难之，故终无难矣⑤。

【译文】

　　以无为去作为，以无事去做事，以无味当作味。大由于小，多出于少，用恩德来报答仇怨。

　　处理难事从容易时着手，成就大事从细小处着眼。天下的难事，必须从容易时做起；天下的大事，必须从细小处做起。因此，有道的圣人始终不刻意去做大事，因此能够成就大事。

　　轻率地许诺，必然缺少信用；事情看得过于容易，必然遇到更多困难。所以，有道的圣人尚且视事艰难而不敢懈怠，因此最终没有难事。

【注释】

①为无为，事无事，味无味：以无为去作为，以无事去做事，以无味当作味。王弼注："以无为为居，以不言为教，以恬淡为味，治之极也。"奚侗云："道至虚，无为能致虚极，是'为无为'也；道至静，无事能守静笃，是'事无事'也；道至淡，无味能安淡泊，是'味无味'也。"（《老子集解》）奚侗认为，"无为""无事""无味"所体现的是道的"虚""静""淡"，故从事、践行和体味道，就能达到致虚极、守静笃、安淡泊的境界。奚说甚辩，可从。董平云："'无为''无事''无味'三者，其所指的对象其实是同一的，是即为'道'。……'为无为''事无事''味无味'，即从事于道，践行于道，体味于道。"（《老子研读》）董说亦通。此句同王本、河上本及通行诸本，汉简本、帛甲本"味"作"未"，楚简本"无"作"亡"。"未"当依传世本作"味"，"亡""无"古通用。

②大小多少：大由于小，多出于少。朱谦之持此说。一说大其小，多其少（黄瑞云语）。犹言把小视为大，把少视为多。亦通。司马光云："视小若大，视少若多，犯而不校。"（《道德真经论》）

③图：谋划。为：办，做。易：容易，此指易事。细：小，指小事。薛蕙云："凡难事非遽难也，盖起于易，而积渐以至于难。故图难者必于其易，无以易而慢之，使将来之事不可为也。大事非遽大也，盖起于细，而积渐以至于大。故为大者必于其细，无以细而少之，使远大之功莫能成也。"（《老子集解》）

④不为大：不做大事，此指不刻意去做大事。今人训释"不为大"，异说甚多：或曰"不自以为大"（陈鼓应、卢育三语），或曰"不干大事"（许抗生语），或曰"不好大喜功"（尹振环语），或曰"不贪图大贡献"（张松如语），或曰"不贪大，不求大"（王中江语），或曰"不忽于其细"（冯达甫语），或曰"从细小处入手"（陈徽语）。诸说

比较，冯达甫、陈徽之说虽"正话反说"，却较合经义，可从。

⑤轻：轻易，轻率。寡：少，缺少。多：过多，指过于、太过。多易，犹言把事情看得过于容易。难：感到困难。犹言视事艰难。蒋锡昌云："圣人视事艰难，故为无为；为无为，则无难矣。"（《老子校诂》）董思靖云："圣人生知安行，固不待勉而后能，然岂忽之乎哉。盖德量平等，齐小大，一多少，无所不谨，无所不难，故终无难济之事也。此又致勉乎学者不可有一毫忽易之心，则为之勇，守之固，慎终如始，故亦无难矣。"（《道德经集解》）

【解读】

本章阐明了"无为而无不为"的道理，分为三个层次：

首先，提出"为无为，事无事，味无味"的观点，并进而论及化解仇怨的方法。老子认为，"无为""无事""无味"所体现的是道的"虚""静""淡"，只有从事于道、践行于道、体味于道，才能加深对道的体悟和理解，从而达到"无为而无不为"的境界。老子认为，要化解仇怨，必须清楚仇怨的来源。董思靖对此做了很好的分析，他说："夫涉于形，则有大小，系乎数，则有多少。大小之辩，多少之分，此怨之所由起也。"（《道德经集解》）对于仇怨的化解，常人往往是针锋相对，以怨报怨，老子却反其道而行之，提出"抱怨以德"的主张。报怨以德，体现的是有道之人的胸襟和气度，避免了世俗之人的意气用事，冤冤相报，恶性循环，永无宁日。范应元云："天地之大，人犹有所憾者，以天地有形迹，故得以憾其风雨寒暑大小多少之或不时，然天地未尝以人有憾而辍其生成之德。圣人之大，人亦有所怨者，以圣人有言为，故得以怨其恩泽赏罚大小多少之或不齐，而圣人亦岂可以人有怨而辍吾教化之德，故曰'报怨以德'。"（《老子道德经古本集注》）

其次，提出"图难于其易，为大于其细。天下难事必作于易，天下大事必作于细"的观点，并得出"圣人终不为大，故能成其大"的结论。老子从自然之理推及圣人之道，给人以深刻的启示。释德清云："天下之事至难者，有至易存焉。至大者，有至细存焉。人不见其易与细，而于难处图之，大处为之，必终无成。苟能图之于易，而为之于细，鲜不济者。"（《道德经解》）老子强调，有道的圣人明白"图难于其易，为大于其细"的道理，因此始终不刻意去做大事，因而得以成就其巨大功业。

最后，提出"轻诺必寡信，多易必多难"的观点，并得出"圣人犹难之，故终无难矣"的结论。吴澄云："上言事之难易，此言心之难易。始焉轻易诺人者，其终难于践言，则寡信矣。始之多易者，终必多难，故不待至终难之时，而心以为难。虽始易之时，而心犹难之，始终皆不敢易，所以终无难。"（《道德真经注》）徐梵澄对老子"大小难易"之说，亦有独到见解："大小难易，皆相对为言。然易亦有轻慢义，难亦有患祸义。大祸之出于轻疏简慢者，多矣。而细事之终成其大，亦日常可见者也。圣人戒轻、戒躁、戒盈、戒伪，举事慎重，实其慈、俭，守以谦、柔，因之以静默而不争，故终于无患祸。"（《老子臆解》）

张松如对本章做了高度评价，他说："本章旨在阐发'无为而无不为'的道理。'图难于其易，为大于其细'，以及'天下难事必作于易，天下大事必作于细'，这正是一种朴素辩证的方法论。一则直观到相反相成，暗合于对立统一的法则；二则有见于大细难易，隐含着由量变到质变的飞跃的法则。在政治思想方面，我们从这里也可以看到，老子的'无为'，并非无所作为，而是以'无为'求其'无不为'：所谓'为无为，事无事，味无味'，其结果，则'是以圣人终不为大，故能成其大'。这些正是从方法论上说明了老子何以主张'无为'。"（《老子说解》）

六十四章

　　其安易持，其未兆易谋，其脆易判，其微易散。为之于未有，治之于未乱①。合抱之木，生于毫末；九层之台，起于累土；千里之行，始于足下②。

　　为者败之，执者失之③。是以圣人无为，故无败；无执，故无失。民之从事，常于几成而败之④。慎终如始，则无败事⑤。是以圣人欲不欲，不贵难得之货；学不学，复众人之所过⑥。以辅万物之自然，而不敢为⑦。

【译文】

　　社会在安定时容易维持，灾祸未萌生时容易对付，危机在弱小时容易化解，隐患在细微时容易消除。在事情还未发生时就做好准备，在动乱尚未出现时就进行治理。合抱的大树，生于细小的树苗；九层的高台，起于堆积的泥土；千里的远行，始于脚下的步伐。

　　肆意作为必然失败，特意把持将会丧失。所以，圣人不肆意作为，因此不会失败；不特意把持，因此不会丧失。人们做事，常常在几乎成功的时候失败。像对待事情的开始那样谨慎对待终结，才不会有失败之事发生。所以，圣人无欲无私，不看重珍贵的财物；不学世俗之学，以补救众人的过失；能辅助万物自然发展，而不敢肆意作为。

【注释】

①持：掌握、控制，此指维持。兆：开始，萌生。谋：谋划，意为对付。脆：容易折断或破碎，意为脆弱、弱小。判：分开、分离，此处意为化解。微：细，小。散：分离、分散，此指消除。未有：指事情未发生时。未乱：指动乱未出现时。吴澄云："此句言图之于其易。"（《道德真经注》）吴诚真云："这里更加具体地讲到了怎样'为无为'。事情于安静未动、未有征兆前谋划，当然是最好的，因为还未兴作的事情是容易分解的，还处于微弱的时候是容易消散的。所以想达到'事无事'的目的，要在事情还没有产生危机时就及时处理，要在事情还没有发生动乱时就着手治理，则一切都在可控的范围内进行，这是防止危害产生、防止事态恶化的有效方法。"（《道德经阐微》）

②毫末：比喻极其细微。累：堆积，积聚。累土：堆积泥土。一说"累"读为"蔂"（高亨说，卢育三、陈鼓应从之）。蔂：盛土器，如筐之类。蔂土：即一筐土。此说亦通。吴澄云：此句"言为之于其细"。（《道德真经注》）

③为者：指肆意作为者。执：持，把持。失：丧失。吴澄云："有心于为其事者，意欲遂其成而或反败之；有心于执其物者，意欲保其得而或反失之。"（《道德真经注》）

④从：为，做。几：副词，几乎。几成：几乎成功，快要成功。释德清云："圣人见在几先，安然于无事之时，故无所为，而亦无所败。虚心鉴照，故无所执，而亦无所失。以其圣人，因理以达事耳。常民不知在心上做，却从事上做，费尽许多力气，且每至于几成而败之。此特机巧智谋，有心做来，不但不成，纵成亦不能久，以不知听其自然耳。"（《道德经解》）

⑤慎：谨慎。慎终：谨慎小心，始终到底。犹言谨慎对待事情的

终结。薛蕙云："常人见事之将成，而慢易之心生焉，则常转而为败矣。慎其终如慎其始，斯能底于成而无败事也。"(《老子集解》)

⑥欲不欲：以不欲为欲。犹言无欲。学不学：以不学为学。犹言不学。吴澄云："此言圣人之欲，以不欲为欲；圣人之学，以不学为学。"(《道德真经注》) 王弼注："好欲虽微，争尚为之兴。……不学而能者，自然也。"可见，吴澄之说，实源于王弼注。苏辙、司马光、范应元、薛蕙之说与吴澄说义近。一说"欲不欲"乃"欲人所不欲"，"学不学"乃"学人所不能学"（河上公语），陆希声、王真、林希逸、奚侗等皆从此说。两说比较，以前说为是。复：补，补救。《中华大字典》："复，补也。《汉书·翼奉传》：'虽有大令，犹不能复。'"黄茂材云："道无欲也，欲不欲所以求在我也，外物又何足贵。天下之物各有自然之理，愚者不及，智者过之，与其过也，宁不及。故刳心去智，学所不学，辅物自然而已，何敢为哉？"(彭耜《道德真经集注》)

⑦辅：辅助。自然：天然、非人为的，此指自然发展。董思靖云："盖此道初非外求，而圣人亦不能为物作则也。且夫万物莫不有个自然之道，圣人唯顺其性命之理而立教，以左右之，使适乎中而已，不敢别有益生助长之为也。"(《道德经集解》)

【解读】

本章论述了防微杜渐和无为之道的重要性，分为两个部分。由于这两个部分所论相对独立，汉简本分为前、后两章（即二十七章和二十八章）。

第一部分，由"其安易持，其未兆易谋，其脆易判，其微易散"，说明凡事应该未雨绸缪，即"为之于未有，治之于未乱"的道理。"合抱之木，生于毫末；九层之台，起于累土；千里之行，始于足下"这个排比句，通过人们熟知的现象，说明了事物由量变到质变，和世人行事应该防微杜渐的道理。

　　第二部分，阐述了圣人无败、无失的原因，并由"民之从事，常于几成而败之"，强调"慎终如始"的重要性，由圣人"辅万物之自然，而不敢为"，得出有道的圣人"无为"才能"无不为"的结论。薛蕙云："无为之理，为之执之皆妄也，故为者败而不可成，执者失而不可得。因而无为，故无成与亏，委而无执，故无得与丧。常人见事之将成，而慢易之心生焉，则常转而为败矣。慎其终如慎其始，斯能底于成而无败事矣。圣人欲不欲者，无欲以为欲也。难得之货，则弃之而不贵。学不学者，无学以为学也。众人之所过，则反之而不为。夫难得之货，非性命也，固外物也，众人贪其所无用，而敝精神以求之，贱己贵物，惑之甚矣。圣人但贵无欲而不贵彼也。万物各有自然之理，众人不因其真而妄加作为以害之，背醇朴而事智巧，舍易简而之繁难，斯已过矣。圣人务反众人之所过，唯辅相万物之自然而不敢有所作为也。"（《老子集解》）薛蕙的这段话，条分缕析，诠释了经文蕴含的深意。

六十五章

　　古之善为道者，非以明民，将以愚之①。民之难治，以其智也②。故以智治国，国之贼；不以智治国，国之福③。

　　知此两者，亦楷式；常知楷式，是谓玄德④。玄德深矣、远矣，与物反矣，乃至大顺⑤。

【译文】

古时候善于以道治国的人，不是以道使百姓聪明多智，而是以道使百姓正直质朴。百姓之所以难以治理，是因为他们巧诈多智。因此，用智巧治理国家，是国家的祸害；不用智巧治理国家，是国家的福祉。

知道上述两者，就知道治国的法则；常常践行这个法则，就体现了深远博大的德。深远博大的德既玄妙又幽远，它与万物一起复归于真朴，从而达到天下大治。

【注释】

①明：使……聪明。愚：《说文》："戆也。"《现代汉语词典》："戆（zhuàng）：戆直，憨厚而刚直。"《中华大字典》："愚，直也。《论语先进》：'柴也愚。'何晏注：'愚直之愚。'""直"有正直、耿直、刚直等义，故此处"愚"非"愚笨"，而训"直"或"戆"，意为正直或刚直。河上公注："说古之善以道治身及治国者，不以道教民明智巧诈也，将以道德教民使质朴不诈伪。"王弼注："明，谓多智巧诈，蔽其朴也。愚，谓无知守真，顺自然也。"

②智：智慧，此指多智巧诈。吴澄云："民之所以难治者，以其明智之多，是以法出奸生，令下诈起。"（《道德真经注》）

③智：此指智巧，即智谋和巧诈。贼：害，此指祸害。福：福气，此指福祉。薛蕙云："用智治国，则民化而为智，造伪饰诈，是国之害也；不用智治国，则民化而为朴，黎民醇朴，是国之福也。"（《老子集解》）

④两者：指上文"以智治国，国之贼；不以智治国，国之福"两者。楷：法式，典范。楷式：法式，法则。知：主持、执掌，此指践行。《易·系辞上》："乾知大始，坤作成物。"常知楷式：犹言常常践行这个法则。玄：《说文》："幽远也。"幽远：意为深远。玄德：

犹言深远博大的德。

⑤深：玄妙。远：遥远，此指幽远。黄瑞云云："深矣，远矣，即
'玄'字之义。"（《老子本原》）反：通"返"，复归。王弼注："反其
真也。"犹言复归于真朴。顺：《说文》："理也。"理：《说文》："治玉
也。"故"大顺"即"大治"。大治：指治理得宜，局势十分安定（见
《辞源》）。薛蕙云："顺，治也。天下每每大乱，罪在于好智，夫唯不
用智，然后至于大治矣。"（《老子集解》）注家训"大顺"，有不同说
法，或曰"自然"（林希逸、陈鼓应、黄瑞云等），或曰"最大的和顺"
（冯达甫），或曰"非常顺利"（张松辉），或曰"最大的顺应"（傅佩
荣），或曰"至顺"（王中江、陈徽），或曰"大顺自然"（张松如）。
诸说比较，以训"大治"义长。陈柱云："民日趋于诈伪，而我镇之以
朴，以求复其初，故与物反。然不雕不琢，还其自然，故为大顺。"
（《老子集训》）

【解读】

本章通过"愚"与"智"的鲜明对比，提出了"不以智治国"，
即以道治国的政治主张，并阐明了以道治国的重要作用——达到天下
大治。

由于《老子》一书文字简洁古奥，加之汉字含义的多样性，古今
注家对本章的"愚"字有截然不同的训释。训为"愚笨"或"愚蠢"
的注家，往往据此指责老子有愚民思想，认为此章是老子向统治者提
出的愚民政策。训为"正直"或"质朴"的一派，则认为老子并非
提倡愚民，而是要使民众无私无欲、返朴还淳。高延第云："愚之，
谓返朴还淳，革除浇离之习，即'为天下浑其心'之义，与秦人燔诗
书，愚黔首者不同。"范应元云："圣人之道，大而化之，故古之善为
道以化民者，非以明之，将以愚之，使淳朴不散，智诈不生也。所谓
愚之者，非欺也，但因其自然，不以穿凿私意导之也。"（《老子道德

经古本集注》)

老子主张以道治国，反对以智治国。"道"的特征是虚静无为、无私无欲，"智"的特征是巧诈多智、玩弄权术。愚民政策在本质上是统治者玩弄权术以愚弄和统治人民，这与老子提倡的使民众返朴还淳、正直质朴风马牛不相及。黄瑞云云："今古注家，大多要为老子回护。谓老子要使民愚，是要民复归淳朴，不是真要使之愚昧；老子反对智，是反对'巧伪'，不是真正反对人民的智慧。在老子的哲学中，愚与淳朴是可以等同的，反对智与反对巧伪也是一致的。老子所谓'愚之'是真要使之愚，老子反对智是真要使之'无知'。……老子的主张原本如此，无需为之回护。"（《老子本原》）黄瑞云力主老子提倡"愚民"，但他无视老子无为之道的本质和核心，他不是从老子思想的整体分析"愚之"的含义。我们认为，在老子的哲学中，愚笨与淳朴是两回事，不可能等同，而反对智与反对巧伪则是一致的。忽视"愚"字含义的多样性，认为所谓"愚"就是愚笨愚蠢愚昧，而不允许它有正直刚直等含义，这种观念是偏执的。张舜徽云："自来解《老子》者，昧于斯旨，乃谓为古代愚民政策所自出，而以秦世燔诗书、愚黔首比傅之，惑也。顾历代人君，上托斯语而行愚民之政策者，固比比皆是，然非《老子》原意所在也。"（《老子疏证》）

陈鼓应对本章的评述，驳斥了老子主张愚民政策的观点，他说："老子认为政治的好坏，常系于统治者的处心和做法。统治者若是真诚朴质，才能导出良好的政风，有良好的政风，社会才能趋于安宁；如果统治者机巧狡猾，就会产生败坏的政风，政风败坏，人们就互相伪诈，彼此贼害，而社会将无宁日了。基于这个观点，所以老子期望统治者导民以真朴。老子生当乱世，感于乱世的根源莫过于大家攻心斗智，竞相伪饰，因此呼吁人们扬弃世俗价值的纷争，而返归真朴。老子针对时弊，而发这种愤世矫枉的言论。本章的立意被后人普遍误解，以为老子主张愚民政策。其实老子所说的‘愚’，乃是真朴的意思。他不仅期望人民真朴，他更要求统治者首先应以真朴自励。所以二十章有‘我愚人之心也哉’的话，这说明真朴（‘愚’）是理想治者的高度人格修养之境界。"（《老子今注今译》）

六十六章

江海所以能为百谷王者，以其善下之，故能为百谷王①。

是以圣人欲上民，必以言下之②；欲先民，必以身后之③。是以处上而民不重，处前而民不害，是以天下乐推而不厌④。以其不争，故天下莫能与之争⑤。

【译文】

江海之所以能成为百川的归往之处，是因为它善于处在低处，所以能成为百川的归往之处。

所以圣人要想处于民众之上以统治民众，必须以谦下的言辞对待民众；要想处于民众之前以领导民众，必须把自身利益置于民众之后。因此，圣人处于民众之上，民众却不会有负担；处于民众之前，民众却不会受伤害。所以天下人乐意推戴他而不会厌弃。因为他谦下不争，所以天下没有人去与他争。

【注释】

①谷：本指两山之间的水流，此指河流。百谷：百川，众多水流。王：通"往"，归往。焦竑云："王之为言天下所归往也。"（《老

子翼》）下：低处，犹言处于低处。释德清云："此教君天下者以无我之德，故天下归之，如水之就下也。百川之水，不拘净秽，总归于江海。江海而能容纳之，以其善下也。此喻圣人在上，天下归之，以其无我也。"（《道德经解》）

②圣人：指有道的统治者，是老子理想的政治人物。上：高处，上面。上民：犹言处于民众之上，意为统治人民。言：言辞。下：此指谦下、谦和，意为对民众和善。吕惠卿云："以处下之道而居人上，乃所以下之也。圣人之有天下也，以言其位，则故欲上人也，然以孤、寡、不穀为称，而受国之垢与不祥，则以其言下之也。"（《老子吕惠卿注》）

③先民：处于民众之前，意为领导人民。身：自身，自己。以身后之：犹言把自身利益置于民众之后。范应元云："圣人卑辞退己，非欲上民、先民，而民自尊让之也。此言欲者，俾为人君者欲要上民、先民，当谦辞后己也。"（《老子道德经古本集注》）

④处上：犹言处于民众之上。重：《中华大字典》："犹累也。见《汉书·荆燕吴王传》。"高亨云："民戴其君，若有重负以为大累，即此文所谓重。故重犹累也。而民不重，言民不以为累也。"（《老子正诂》）累：负担。处前：犹言处于民众前面。推：推选，荐举。此指推戴。厌：厌弃。奚侗云："处上而不压抑，则民不以为重；处前而不壅遏，则民不以为害。"（《老子集解》）

⑤不争：指不追名逐利。释德清云："盖无我之至，乃不争之德也。此争非争斗之谓，盖言心不驰竞于物也。"（《道德经解》）吴澄云："盖以其卑抑退逊，不争处上处前，故天下之人莫能与之争上争先者，而圣人得位得时，竟得以上人先人也。"（《道德真经注》）

【解读】

本章以江海"善下"，所以能成为百川归往之处为喻，阐明了有道的圣人谦下不争，"故天下莫能与之争"的道理，寄托了老子的政治理想。

老子认为，江海之所以能成为百川归往之处，是因为它处于低处、能够容纳。老子把江海的这两个特征赋予有道的圣人，意在强调，国君做到了谦下不争，胸怀博大，就能得到天下人的拥戴，从而天下没有人去与他争。

老子所说的"欲上民，必以言下之""欲先民，必以身后之"，是一种处理上下、先后关系的方法，体现了辩证法思想。所谓"必以言下之"，是指必须以谦下的言辞对待民众；所谓"必以身后之"，是指必须把自身利益置于民众之后。"必以言下之""必以身后之"，是老子的目的，强调的是谦下和不争。一些人认为，"必以言下之""必以身后之"是一种手段，老子是希望统治者采取这个手段，达到"欲上""欲先"的目的。这样，老子"圣人欲上民，必以言下之；欲先民，必以身后之"这句话就成了他们讥评的"君人南面之术""帝王统治之术"，而历代的统治者中，也不乏利用老子这句话作为巩固其统治工具的人。

对老子"欲上民，必以言下之；欲先民，必以身后之"这句话，徐梵澄从"诚"与"伪"两方面进行了辨析。他说："于此亦有当辨者：诚与伪而已。倘以言下人，所为者乃已之居上；以身后民，所为者乃已之居先。则是售伪也。售伪者人必不信，必不肯推之戴之。圣固无伪。倘其居上，亦弗重且弗害。人必乐于推之戴之，亦无与争者。然历代奸雄窃国，多假此术以售其欺，败国亡身者多矣。"（《老子臆解》）可见，即使一些人利用老子这句话，先示以"言下""身后"，以达到其"上民""先民"，即统治人民、领导人民的目的。但达到目的的统治者，往往恣意妄为，穷奢极欲，民众不但负担沉重，而且身受其害，自然得不到民众的拥戴，最终难逃败国亡身的结局。

黄炳辉说："熟读老子的书，你会发觉到：他对君主和百姓说了许多话——劝导的话，最突出的是要'不争'。这些话，老子一而再、再而三，苦口婆心不知说了多少遍。从不厌其烦的话中，人们会触摸到老子那剧速跳动着的感情脉搏，窥见他那仁慈的爱心。老子和孔子一样，不断叮咛人们要谦卑和不争，鄙薄那无知的狂妄、逞强好斗的陋习。"（《老子章句解读》）今人品读《老子》这部流传了两千五百多年而历久不衰的经典，如能从简洁明快、意蕴深刻的章句中窥见老子的爱心和智慧，领悟老子思想的真谛，学到老子的辩证法思想，就没有枉读这部闪耀着智慧之光的经典。

六十七章

天下皆谓我大，以不肖①。夫唯大，故不肖②；若肖，久矣其细也夫③！

我有三宝，持而宝之：一曰慈，二曰俭，三曰不敢为天下先④。夫慈，故能勇；俭，故能广；不敢为天下先，故能为成器长⑤。今舍慈且勇，舍俭且广，舍其后且先，则死矣⑥。

夫慈，以战则胜，以守则固。天将救之，如以慈卫之⑦。

【译文】

天下人都说我博大，而且与众不同。正因为博大，所以与众不同；如果与众人相同，早就渺小浅薄了。

我有三件珍宝，持有并珍视它们：一是慈爱，二是俭约，三是不敢争天下之先。慈爱，所以能勇于胜敌；俭约，所以能饶足；不敢争天下之先，所以能成为天下之长。现在要舍弃慈爱而选择勇敢，舍弃俭约而选择饶足，舍弃谦退而选择争先，就会走向灭亡。

慈爱，凭借它作战就能取胜，凭借它防守就能坚固。天将要救助他，就像是用"慈"这个宝物来保护他。

【注释】

①我：指得道的圣人。大：指（知识、著作等）渊博（见《汉语大字典》）。此处意为博大。以：连词，相当于"而""且"。传世本作"似"，乃"以"之讹。不肖：本指子不似父，引申为不才、不贤，此指不似、与众不同。首句王本作"天下皆谓我道大"，汉简本、帛书本及多数传世本皆无"道"字，蒋锡昌、卢育三亦谓不当有"道"字，陈徽则谓王本之"道"为衍文，说是。

②夫唯：犹云正因为。此句同汉简本、景龙本，王本、河上本等传世本作"夫唯大，故似不肖"，唯帛乙本作"夫唯不肖，故能大"。传世本"似"为衍文。高明谓帛乙"文畅义顺"，许抗生、张舜徽等亦以帛乙为是。但细审文义，作"夫唯大，故不肖"既交代了"我"何以"不肖"，又有充分的版本依据，故不从高、许之说。

③久矣：很久了，犹言早就。王弼注："久矣其细，犹曰其细久矣。肖则失其所以为大矣，故曰若肖久矣，其细也夫。"细：小，微。

④宝：前一"宝"字为名词，指珍宝、宝物。后一"宝"字为动词，指珍惜、珍视。持：持有，保持。慈：慈爱。俭：俭约，节俭。不敢为天下先：犹言不敢争天下之先，指处世谦退不争。苏辙云："今夫世俗贵勇敢，尚广大，夸进锐，而吾之所宝则慈忍、俭约、廉退。此三者，皆世之所谓不肖者也。"（《道德真经注》）

⑤勇：指将士勇于胜敌。广：多，众多（见《汉语大字典》）。犹言饶足。一说宽广，一说广博。不从。成器：大器，此处指天下。长：首领，古指天子、方伯、诸侯。成器长：犹言天下之长。俞樾云："'成器'者，大器也。二十九章'天下神器，不可为也'。《尔雅·释诂》：'神，重也。''神器'为重器，'成器'为大器，二者并以天下言。质言之则止是不敢为天下先，故能为天下长耳。"（《老子平议》）或曰"器"即百官，"器长"即百官之长，指人君（奚侗持此说）；或曰"成器"即大官，古代工官通用，故大官亦名"成器长"（刘师培持此说）；或曰"器"即物，"器长"即万物之长，指人君（蒋锡昌持此说）；或曰"万物的首长"（陈鼓应、张松辉等持此说）；或曰"成才器之人之长"（范应元持此说）；或曰"器"指物，物即民众，"成器长"即"成为民众之长"（黄瑞云持此说）。诸说比较，以俞樾之说为善。吕惠卿云："夫慈为柔弱矣，而能胜刚强，是能勇也。俭为不费矣，而用之不可既，是能广也。不敢为天下先，为后人矣，而圣人用之以为官长者，皆从我者也，是能成器长也。"（《老子吕惠卿注》）吴诚真云："大爱之德，包容万民，担当天下之所归，是真正的大勇（慈故能勇）；勤俭之德，崇俭抑奢，储备未来之所需，是真正的富足（俭故能广）；谦让之德，处下不争，发挥众人之所长，是真正的王者（不敢为天下先，故能成器长）。"（《道德经阐微》）

⑥舍：舍弃。且：取。王弼注："且，犹取也。"《汉语大字典》《中华大字典》亦取王说。取：选择，采用。后：指谦退。先：指争先。吕惠卿云："今舍其慈且勇，舍其俭且广，舍其后且先，则刚强之徒而已，死不亦宜夫？"（《老子吕惠卿注》）

⑦以：凭借。救：救助，救护。此字汉简本、传世本皆同，唯帛书两本作"建"。高明谓当从帛书作"建"，杨丙安谓作"建"亦自

可通，或较作"救"更为义胜。陈徽则谓"救"通作"建"，"建"即"立"，犹言"成就"。"天将建之"犹言天将成就他。今依汉简本及传世本作"救"，并存高、杨、陈之说。卫：护卫，保护。薛蕙云："慈为三宝之首，特复言之。以慈保民，民皆亲之如父母，故战必胜而守必固，言慈为人之所助也。慈者不伤物，其德能动天也。天将救其危殆，亦以慈卫之，不使敌人伤之，言慈为天之所助也。"(《老子集解》)

【解读】

本章由得道的圣人"大""不肖"，进而论及"三宝"，而持有和珍视"三宝"，正是得道的圣人与众不同的地方。本章分为三个部分：

第一部分，指出得道的圣人与普通人不同的地方。老子认为，得道的圣人之所以与普通人不同，是因为"大"。这"大"，指对道有深入的修炼和领悟，达到了渊博、精湛的境界，为常人所难以企及。

第二部分，指出得道的圣人"大"的具体表现，即持有和珍视慈、俭、不敢为天下先这三件珍宝。老子认为"柔弱胜刚强"，故"慈"源自柔弱；老子主张"治人事天莫若啬"，故"俭"近于"啬"；老子主张谦退不争，故曰"不敢为天下先"。对民众和将士的慈爱、体恤，能带来民众的拥戴和危难时将士效命疆场的勇武；俭约对统治者尤为重要，相对于财物的节省，统治者在治国理政中更应坚持收敛、节制和自我约束的处事原则，即坚持"啬"的原则；"不敢为天下先"，所体现的是"不争"之德，也是"无为"之道，正因为"不争"，所以天下"莫能与之争"，从而成为天下之长。老子告诫世人，如果"舍慈且勇，舍俭且广，舍其后且先"，就会走向灭亡。这可说是振聋发聩之语，令人深思。

第三部分，论述"慈"在战争中的作用。老子认为，战争双方在战场拼杀中，将士是英勇无畏，还是贪生怕死，这是决定战争胜负的重要因素。而将士的忠勇、勇武和无畏，来自得道的圣人和其任命的统帅对将士的慈爱、体恤。有爱兵如子的国君和统帅，将士就会效命疆场，舍生忘死。因此，老子指出：凭借慈爱作战就能取胜，凭借慈爱防守就能坚固。"天将救之，如以慈卫之"，这是比喻，是进一步强调"慈"的价值和作用，是希望统治者珍视和运用"慈"这个宝物。

张松如说："此章讲的是'道'的原则在政治、军事方面的具体运用。……老子在这里提出'三宝'：一曰慈，二曰俭，三曰不敢为天下先。依照'道'的原则精神，只有慈忍，才能勇敢；只有俭约，才能广大；只有廉退，才能进锐。世以进锐为能，而以不敢先为耻，不知进锐之多恶于人，而不敢先之乐推于世，其终卒为成器长也。……在这些论述中，包含着丰富的辩证法思想，这是相当显著，也富有光辉的。不过，'慈'之与'勇'、'俭'之与'广'、'后'之与'先'，原是矛盾的两个对立方面，是相反相成的。老子却站在'慈''俭''后'这方面，把它绝对化了。这也是'弱者道之用'（四十章）这一原则的再次运用。……'不敢为天下先'，固属谦退，而其真实涵意，却不仅是'取后'，……而是不以主观意志强加于客观对象，言行必遵循事物的规律，所谓'守常'也。"（《老子说解》）

六十八章

善为士者不武，善战者不怒①，善胜敌者不与，善用人者为之下②。是谓不争之德，是谓用人③，是谓配天，古之极也④。

【译文】

善于做武士的不炫耀武力，善于作战的不会被激怒，善于战胜敌人的不正面交锋，善于用人的待人谦下。这就叫不争的德行，这就叫善于用人，这就叫合于天道，是自古以来最高的境界。

【注释】

①士：古指未婚的青年男子，引申为古代社会阶层的名称，如位次于大夫的上士、中士、下士，农工商以外学道艺、习武勇的人也称士。此指武士。古代军制，在车上者称士，也称甲士，以区别于步兵。吴澄云："古者车战为士，甲士三人在车上，左执弓，右执矛，中御车，掌旗鼓，皆欲其强武。战卒七十二人在车下，将战，必激发其众，欲其奋怒，然后能与敌争雄而取胜。慈者之用兵则不以此为善也，士不欲其强武，战不欲其奋怒，胜敌不待与之对阵较力，兵刃不施，彼将自屈。"（《道德真经注》）吴澄从春秋时期战争的特点来训释"士"之所指，甚确。王弼训为"卒之帅"，蒋锡昌训为"国君"，高明训为"有识者"，林希逸训为"士师之官"，严遵训为"得道之士"，陈鼓应训为"统帅"，皆不确。怒：忿怒，发怒。

②与：争，战。《左传》："宋方吉，不可与也。"河上公注："不与敌争，而敌自服也。"不与：不正面交锋，意为避免正面冲突。下：指谦下。为之下：居于人下，犹言待人谦下。董思靖云："唯无争之之心，故能胜彼之争，贪先动者必败。德之谦下，则人乐与吾为用，盖心诚而愿服其劳也。"（《道德经集解》）

③不争之德：指谦退不争的德行。杜光庭云："礼而下士，士得竭其力；悦以待人，人得宣其力。不凭怒以伤物，不矜武以伐功。以慈为先，以谦为本，不力争求胜，不尊己侮人。以此用材，人效其命，以守以战，则固而且胜。理身理国，则寿而求宁，所向无前，是不争之德也。"（《道德真经广圣义》）用人：指善于用人。释德清云：

"骄矜恃气，不肯下人，故人不乐其用，乃不善用人耳。故古之善用人者，必为之下，即此'是谓不争之德'也。若以力驱人，能驱几何？若以下驱人，则天下归之。是以下用人，最有力也。"（《道德经解》）释德清之言，说明了谦下待人及"不争之德"的益处。

④配：配合，结合。《易》："广大配天地，变通配四时。"天：指天道。配天：合于天道。一说"天"指自然，"配天"即合于自然，亦通。极：至、尽，即极致、穷尽，此指最高境界。一说法则，不从。薛蕙云："天之道，不争而胜，无为而成。圣人德合于天，故曰配天，此上古极致之道，故曰古之极。"（《老子集解》）

【解读】

本章论述了"不争之德"在战争中的具体表现。

自古两军交战，双方"必激发其众，欲其奋怒，然后能与敌争雄而取胜"（吴澄语）。老子却认为，取得战争的胜利，不能靠武力逞强，不能被敌人激怒，要避免正面冲突，对待将士要慈爱谦下。总的说，就是要有"不争之德"。老子所说的"不争之德"在战争中的表现，就是"不武""不怒""不与""为之下"。这涉及战争取胜的诸多因素，"不武"指军队有旺盛的斗志但不炫耀逞强，"不怒"指将领沉着冷静不被敌激怒，"不与"指避免正面冲突"不战而屈人之兵"，"为之下"指善于用人的统帅能够谦下待人。就是说，老子通观战争全局，对战争胜负的诸多因素进行了客观而深刻的分析，进而总结出了"不武""不怒""不与""为之下"的制胜之道。

张舜徽对本章的评述颇有见地，他说："此章首三句取譬于用兵者不以威武气势胜人，卒能克敌制胜。未及交兵接刃，不战而能屈人之兵，即'胜敌不与'之义也。为人君者，贵在任人之才而不任己之智，清虚自守，卑弱自持，即'用人为之下'之旨也。非有不争之德，曷由臻此？故末语总结之。"

本章末句"是谓不争之德，是谓用人，是谓配天，古之极"，一连用三个"是谓"，一气呵成，对"不争之德"做了高度评价。老子认为，只有"不争"，才能"用人"，才能"配天"，而"不争"所体现的，正是老子倡导的"无为"之道，因此老子认为具备"不争之德"，是自古以来最高的境界。

六十九章

用兵有言："吾不敢为主而为客，不敢进寸而退尺。"①是谓行无行，攘无臂，执无兵②，乃无敌③。

祸莫大于无敌，无敌几亡吾宝④。故抗兵相若，则哀者胜矣⑤。

【译文】

用兵作战的人曾说："我不敢主动进攻而宁愿防御待敌，不敢前进一寸而宁愿后退一尺。"这样就能让对方想攻击却无阵可攻，因不明敌情捋衣而无须举臂，手持兵器犹如没有兵器，这样我军就能所向无敌。

灾祸没有比轻视敌人更大的，轻视敌人几乎失去我的法宝。因此，举兵对垒而实力相当，将帅以慈爱对待士卒的一方会获胜。

【注释】

①用兵：指用兵者。主：指进攻者。客：指防御者。为主：指主动进攻。为客：指防御待敌。吴澄云："为主，肇兵端以伐人也。为客，

不得已而应敌也。进寸，难进也。退尺，易退也。"(《道德真经注》)

②行无行：第一个"行"为动词，犹言行动、攻击。第二个"行"为名词，读háng，犹言行列或阵势、阵地。行无行：犹言攻击而无阵可攻。攘：捋，意为捋衣举臂以振奋、号令士卒。攘无臂：犹言捋衣而无须举臂，因为不明敌情。执：持、拿着。执无兵：手持兵器犹如没有兵器。"行无行，攘无臂，执无兵"三句皆对敌方而言，"意思是说：不为主而为客，不进寸而退尺，在政治上处于有理地位，在军事上居于有利之势（敌人进入我之国境，敌劳我佚，对地理敌暗我熟等等），所以就能使敌军……不知我守军在何地。此言不用死力拼杀，冲锋陷阵，就能制敌取胜，极言后发制人之利也。"（古棣《老子校诂》）古说甚辨，且与上、下文联贯。此句古今注家多训为己方"行进而没有阵势，举臂而无臂可举，执持却没有兵器"。如此训释，与上、下文皆无联系，且令人费解。马其昶云：此"申言所以退尺之意，自视若无行列可整，无臂可攘，无敌可就，无兵可执。故不敢轻敌，慎之至也。"（陈柱《老子集训》）马说就己方而言，意为慎战，不轻敌，亦可。

③乃：是，就是。此字王本、范本作"扔"，河上本、傅本、景龙本作"仍"，汉简本、帛甲本、帛乙本皆作"乃"。汉简释文注谓"扔""仍"皆为"乃"之误。楼宇烈云："观王弼注文说'言无有与之抗也'之意，正释经文'乃无敌'之义。故似作'乃无敌'于义为长。"（《老子道德经注校释》）无敌：此指所向无敌。

④无敌：此指没有对手，犹言无视或轻视敌人。王本及多数传世本皆作"轻敌"，汉简本、帛书本及傅本作"无敌"，汉简释文注谓作"无敌"义较长，"此种'无敌'是对谦退、守弱的背离，故下文云'几丧吾宝'。"（陈徽语）亡：失去，遗失。此字王本、河上本作"丧"，汉简本、帛书本、傅本、景龙本、范本皆作"亡"，其本字当

作"亡"。宝：指"三宝"。

　　⑤抗：举。抗兵：犹言举兵。相若：相当。抗兵相若：犹言举兵对垒，实力相当。哀：爱。《管子》："国虽弱，令必敬以哀。"此指慈爱。蒋锡昌云："《说文》：'哀，闵也。'闵者，即六十七章所谓'慈'也。此言两方举兵相当其结果必慈者胜。"（《老子校诂》）奚侗云："'哀'，谓悲哀，盖'慈'之表现也。两敌举兵相加，'慈'者必胜。"（《老子集解》）

【解读】

　　本章阐明了用兵要谨慎，要诱敌深入、后发制人的道理。

　　老子生当乱世，目睹了春秋时期频繁爆发的战争给人民带来的深重苦难，因此萌生了反战思想，反对一切非正义的侵略、兼并战争。但在当时，战争并不以反战的有识之士的意志为转移。为了制止战争，恢复和平与宁静，老子为迫不得已而进行的战争提出了一系列用兵的法则，本章就是其中的一部分。

　　在本章，老子首先引用用兵者的话："吾不敢为主而为客，不敢进寸而退尺。"老子主张"为客"，是说对战争要持谨慎态度，要慎战，不能主动进攻，不能侵略别国。老子主张"退尺"，是要以大踏步的后退诱敌深入，然后寻机歼灭敌人。所谓"退"，是有目的、有计划地"退"，而不是在强敌面前落荒而逃的溃退、败退。正是由于采取诱敌深入的战术，让敌人长途奔走、地形不明、敌情不明、粮草难以为继，从而陷入"行无行，攘无臂，执无兵"的被动挨打的状态。老子认为，要战胜敌人，首先要重视敌人，研究敌人，要做到"知彼"，而轻视敌人，认为敌人没有什么了不起，必然轻率用兵而遭受失败。老子还指出，实力相当的两军交战，将帅以慈爱对待士卒的一方会获胜，进一步强调了"三宝"之一的"慈"在战争中对于凝聚士气、鼓舞斗志的巨大作用。

　　黄瑞云说："老子反对轻敌，主张持重，无疑是可取的。但战争中的进攻、退守是辩证的统一，应根据具体情况灵活运用。而老子用他的'无为而无不为''柔弱胜刚强'的哲学原则来研究战争，一味主张守而不攻，退而不进，在理论上过于绝对，不符合战争规律，验之战争实践也是行不通的。"（《老子本原》）黄瑞云之说无疑是正确的，但对并非军事家的老子而言未免过于苛求。当然，战争中的攻与守、进与退确实是辩证统一的关系，不能因为防守、退却而忽视或不要进攻、前进，决定攻、守或进、退的是战场的具体情况，而非主观意图。但《老子》并非专门谈论战争的兵书，老子在本章仅论及了慎战、诱敌深入、后发制人、重视敌人、以慈用兵等问题，而他提出的这些观点无懈可击，没必要苛求其像《孙子兵法》这样的兵书一样面面俱到，具备完整的军事理论体系。

七十章

　　吾言甚易知，甚易行①，而天下莫之能知，莫之能行②。

　　言有宗，事有君③。夫唯无知，是以不我知④。知我者希，则我贵矣⑤。是以圣人被褐而怀玉⑥。

【译文】

　　我的学说很容易理解，很容易践行，但天下人却不能理解，不能践行。

　　学说有宗旨，行事有要领。正因为不知道这个学说的宗旨，所以不能理解我。理解我的人少，我就更加难能可贵了。所以有道的圣人犹如身穿粗布衣，却怀藏着美玉。

【注释】

①吾：我，老子的自称。言：学说、主张，指无为之道。知：了解，理解。行：实行，践行。吴澄云："老子教人柔弱谦下而已，其言甚易知，其事甚易行也。"（《道德真经注》）

②莫之能知：宾语前置，即莫能知之。莫之能行：即莫能行之。薛蕙云："凡老子之言，固易知而易行，然天下莫能知莫能行者，盖不明道德之意也。"（《老子集解》）吴诚真云："大道简易而贵在坚持。修道不过就是平常生活中的一言一行，一举一动，须臾不离其道而已。"（《道德经阐微》）

③宗：宗旨。事：做，从事。此指行事，办事。君：主宰者。引申为根本、要领。《荀子》："心者，形之君也，而神明之主也。"陈景元云："此释易知易行所由也。宗，本也。君，主也。夫百家之言，言虽殊途而同归于理，得理者忘言，故言以不言为宗本矣。万绪之事，事虽异趣而同会于功，成功而遣事，故事以无事为君主矣。此以不言无事为教，岂不易知易行邪？"（《道德真经藏室纂微篇》）

④无知：指不知道"吾言"的宗旨。不我知：不知我。犹言不了解我、不理解我。严遵云："夫世之莫我知者，非我之道小而不足知，又非我之事薄而不足为，又非世之好败恶成喜祸乐患而不我从也。天性与我反，情欲与我殊，智者蹈于情欲，终世溺于所闻，神气不我安而心意不我然也。"（《老子指归》）

⑤希：罕见、少，后作"稀"。则我贵矣：此句同汉简本、帛乙本、傅本、范本，王本、河上本、景龙本"我"后有"者"字。则：副词，相当于"于是""就"。一说效法。不从。训"效法"者，多因按"我"后有"者"字作训，释德清、马其昶、卢育三、陈鼓应

等皆持此说。今从汉简、帛乙等本此句"我"后无"者"字，故
"则"字以训"于是""就"为是。贵：重要。《论语》："礼之用，
和为贵。"此指可贵。

⑥被（pī）：通"披"，穿着。《史记》："军士吏被甲。"褐：用
兽毛或粗麻制成的衣服，即粗布衣服。怀：怀藏。一说怀抱、怀揣，
不从。陈景元云："褐，裘也，贱者之服。玉，洁润而比君子之德。
夫圣人内蕴道德，喻怀玉也。外无文采，喻被褐也。是以内虽昭旷，
外若愚昏，珠藏蚌胎，玉蕴石间，天下莫能知，则我道贵矣。"（《道
德真经藏室纂微篇》）被褐怀玉：穿粗布衣而怀美玉，比喻人有美德，
深藏不露（见《辞源》）。

【解读】

本章感叹"甚易知，甚易行"的无为之道世人"莫之能知，莫之
能行"，体现了老子特立独行，不与世俗同流的孤独。

有学者认为，老子感到孤独，是因为"历史抛弃了他"。对此，
张松如不以为然，他认为："历史却并没有冷落了他。单说先秦时期
吧：相传春秋时的叔向、墨翟，战国时的魏武侯、颜触，都曾称引过
他的话；庄子则颂扬他'古之博大真人哉'（《天下篇》）；以宋钘、
尹文为代表的稷下学人又继承了老聃而发展为黄老学派；至于韩非更
有《解老》《喻老》之作。降至秦后，西汉初年，黄老之说一度居于
统治地位：司马谈《论六家之要旨》实突出道家，而司马迁《史记》
特为立传。演至东汉，甚至神化为道教的始祖了。魏晋而后，更为谈
玄者所祖述，成为一代宗师，对哲理思想、文学艺术产生了深远影
响，甚至启发出一个人性的自觉和文学的自觉的新时代。凡此一切，
总不能说是'历史抛弃了他'吧。"（《老子说解》）

我们认为，老子虽然感到孤独，认为自己创立的"道"的学说不
被世人理解和践行，但在本章的结束语"圣人被褐怀玉"中，却表现

出了高度的自信。这种自信，是基于对"道"的领悟和重视，他相信自己独具匠心所创立的道论和德论，即后人定名的《道德经》，一定会受到世人的重视，被世人所践行。张松如所列举的大量事例，足以说明他的自信得到了历史的验证。从《老子》一书的影响来说，历代注老、解老、崇老者不乏其人，从士人学者到道家人物，乃至古代社会的最高统治者，如唐玄宗、宋徽宗、明太祖、清世祖，都为研读《老子》、探究老子思想之真谛而殚精竭虑，完成了几千万字的注、解《老子》的著述，使《老子》一书流传两千多年而历久不衰，成为中华民族优秀传统文化的奇葩，丰富了中华民族优秀传统文化的宝库。

七十一章

知不知，上矣①；不知知，病矣②。圣人不病，以其病病，是以不病③。

【译文】

以知为不知，最好；以不知为知，是弊病。圣人没有弊病，因为他认识到"以不知为知"是弊病，所以没有弊病。

【注释】

①知不知：以知为不知。上：等级或质量高的，此处意为最好。河上公注："知道言不知，是乃德之上。"奚侗云："知之而不自以为知，是谓上德之人。"（《老子集解》）

②不知知：以不知为知。病：毛病、缺点，此指弊病。河上公

注："不知道言知，是乃德之病。"奚侗云："若不知而自以为知，则有道者之所'病'也。"（《老子集解》）

③不病：犹言没有弊病。病病：以病为病。奚侗云："圣人之所以能不病者，无它，以能病其所病，故'不病'耳。"刘笑敢云："愚意以为'病病'之第一个'病'字是意动词，即'以……为病'之意，'病病'即以病为病，即承认缺陷，正视不足之意。"（陈徽《老子新校释译》）奚、刘之说是。此句"圣人"前，帛书本、景龙本皆有"是以"二字，汉简本及多数传世本皆无此二字。杨丙安云："'圣人'以下，乃另起一义，非直承上文，故此句之'是以'可据他本删，以免与末句'是以不病'重赘。"（《老子古本合校》）杨说是。又，"圣人不病"前，汉简本、王本、河上本、傅本、范本皆有"夫唯病病，是以不病"一句，帛书两本无此句。朱谦之云："诸本文赘，既云'夫唯病病，是以不病'，又云'以其病病，是以不病'。傅、范本更赘（按：末句"不病"作"不吾病"），绝非《老子》古本之旧。"（《老子校释》）高明则谓《老子》原文当如帛书。但汉简本及多数传世本皆有此句，或为当时流行的另一版本。今按帛书本删此句，既避免了文字重复，又有版本依据。

【解读】

本章通过对"知"和"不知"的比较，阐明了人贵自知，即要有自知之明的道理。

老子认为，由于世事纷繁复杂，而人对外界事物的了解和认识往往受各种因素的影响而存在局限，不可能事事都能清楚、明白。要对自己不清楚、不明白的事情有所认识，必须下一番摸索、探究的功夫。因此，对于已知的知识或事物，不能满足，要做到"以知为不知"；对于未知的知识或事物，不能不懂装懂，自以为知，即不能"以不知为知"。

老子指出，圣人之所以"不病"，是因为他"病病"，即认识到了"以不知为知"是弊病。老子所说的圣人，是他心目中得道的理想人物。这样的圣人，达到了悟道、行道的高于常人的境界，既有承认自己"不知"的坦诚和勇气，又有认识自身局限的理智和能力。"这种坦诚和勇气、理智和能力，对一个人来说十分重要，直接关系着一个人的心智水平和人生境界。"（汤彰平、王朝华译注《老子》）

针对有的学者认为老子不要知识的观点，张松如在本章的评述中说："这一章讲的是要有自知之明。与孔子所说'知之为知之，不知为不知，是知也'（《论语·为政》）立意大体相近。……由此可知，老子主张'绝圣弃智'（十九章），主张'知者不言'（五十六章），好像是反对知识，其实都是有激而言。……他所追求的实际上还是'使我介然有知，行于大道，唯施是畏'（五十三章）而已。作为一个古代哲人，正是继承和发展了历史智慧，升华放彩，炳蔚千秋，怎么会不要知识呢？"（《老子说解》）

七十二章

民不畏威，则大威至①。无狎其所居，无厌其所生②。夫唯不厌，是以不厌③。

是以圣人自知不自见，自爱不自贵④。故去彼取此⑤。

【译文】

民众不畏惧威压，大的祸患就到了。不要逼迫百姓使他们无处安居，不要压迫百姓使他们无法生存。只有国君不压迫百姓，百姓才不会厌恶国君。

因此，圣人有自知之明却不自我炫耀，有自爱之心却不自以为尊贵。所以，要舍弃自见、自贵，选取自知、自爱。

【注释】

①威：威力，权势。前"威"指威胁、威压，后"威"指百姓反抗暴力苛政的可畏之事。大威：犹言大祸患。陈景元云："夫人立身，以畏为本，若以小恶为无伤而不畏，积之盈贯，以致夫大威至而不可逃也。"（《道德真经藏室纂微篇》）

②狎：通"狭"，河上本、景龙本即作"狭"。狭：本指"窄"，与"宽"相对，引申为急迫。此指逼迫、压制。居：居所，指生存之地。厌（yà）：《说文》："笮也。"笮（zé）：压迫，凌逼。故"厌"意为压迫。奚侗云："此言治天下者，无狭迫人民之居处，使不能安舒；无厌笮人民之生活，使不能顺适。"（《老子集解》）

③厌：前"厌"指压迫，后"厌"指厌恶。高亨云："言夫唯君不厌迫其民，是以民不厌恶其君也。"（《老子正诂》）吴诚真云："圣人为政，不必自作威严去胁迫百姓就范。……圣人只需以天地自然之道去教化百姓，则百姓自然淳朴。如此，就为百姓自然而然地创造了宽松的生存环境，使百姓能够安居乐业（无狎其所居），生活充满希望（无厌其所生），这样，圣人的威信也就自然而然地产生了。"（《道德经阐微》）

④自知：自己了解自己，即有自知之明。见（xiàn）：显示，显露。自见：犹言自我炫耀。自爱：爱惜自己。自贵：自以为尊贵。文子云："仁莫大于爱人，爱人则无怨刑。圣人自爱，故能成其贵。"列子云："汤武爱天下，故王；桀纣恶天下，故亡。"（寇才质《道德真经四子古道集解》）宋徽宗云："祸福无不自己求之者。圣人有自知之

明，而不自见以矜其能；有自爱之仁，而不自贵以临物。若是者，处物不伤物，物莫之能伤也。"（《御注道德经》）

⑤彼：指"自见""自贵"。此：指"自知""自爱"。陈景元云："若去彼自见自贵之骄纵，取此自知自爱之畏威，得尊道奉天之理，天道不厌恶于人，是故威罚外消，生道内足也。"（《御注道德经》）马其昶云："人欲自见其长，自贵其生，皆病也。唯能自知自爱者，庶几免焉。故去彼妄知，取此上智。"（陈柱《老子集训》）

【解读】

本章阐述了为政和修身之道，分为两个层次：

首先，在为政方面，老子希望为政者对待百姓要慈爱、宽厚。老子有感于统治者的穷奢极欲、横征暴敛，老百姓的饥寒交迫、困苦不堪，向统治者提出了"民不畏威，则大威至"的警告。老子认为，统治者只有以慈爱、宽厚之心待民，不逼迫百姓使他们无处安居，不压迫百姓使他们无法生存，就能得到百姓的拥戴。反之，百姓由于统治者的横征暴敛、严刑苛法，被逼得走投无路，就会揭竿而起，群起反抗，大的祸患就到了。

其次，在修身方面，老子以圣人的为人为例，告诫统治者要"自知""自爱"。老子认为，"自知""自爱"是修身的重要内容，也是为人的重要原则。只有做到"自知而不自见，自爱而不自贵"，才能处理好个人与他人的关系、为政与爱民的关系，从而达到"无为而无不为"的大道之治的境界。正如陈剑所说："圣人如同水利万物一样利民众，从不把功绩看作是自己的功劳。明白这个道理就是'自知'。自知就不会把自己放到人民的上面，民众只是知道有之而已，却感觉不到实际存在，故云'不自见'。圣人欲上民，必以言下之，不认为自己地位显贵，而凌驾于他人之上，故云'不自贵'。这样可以不招致怨恨，这是对自己的珍爱，故云'自爱'。君主欲使其位永保而天

不怒，舍此无良法。"总之，"本章之意是劝君主不自贵。相对于那些
玄奥的章节而言，要简单得多。几乎是直接告诉统治者要如何，不要
如何。一片良苦用心，两千年之下，仍然可以真切的感觉到。"（《老
子译注》）

七十三章

　　勇于敢则杀，勇于不敢则活①。此两者，或利或害②。天
之所恶，孰知其故③？

　　天之道④，不争而善胜，不言而善应⑤，不召而自来，绰
然而善谋⑥。天网恢恢，疏而不失⑦。

【译文】

　　勇于果敢有为就死，勇于谦退不争就活。这两者，或者有利，或
者有害。上天有所厌恶，谁知道其中的缘故？

　　天道的法则是：谦退不争而善于取胜，不须言说而善于回应，不
用召唤而自动来归，舒缓自如而善于谋划。天网宽广无边，稀疏而无
所漏失。

【注释】

　　①敢：《说文》："进取也。""进取"为"敢"之本义，引申为果
敢有为。"不敢"即不进取，此指谦退不争。老子以"敢"喻有为，以
"不敢"喻无为（陈徽语）。一说"敢"即坚强，"不敢"即柔弱（蒋
锡昌说，陈鼓应从之）；一说"敢"指敢为恶，"不敢"指不敢为恶

（吴澄说）；一说"敢"指敢为，"不敢"指临事而惧（林希逸说）。蒋、吴、林之说皆不确。杀：被杀，意为死。陈景元云："刚决为勇，必果为敢。夫刚毅之人，无所畏忌，见威不惧，必果无迴，恃其凶顽，便施诛戮，故曰勇于敢则杀。夫怀道之士，谨于去就，检身知退，静顺柔和，弗敢有为，不忍杀伤，故曰勇于不敢则活。"（《道德真经藏室纂微篇》）陈景元之意，"杀"指"恃其凶顽"而杀人，"活"指"不忍杀伤"而不杀人。陈说亦通。

②两者：指"勇于敢"和"勇于不敢"。或利或害：犹言或有利，或有害，不易确定。薛蕙云："两者谓敢与不敢，利谓活，害谓杀。天道好善恶不善，勇于敢者乃天之所恶，故有害而无利。"（《老子集解》）

③恶：厌恶。故：缘故，究竟。吴澄云："敢为恶之人，乃天所恶，然天之所恶深昧难测，何以知其果为天所恶之人乎？"（《道德真经注》）

④天之道：即天道，与"人道"相对。《辞海》云："天道最初包含有日月星辰等天体运行过程和用来推测吉凶祸福的两个方面，亦即包含有天文学知识和关于上帝、天命等迷信观念两种因素，而后者则被利用为殷周神权统治的工具。但宗教迷信的天道观，至春秋时已经动摇，人们开始怀疑天道主宰人事的观念，产生了朴素的唯物主义思想。"老子是第一个强调"人法地，地法天，天法道，道法自然"的思想家。"天之道"句前，王本、河上本、傅本、范本有"是以圣人犹难之"一句。汉简本、帛书两本、景龙本无此句。奚侗、马叙伦、蒋锡昌、高亨皆谓此句乃六十三章文而复出于此，汉简释文注则谓此句"盖涉王本六十三章而误衍"。今据汉简本、帛书本删"是以圣人犹难之"句。

⑤不争：指谦退、退让。应：回应。善应：犹言善于回应民之所

愿。苏辙云："不与物争于一时，要于终胜之而已。天何言哉？四时行焉，百物生焉，未有求而不应者也。"（《道德真经注》）

⑥召：召唤。繟（chǎn）然：舒缓，坦然貌。谋：谋划，筹划。此句"繟"字，王本、河上本同，帛甲本作"弹"，帛乙本作"单"，严本作"坦"，汉简本、傅本、范本作"默"。汉简释文注谓"弹"、"单""繟"皆读为"坦"；汉简本与傅本为同一系统，作"默然"；帛书本与王本、河上本、严本为同一系统，作"坦然"。"繟然"与"坦然"义同，作"繟然"或"坦然"皆可。

⑦天网：天布的罗网。后多以天网喻国家的法律。恢恢：弘大，宽广。疏：稀疏。失：遗漏，漏失。徐绍桢云："天之道，繟然舒缓，似无所谋，而其谋则未尝不周。盖天若有网然，恢恢然甚广大也；其网之目甚疏，而未尝有漏也。"（陈柱《老子集训》）

【解读】

本章通过对"勇于敢"和"勇于不敢"的对比，以及天道的具体表现，阐明了"无为"之道的重要性，分为两个层次：

首先，指出"勇于敢"和"勇于不敢"带来的不同后果。"敢"指进取，有果敢之意，老子用以喻"有为"；"不敢"即不进取，有不为之意，老子用以喻"无为"。老子以"勇于敢则杀，勇于不敢则活"这一鲜明的对比，告诫世人持守"无为"之道的重要性。党圣元说："在老子看来，'敢'与'不敢'都需要勇气，但'勇于不敢'更需要智慧。在日常现实生活中，诸多是非往往难以分辨，即使是能分辨清楚，面对着各种世俗的诱惑，'勇于不敢'似乎更需要勇气，也更需要高瞻远瞩的智慧。……老子在六十七章强调'勇'必须以'慈'为前提，舍'慈'之勇，正是本章所说的'勇于敢'，其结果必然是'杀'。以'慈'为本之'勇'，则恰是本章所推崇的'勇于不敢'，其结果必然是'活'。'慈'和'不敢'，体现出老子一种特殊的智慧和胸怀。"(《老子评注》) 作为"三宝"之一的"慈",正是老子倡导的"无为"之道的重要内容。

其次，描述天道的具体表现。所谓"不争""不言""不召""𫍲然"，是道之体；所谓"善胜""善应""自来""善谋"，是道之用。正如张默生所说："其体是'无为'，其用是'无不为'。道之体，是大而无所不包；其用是细而不至于遗。"(《老子章句新释》) 老子以天道的具体表现，进一步彰显了"无为"之道的功用。本章结语，老子以"天网"为喻，与前文"勇于敢"照应，说明逆道而行必遭惩罚，不可侥幸。王蒙说："'天网恢恢，疏而不失'已经成为俗谚，成为国人的文化心理与共识。你能怎么办呢？只有假以时日，只有相信天网天道，天网不会漏过对于坏人的惩罚，天道也不会忘却对于好人善行的报答。"(《老子的帮助》)

七十四章

若民常不畏死，奈何以杀惧之①？

若民常畏死，而为奇者，吾得而杀之，夫孰敢矣②！

若民常必畏死，则常有司杀者③。夫代司杀者杀，是代大匠斫也。夫代大匠斫者，希不伤其手矣④。

【译文】

如果民众总是不怕死，为什么要用刑杀来恐吓他们？

如果民众总是怕死，那么其中做邪恶之事的人，我捕捉并杀掉他，谁还敢再作恶！

如果民众真的总是怕死，就总是有掌管刑杀的来执行刑杀。代替掌管刑杀的执行刑杀，就是代替手艺高超的木匠去砍木头。代替手艺高超的木匠去砍木头的人，很少有不砍伤自己手的。

【注释】

①常：总是。此字汉简本、帛乙本作"恒"，可见其本字为"恒"，王本、河上本、景龙本无此字，傅本、范本作"常"，乃避汉文帝讳而改。"常""恒"义同，作"常"或"恒"均可。杀：王本、河上本及通行诸本皆作"死"，汉简本、帛书本作"杀"，可见经文本作"杀"，并与下句"吾得而杀之"对应。惧：恐吓。尹文子《大道》篇云："凡民之不畏死，由刑罚过；刑罚过，则民不赖其生；生无所赖，视君之威末如也。刑罚中则民畏死；畏死，由生之可乐也。知生之可乐，故可以死惧之。此人君之所宜执，臣下之所宜慎。"（陈柱《老子集训》）

②奇（jī）：奇邪，诡异不正。为奇者：指做邪恶之事的人。吾：我，此指国君。文子云："古善为政者积其德，积德而民可化。今为刑暴者则生乱，乱俗，亡国之风也。先王之法，非所作也。法宽刑缓，囹圄空虚，天下一俗，莫怀奸心，此圣人之恩也。"（《道德真经四子古道集解》）

③司：主持，掌管。司杀者：掌管刑杀的，喻指天或天道。河上公注："天道至明，司杀有常。"今人蒋锡昌、张默生、卢育三、陈鼓应、董平等皆持此说。一说掌管刑律的机关，任继愈、高明、古棣等持此说。文子云："古之置有司也，所以禁民，使不得恣也。其立君也，所以制有司，使不得专行也。法度道术，所以禁君，使不得横断也。"（《道德真经四子古道集解》）可见，"司杀者"训"掌管刑律的机关"，并非今人的新解，古人早已如此训释了。细审文意，此处当

以喻天或天道为是。苏辙云："司杀者，天也。方世之治，而有诡异乱群之人恣行于其间，则天之所弃也。天之所弃而吾杀之，则是天杀之，而非我也。"（《道德真经注》）释德清云："夫天之生民，必有以养之。而人不知天，不安命，横肆贪欲以养生，甚至不顾利害，而无忌惮以作恶，是乃不畏天威。天道昭昭，必将有以杀之矣。是居常自有司杀者杀，无庸有心以杀之也。所谓天生天杀，道之理也。"（《道德经解》）苏辙、释德清之说，被杀者皆为肆意作恶之人，但被杀的方式不同，前者是"天之所弃而吾杀之，则是天杀之"，后者是"天道昭昭，必将有以杀之"，具体说就是"天生天杀"。两说相较，释德清之说更合老意。董平的解读，分析了"天道"之所以是"司杀者"的原因："道既是一切万物的成就者，同时也是一切万物的消解者，前者谓之'生'，后者谓之'杀'。'常有司杀者杀'，便是说处于无为的政治状态，自有作为'司杀者'的天道来对人们的生命生杀予夺，却完全用不着统治者人为的'杀'，所以刑律是措之而弗用的。"（《老子研读》）

④大匠：手艺高超的木工、工匠，喻天或天道。斫（zhuó）：劈，用刀斧砍。希：通"稀"，罕见，少。陈景元云："夫主司苛察，专任刑法以代造化生杀之权者，如拙夫之代良工也。"（《道德真经藏室纂微篇》）陈景元所说"造化"，即指天或天道。

【解读】

本章主旨，是警告统治者不要滥用刑罚，不要用刑杀来威胁、恐吓民众，阐明了顺应天道、实施无为之道的意义。本章分为三个层次：

首先，指出"若民常不畏死，奈何以死惧之"。老子认为，被统治者逼得无路可走的民众是"不畏死"的，他们连死都不怕，用刑杀又怎能让他们惧怕。

其次，指出民众如果怕死，把其中做邪恶之事的人抓来杀掉，就不会有人再做邪恶之事。老子做此假设，意在说明由于民众不怕死，即使统治者把所谓"做邪恶之事"的人杀掉，也不能平息民众的怒火和反抗。

最后，指出"若民常必畏死，则常有司杀者。夫代司杀者杀，是代大匠斫也。"老子认为，如果民众真的总是怕死，也应该由掌管刑杀者，即天道来执行刑杀，而不能代替天道来执行刑杀。所谓'司杀者杀'，是一种比喻，不是说天道像人一样可以直接执行刑法而杀人，而是喻指谁违背天道，谁就会自取灭亡。正如党圣元所说："老子认为，世间任何事情都应顺应天道自然，'司杀'更应如此。……统治者的严酷刑法和暴政统治剥夺了人民正常的生存权利，这当然是违背天道的行为，于己于民都会带来极大的危害。老子将行使这种杀戮行为的统治者称之为'代司杀者'，而将为维护自己统治的杀戮行为形象地比喻为'代大匠斫'。"(《老子评注》)

历史上，凡嗜杀成性、以杀人为乐的人，最终都没有好的结局。古今中外，概莫能外。

七十五章

民之饥，以其上食税之多，是以饥①。民之难治，以其上之有为，是以难治②。民之轻死，以其求生之厚，是以轻死③。夫唯无以生为者，是贤于贵生④。

【译文】

民众之所以饥饿，是因为统治者征收的赋税太多，所以饥饿。民众之所以难以治理，是因为统治者恣意作为，所以难以治理。民众之所以不畏惧死，是因为统治者骄奢淫逸求生太厚，所以不畏惧死。唯有不追求生活享受、少私寡欲的人，胜过极力追求生活享受的人。

【注释】

①上：指统治者，一说君主。因"食税"者非君主一人，故不从。食：接受、采纳，此指征收。一说吃，不从。奚侗云："古者税出于田，上食税多，则农力不胜，于是趋末富而荒本业。农事败，民之所以饥也。"（《老子集解》）陈柱云："此老子欲救当时之乱，而特揭出其乱源以告之也。然天下后世之乱，曷有不由于此者矣。"（《老子集训》）此句"税"字，王本、河上本及通行诸本同，汉简本作"脱"。《中华大字典》："税，音脱曷韵，同脱。《礼记·文王世子》：'不税冠带。'《释文》：'税，本作脱。'"《辞海》《辞源》皆谓"税"又读 tuō，通"脱"。故汉简本"脱"似为"税"之借字。此句"上食税"，高明谓当如帛书本作"取食税"，并云："'食税'指粮食之税，经文犹言因国君榨取粮食之税过多，是以造成饥荒。"（《帛书老子校注》）高说善。许抗生则训"取"为收税，"取食税"即收税食税。但许说"食税"含义不明，不从。汉简释文注则谓"税"可读为"术"，而"术"有"途径"之义，故"此句本意是指人取得事物的手段过多"。但此说似嫌牵强，故不取。

②有为：与"无为"对应。"无为"指少私寡欲，"有为"指恣意作为，即政令烦苛、赋税繁重等。奚侗云："上有为则法令滋彰，上下各以知巧相应，民之所以'难治'也。"（《老子集解》）

③轻：轻视，不看重。轻死：不看重死，不把死当回事，犹言不畏死。其：代词，指统治者。求：追求。生：生活。厚：丰厚。求生

太厚：犹言追求生活的丰厚奢靡。文子云："末世暗主，求下不量其
积，取民不裁其力，男女不得耕织之业，有旦无暮，君臣相疾，以奉
上求，力勤财匮，是以轻死。"（《道德真经四子古道集解》）一说
"其"指民众，"求生之厚"指民众过度求生、求生太厚。不从。此
章三个"其"字皆指代统治者，如此则上下文意连贯，故不取后说。

　　④无以生为：犹言不以生为事，意为不追求生活享受。贤：胜
过，超过。贵：重视。贵生：重视生命，犹言极力追求生活享受。陈
景元云："自贵其身者，谓身欲安逸，口欲厚味，形欲美服，目欲好
色，耳欲音声，若不得则大忧以惧，以致夫过贪分外而轻入死地也。"
（《道德真经藏室纂微篇》）

【解读】

　　上章对统治者提出了"民常不畏死，奈何以死惧之"的警告，本
章则对"民常不畏死"的原因进行了分析。老子认为，民众之所以不
畏惧死，是由统治者的贪婪和妄为引起的，具体说有三个原因：

　　一、"民之饥，以其上食税之多"。老子认为，由于统治者骄奢淫
逸、贪得无厌，为满足自己的贪欲，通过征收重税，榨取民脂民膏，
使得民众食不果腹、衣不蔽体，过着饥寒交迫的生活。在这种境况
下，真是生不如死，何惧之有？

　　二、"民之难治，以其上之有为"。老子认为，由于统治者恣意作
为，重声教法令之治，以致出现政令烦苛、赋税繁重的局面。民众不
堪重压，必然起而抗争，巧作周旋。杜光庭的评述，剖析了"上之有
为"的危害："天下之人所以难化者，以其君上之有为。有为则多杂，
多杂则诈兴，是以难理。……为理之本，谅在无为。故我无为而人自
化。今人所以难理者，由君上之有为。有为则政烦而人扰，动生大
伪，是以难理。"（《道德真经广圣义》）

　　三、"民之轻死，以其求生之厚"。老子认为，由于统治者追求生

活的丰厚奢靡，必然对民众横征暴敛，民众苦不堪言，稍有反抗，又遭严刑惩处。在这种情况下，民众生不如死，自然"轻死"。正如陈景元所说："夫政令烦苛，赋敛重大，而民亡本业，亡业则触法犯禁，轻就死地，以其各求养生之具太厚，致有蹈水火而不惧，逆白刃而不惊者，故曰是以轻死。"（《道德真经广圣义》）

在分析"民常不畏死"的原因后，老子提出了"无以生为者，是贤于贵生"的解决办法。老子认为，导致民众饥寒交迫、生不如死的根本原因，是统治者"养生太过"。由于"养生太过"，必然横征暴敛；民众不堪重负而反抗，则遭严刑惩处，最终导致民众生不如死，于是不惧怕死。因此，统治者只有"无以生为"，即不追求生活享受、少私寡欲，才能从根本上解决"民常不畏死"的问题。老子所说的"无以生为"，是"啬"在统治者身上的具体表现。统治者只有治身俭啬，才能避免对物质生活的过分追求，统治阶级的大小官员都能养成俭啬之风，就能减轻民众的负担。民众能够安居乐业，社会自然安宁。

黄炳辉对本章的解读，言辞犀利，直击要害，值得一读："这一章在《老子》全书中，也是独一无二地以鲜明的对比，揭示在当时社会中，'民之饥'，实是君主'食税之多'造成的；'民之难治'，实是君主好大喜功，征战、劳役、大建宫殿池苑等所谓的'有为'，激起百姓的反抗造成的；'民之轻死'，是君主为了厚生、享福长寿，榨尽民脂民膏，使民无以为生，才会'轻死'的。老子这些话，是那个漆黑昏墨的时代的闪电惊雷，是对还在沉睡中的人们振聋发聩的一声吆喝！"（《老子章句解读》）

七十六章

　　人之生也柔弱，其死也坚强①。万物草木之生也柔脆，其死也枯槁②。故坚强者，死之徒；柔弱者，生之徒③。

　　是以兵强则不胜，木强则棴④。故强大处下，柔弱处上⑤。

【译文】

　　人活着时身体柔软，人死后身体就僵硬。万物草木活着时柔软，死后就变得干枯。因此，坚强的是走向死亡的一类，柔弱的是富有生机的一类。

　　所以，用兵逞强就不能取胜，树木壮盛就会死亡。因此，强大处于劣势，柔弱处于优势。

【注释】

　　①坚强：此处意为僵硬。吴澄云："人生则肌肤柔软，而活动可以屈伸，死则冷硬而强直不能屈伸。"（《道德真经注》）

　　②万物：此二字汉简本、帛书本及多数传世本皆有，唯傅本、严遵本无。马叙伦、蒋锡昌谓"万物"乃衍文，古棣、陈鼓应据马、蒋之说删。杨丙安云："以文理求之，当以无之为善，唯古人措辞有时并不如今人之严密，故有之亦不为误。"（《老子古本合校》）鉴于汉简本、帛书本及多数传世本皆有此二字，故存之。枯槁：干枯。

　　③死：犹言走向死亡。徒：类，一类。生：犹言富有生机。吴澄云：

"人之德行，凡坚强者不得其死，是死之徒也，柔弱者善保其身，是生之徒也。"（《道德真经注》）徐绍桢云："人生则肢体运动自如，似乎柔弱；死则身躯冷硬，似乎坚强。草木亦然，生则柔软，死则枯槁矣。由此理观之，是坚强者死之徒，柔弱者生之徒也。"（陈柱《老子集训》）

　　④强：逞强。一说强大，亦可。梗（gèn）：同"亘"，竟，终了，完毕。此处意为死亡。《说文》："梗，竟也。从木恒声。亘，古文梗。"一说"梗"义为"折"，亦通。此字汉简本作"核"，帛甲本作"恒"，帛乙本作"兢"，王本作"兵"，河上本、景龙本、傅本、范本作"共"，黄茂材据《列子·黄帝》所引老子之文作"折"。俞樾、易顺鼎、刘师培、马叙伦、蒋锡昌、奚侗等皆从黄说。汉简释文注云："整理组认为帛甲'恒'字应读为'梗'，《说文·木部》：'梗，竟也'，义为'折'。'核'（匣母职部）、'恒'（匣母蒸部）音近可通，'核'亦应读为'梗'。'兢（竟）''折'与'梗'义近，'兵'乃'折'之讹，'共'或为'兵'之讹。"故"梗"乃经文本字，黄茂材仅据《列子·黄帝》所引老子之文改作"折"，而《老子》所有版本皆无此字，故不可据黄说轻率更改经文。徐绍桢云："此章专以戒世之穷兵黩武者。自周、秦以后，二千余年，用兵以强而败者不可以数。楚之败于汉，王莽之败于光武，曹操之败于周瑜，刘备之败于陆逊，其最彰明较著者矣。"（陈柱《老子集训》）

　　⑤上、下：犹言优、劣。陈景元云："夫木之强干大本常处于下，柔条弱枝常处于上，木犹如此，况于人乎？况于国乎？"（《道德真经藏室纂微篇》）

【解读】

本章阐述了贵柔、处弱的思想，分为两个层次：

首先，老子以人和万物草木在活着和死亡时的状态，说明柔弱胜刚强的道理。"人之生也柔弱，其死也坚强"，体现的是生命之道；

"万物草木之生也柔脆，其死也枯槁"，体现的是自然之道。老子以其
敏锐的观察力看到，人和动、植物活着时身体或躯体、枝叶是柔软
的，死后就变得僵硬和干枯了。在这截然不同的对比中，老子悟出了
"坚强者，死之徒；柔弱者，生之徒"的道理。可见，老子非常重视
感性认识，"这种直观的认识，当是他贵柔、处弱思想的认识论根源"
（张松如《老子说解》）。

　　其次，老子由生命之道、自然之道，进而论及用兵之道、治国之
道，指出"兵强则不胜，木强则槁""强大处下，柔弱处上"。老子
认为，用兵逞强则会轻举妄动，贸然出兵，就不能在战争中取胜，这
就像树木壮盛就会走向反面而死亡一样。在治国上，国君虽然手握生
杀予夺之权，但必须谦退不争，清静无为，这样才能获得臣下和百姓
的拥戴。如果恣意妄为，穷奢极欲，内则政令烦苛，赋税繁重，外则
穷兵黩武，恃强凌弱，必然事与愿违，不能长久。老子说"强大处
下，柔弱处上"，意在说明事物发展的趋势。强大的处于劣势，是指
事物发展到强大之后必然向其反面转化；柔弱的处于优势，是说事物
柔弱的一方具有强大的生命力，只要能把握好发展的方向和机遇，就
能由柔弱转变为强大。

　　老子在本章阐述贵柔、处弱的思想，意在强调"柔弱胜刚强"的
道理，也是对统治者的告诫。柔弱胜刚强，是老子以"道"为核心的
思想中的一个重要观点，具有丰富的内涵。柔弱要胜刚强，既要具备
条件，也要具备智慧。老子提出的"柔弱胜刚强"的观点，在我国军
事领域产生了巨大而深远的影响，导演了许多以少胜多、以弱胜强的
著名战例。老子虽然并非军事家，但他在五千言的专论"道""德"
的宏大著述中论及战争和军事的名言，给历代军事家以深刻的启示，
甚至有人把《老子》作为兵书专门进行阐释，可见老子涉及战争的论
述和"柔弱胜刚强"这一观点影响之深远。

七十七章

天之道，其犹张弓与？高者抑之，下者举之①；有余者损之，不足者补之②。天之道，损有余而补不足；人之道则不然，损不足以奉有余③。

孰能有余而有以取奉于天者？唯有道者④。是以圣人为而不恃，成功而不处，其不欲见贤也⑤。

【译文】

天道运行的法则，难道不像开弓射箭吗？弓把高了就压低，弓把低了就抬高；弓弦松弛就拉紧，弓弦太紧就放松。天道运行的法则，是减损有余来补益不足；人类行事的法则却不是这样，是减损不足来供奉有余。

谁能有余而又取法于天呢？唯有有道的人。因此，圣人有所作为而不自恃己能，成就功业而不据为己有，因为他不愿意显耀自己的贤明和才智。

【注释】

①天之道：即天道，指天道运行的法则。其：副词，表示反诘，相当于"难道"。张：拉紧弓弦。张弓：即开弓，指射箭时调整弓把高低和拉紧弓弦的动作。一说将弦安在弓上。《说文》："张，施弓弦也。"这是制作弓的工序。严遵云："夫弓人之为弓也，既杀既生，既翕既张，制以规矩，督以准绳。弦高急者，宽而缓之；弦弛下者，摄

而上之；其有余者，削而损之；其不足者，补而益之；弦质相任，上下相权，平正为主，调和为常。故弓可抨而矢可行也。"（《老子指归》）高亨云："盖施弦于弓时，弦之位高则抑之，弦之位下则举之；弦之长有余，则损之；弦之长不足，则补之。天道正如是耳。"（《老子正诂》）高说实源于严说，指制作弓将弦安在弓上时调整弦的高、低、长、短以求平正的情况。但"高者"训"弦高急""弦位高"，"下者"训"弦驰下""弦位下"，其意皆不明确，故不从。

②有余者：指弓弦长而松弛。损：减少。不足者：指弓弦短而过紧。补：补益，补足。此句似指制作弓的情况。奚侗云："天道无私，喻如张弓，抑高举下，损有余补不足，要于均平而已。"（《老子集解》）

③人之道：人类行事的法则。暗指统治者行事的法则。陈柱云："天道损有余以补不足。人之道何独不然。唯在上者生生之厚太甚，故复恃权怙势，损不足以奉有余，此天下所以乱也。唯有道者审乎此，常自损其有余以补天下之不足，而又不欲人之德我；故天下之人，于不知不觉中，得其不平之平，而天下之乱乃可以稍弭耳。呜呼，老子之智，何其见之远也！"（《老子集训》）

④有以：此"有"通"又"，"以"为语气助词。有以取，即又取。奉：尊崇，效法。孰能有余而有以取奉于天：犹言谁能有余而又取法于天呢？"取法于天"意为能如"天之道，损有余而补不足"。此释与陈徽说同。此句王本、河上本、景龙本作"孰能有余以奉天下"，范本略同王本，唯"有余"前多"损"字；傅本作"孰能损有余而奉不足于天下者"，汉简本作"孰能有余而有取奉于天者"，帛甲本作"孰能有余而有以取奉于天者乎？"帛乙本残缺。汉简释文注："帛书、汉简本显然优于传世本。"今据汉简本、帛甲本校正经文，作"孰能有余而有以取奉于天者"。

⑤为：作为。恃：依赖，倚仗。处：享有，据有。不处：不据为

己有。见（xiàn）：显露，显耀。贤：贤能，指贤明和才智。吴澄云：
"圣人之功能盖天下，此有余者也。不恃其所为之能而若无能，不居
其所成之功而若无功，不欲显示其功能之贤于人，皆损己之有余也。"
（《道德真经注》）

【解读】

本章通过天道与人道的对比，阐述了政治上的公平性即平衡论，
表达了老子的政治理想。全章分为两个层次：

首先，以开弓射箭为喻，阐述天道的公平性，并批评了人道的不
公平。老子认为，开弓射箭要射中目标，就必须"高者抑之，下者举
之；有余者损之，不足者补之"，天道的"损有余而补不足"，正像开
弓射箭要遵循的法则一样。而人道却恰恰相反，是"损不足以奉有
余"。在天道与人道的对比中，体现了老子鲜明的政治态度，即：反
对不断扩大的贫富悬殊，抑制君主的过大权力和私欲，这就是老子的
平衡论。

其次，指出"有余而有以取奉于天"是有道者的为政原则，即有
道之人能秉持有余而又按天道运行的法则来为政，从而"损有余而补
不足"，达到社会的公平。老子认为，要改变贫富悬殊等不公平的社
会现象，必须遵循天道，因顺自然，少私寡欲，清静无为，圣人正是
负有这种使命的理想人物。由于圣人能够"为而不恃，成功而不处"，
具有"不欲见贤"的品格，老子通过圣人这一理想人物，寄托了自己
的政治理想。

张松如说："老子为什么提出'天之道，损有余而补不足；人之
道则不然，损不足以奉有余'？这当然有认识论的根源与阶级的根源。
所谓'天之道，损有余而补不足'，这正是老子看到自然界的一切，
都是统一的，一切事物，在其相互对立的矛盾中，又都具有同一性。
例如，昼夜交替、暑往寒来等自然现象，从直观看来，它们都表现一

种均衡性，而自然界的这种均衡、统一，既不是外力给予的，又不是人为的，而是自然自尔，由其自身的运动表现出来的。老子把他从自然界得来的直观的认识，运用到人类社会，面对当时社会的贫富对立、阶级压迫的不合理现实，他认为'人之道'也应该像好比张弓的'天之道'那样，'高者抑之，下者举之；有余者损之，不足者补之'。……老子对'损不足以奉有余'的'人之道'的批判，其阶级的背景是什么？这是无待申论而自明的。在中国封建社会中，只有创造了社会物质财富，却又处于被剥夺地位的阶级，才可能提出这种均平的要求。"（《老子说解》）有人说老子是没落的贵族奴隶主阶级的代表，或者说是没落的封建领主贵族阶级的代表，那么，这些阶级能提出"损有余以补不足"这样的分配观念和原则来吗？

七十八章

天下莫柔弱于水，而攻坚强者，莫之能先①，以其无以易之也②。

水之胜刚，弱之胜强③，天下莫不知，而莫能行④。是以圣人云：受国之垢，是谓社稷主；受国不祥，是谓天下王⑤。正言若反⑥。

【译文】

天下没有比水更柔弱的东西，然而攻克坚强的东西，没有什么能超过它，因为它柔弱而力量巨大的特性是不可替代的。

水能克刚，弱能胜强，天下没有人不知道这个道理，却没有人能够践行。所以圣人说：能够承受一国遭受的耻辱，就能做国家的主宰；能够承受一国遭遇的灾祸，就能做天下的君王。符合道的话好像违反常理。

【注释】

①攻：攻打、进击，此指攻克。先：占先，超过。此字王本、河上本作"胜"，严本、傅本、范本、景龙本作"先"，帛书本残缺，汉简本作"失"，乃"先"之讹。"先""胜"相较，作"先"义长。吕惠卿云："天下之物，唯水为能因物之曲直方圆而从之，则是柔弱莫过于水者也。而流大物，转大石，穿陵谷，浮载天地，唯水为能，则是攻坚强者无以先之也。所以然者，以其虽曲折万变，而终不失其所以为水。是其无以易之也。夫水之为柔弱，而柔弱之胜刚强，天下莫不知，而老子数数称之，何也？以天下虽莫不知，而莫能行也。"（《老子吕惠卿注》）

②其：代词，指水虽柔弱而力量巨大的特性。易：替代。一说改变，亦通。杜光庭云："不争处下，攻于坚强，万物之中无易于水。冲和之气，淡寂之心，攻除嗜欲，莫先于道。所以道之于身，则却尘除垢，于国则纳污荡瑕，万有所以归仁，六欲所以销涤者矣。"（《道德真经广圣义》）

③水之胜刚，弱之胜强：此句同汉简本、帛乙本，帛甲本残缺，汉简本"水"前有"故"字，帛乙本"胜"作"朕"，当读为"胜"。王本、河上本及通行诸本"水"皆作"柔"。严遵本此句作"夫水之胜强，柔之胜刚"。高明云："乙本'水'字因涉前文而误，严本不仅'夫水'二字讹误，语序亦颠倒。"（《帛书老子校注》）待汉简出，亦作"水之胜刚"。因此，传世本"柔"字，汉简本、帛乙本作"水"，并非讹误，当为《老子》古本之旧，今据改。

④天下：指天下之人。文子云："末世人之情性，皆好强而恶弱，好刚而恶柔，而不知失，不能柔弱也。"（《道德真经四子古道集解》）

⑤垢：耻辱，也作"诟"。社稷：土神和谷神。是国家政权的标志。《孟子·尽心》："民为贵，社稷次之，君为轻。"主：主宰。社稷主：指执掌国家政权的人。祥：吉凶的征兆，又特指吉兆或凶兆。不祥：不吉利。犹言灾祸。陈景元云："言人君能含受垢秽，引万方之罪在余一人，余一人有罪，无以汝万方，则民仰德美而不离散，可以常奉社稷而为主矣。人君能谦虚用柔，受国不祥，则四海归仁，六合宅心，是谓天下王矣。"（《道德真经藏室纂微篇》）奚侗云："《书·汤诰》篇：'万方有罪，在予一人；予一人有罪，无以尔万方。'《庄子·则阳》篇：'古之君人者，以得为在民，以失为在己；以正为在民，以枉为在己。'皆此所谓'受国之垢'与'不祥'也。能受垢与不祥，而后可以为'社稷主'，为'天下王'。"（《老子集解》）

⑥正言若反：犹言符合道的话好像违反常理。河上公注："此乃正直之言，世人不知，以为反言。"苏辙云："正言合道而反俗，俗以受垢为辱、受不祥为殃故也。"（《道德真经注》）释德清云："柔弱无为，乃合道之正言，但世俗以为反耳。"（《道德经解》）一说正面的话好像是反话，亦通。林希逸云："垢与不祥，不可受之受也，似反一世之常言，其实正论，故曰'正言若反'。"（《老子鬳斋口义》）

【解读】

本章以水为喻，阐明"柔弱胜刚强"的道理，并进而论及人事，说明只有能够承受常人所不能承受的巨大耻辱和灾祸的人，才能担负"社稷注"和"天下王"的重任。本章分为两个部分：

第一部分，指出"天下莫柔弱于水，而攻坚强者，莫之能先"。老子认为，水是天下最柔弱的东西，它趋下、不争，但滴水可以穿石，洪水可以决堤，奔腾而下的滔滔洪流可以摧枯拉朽，具有不可估量的威力，因此没有任何东西能超过它。

第二部分，指出"水之胜刚，弱之胜强，天下莫不知，而莫能行"。老子认为，水能克刚，弱能胜强，即"柔弱胜刚强"，这个道理明白易懂，天下人都知道，可是却没有人践行。老子说天下人不能够践行，实则指国君不能够践行。因此，他巧妙地通过圣人之口，指出只有能够承受一国遭受的耻辱和灾祸，即能够承受常人难以承受的巨大耻辱和灾祸的人，才能做"社稷主"和"天下王"。

"正言若反"这句结束语，不但是对本章主旨的概括，也是对全书辩证法思想的精辟总结。正如蒋锡昌所说："'正言'即指上文'受国之垢'四句而言，谓以上所云，乃圣人正言，以世人不知，若为反言也。"（《老子校诂》）高延第则从《老子》全书的高度对"正言若反"进行了诠释，他说："此语并发明上、下篇立言之旨。凡篇中所谓致虚守静，曲则全，枉则直，洼则盈，敝则新，柔弱胜坚强，不益生则久生，无为则有为，不争莫与争，知不言，言不知，损而益，益而损，言相反而理相成，皆正言也。恐世人不察，故著此以晓读者。"（奚侗《老子集解》）张松如对老子"正言若反"一语的评价既独到又精辟，高度评价了这句话的作用和价值："'正言若反'，在这里是前引'圣人之言'的具体说明，但它却成为《老子》全书中那些闪耀着相反相成光辉言辞的一种精辟的概括，从而具有了朴素辩证法原则的普遍性质。……'正言若反'，正是打开《老子》一书中许多奥秘的一把钥匙。"（《老子说解》）

七十九章

和大怨，必有余怨，安可以为善①？是以圣人执左契②，而不以责于人③。

故有德司契④，无德司彻⑤。天道无亲，常与善人⑥。

【译文】

调和民众的大怨，必然有遗留的怨恨，怎么可以作为好的办法呢？所以，圣人持左契以求德合于道，却不用来责求他人还债。

因此，有德的人执守其德，以合于道；无德的人窥人之过，结怨于人。天道无所偏爱，总是佑助善人。

【注释】

①和：调和，化解。余：遗留。善：犹言好的办法。文子云："古者和大怨，有德司契，不争为善也。战国无道，作难结怨，必有余怨，奈何其为不善也。"（《道德真经四子古道集解》）蒋锡昌云："人君不能清静无为，而耀光行威，则民大怨生。待大怨已生而欲修善以和之，则怨终不解，此安可以为善乎？"（《老子校诂》）

②契：契约。执左契：拿着左契。犹言持左契以求德合道。高明云："古'契'刻木为之，从中剖开，分为左右，双方各执其一。古人尊右卑左，以右为上。……右契位尊，乃贷人者所执。左契位卑，为贷于人者所执。"（《帛书老子校注》）郑良树云："今考《左传》桓公八年曰'楚人上左'。楚人以左为贵，老子乃楚国之人，故此文固

必云'圣人执左契'矣。盖'左契'乃契约尊贵之一边，与中原以'右契'为尊贵者相反耳。"（《老子新论》）郑说是。又，汉简本、帛乙本及传世本皆作"左契"，仅帛甲本作"右契"。作"右契"或为西汉流行的另一版本系统。

③责：要求、责求，指讨还欠债。严遵云："是以圣人，执道之符，操德之信，合之于我，不以责人。故有德之主，将欲有为，必稽之天，将欲有行，必验符信。求过于我，不尤于民。归祸于己，不怨于人。故是非自定，白黑自分。未动而天下应，未令而万物然。"（《老子指归》）严遵之说，是以"执左契"喻圣人有为、有行时必自省是否合于天道。

④司：掌管，执守。有德司契：有德者掌管券契，喻指有德者执守其德，以合天道（此采陈徽说）。

⑤司（sì）：窥察，监视。后作"伺"（见《汉语大字典》）。彻：车迹，后作"辙"。喻过失。《汉书》："结彻于道。"河上公注："无德之君，背其契言，司人所失。"王弼注："彻，司人之过也。"严遵云："无德之人，务适情意，不顾万民。政失乱生，不求于身。专司民失，督以严刑。人有过咎，家有罪名。百姓怨恨，天心不平。其国乱扰，后世有殃。"（《老子指归》）无德司彻：犹言无德者窥察他人的过失。古今注家多训"彻"为"周朝的田税制度"，"司彻"即掌管收税。如蒋锡昌云："此言有德之君主执左契而不责于人，无德之君主以收税为事。不责于人，则怨无由生；取于人无厌，则大怨至也。"（《老子校诂》）卢育三云："司契，只予不取，不结怨于人；司彻，只取不予，结怨于人。一个是有德，一个是无德。"（《老子释义》）后说虽通，但河上公、王弼、严遵之说更合老意。

⑥天道：自然之道。亲：宠爱、亲近，与"疏"相对，此指偏爱。与：助，支持。李嘉谋云："天道无亲，常不失善，盖亦司契而

已。"（焦竑《老子翼》）薛蕙云："善人但与人而不取于人，虽不取于人而天常与之也。"（《老子集解》）

【解读】

本章主旨，是告诫统治者要以道治国，以德待民，这样才能使百姓安居乐业，国家长治久安。全章分为两个层次：

首先，指出用调和大怨的办法，不能从根本上解决统治者和百姓之间的矛盾。老子以"圣人执左契，而不以责于人"为喻，说明好的统治者拿着券契，却不用来责求他人还债，就像执守大道和实行德治一样，清静无为，谦下不争，以慈待民，这样才能从根本上消除产生怨恨的土壤。正如陈景元所云："有怨而和之，未若无怨而不和也。徒知和其大怨，而不省其大怨之所由兴，虽和之以至公，而不免有余怨。"（《道德真经藏室纂微篇》）

其次，指出"有德司契，无德司彻"。所谓"司契"，喻指有德者执守其德以合于道；所谓"司彻"，是指无德者窥人之过，从而结怨于人。"司契"是消除怨恨的良方，"司彻"是导致怨恨的办法。"天道无亲，常与善人"，是老子向统治者提出的从根本上消除怨恨的办法，表达了老子对以"无为"之道治国为政所达到的美好境界的向往。

八十章

小国寡民①。

使有什百人之器而不用，使民重死而远徙②。有舟车，无所乘之；有甲兵，无所陈之③。

使民复结绳而用之④。甘其食，美其服，乐其俗，安其居⑤。邻国相望，鸡犬之声相闻，民至老死不相往来⑥。

【译文】

国家小，人口少。

即使有十倍、百倍于人力的器械却不使用，让百姓爱惜生命而不迁往异地。尽管有船只车辆，也不用于乘坐；尽管有铠甲兵器，也不用于战阵。

让民众生活简单质朴而不使用文书券契。让百姓知足寡欲，以其饮食为甘美，以其服饰为华丽，以其居处为安适，以其习俗为欢乐。邻国之间可以互相望见，鸡鸣犬吠的声音可以互相听见，百姓却直至老死都不互相往来。

【注释】

①国：《说文》："邦也。"指古代王、侯的封地。小国寡民：犹言国家小，人口少。陈景元云："夫国小能自守，民寡能自足，可以反乎太古矣。"（《道德真经藏室纂微篇》）陈柱云："天下之乱，皆起于大国。大则恃其富强以压迫弱小之国，而天下乃多事矣。"（《老子集训》）

②什百：王本、河上本、傅本作"什伯"，汉简本、景龙本、范本作"什百"，帛书本作"十百"，古通用。又，汉简本、帛书本"什百"后有"人"字。什百人之器：十倍、百倍于人力的器械（见胡适《中国哲学史大纲》）。释德清云："什伯之器，并十曰什，兼百曰伯。器，材也。老子自谓以我无为之治，试于小国，纵使有兼十夫、百夫之材者，亦无所用之，以民淳而无事故也。"（《道德经解》）俞樾据古代军制，认为"什伯之器"即兵器。马叙伦、刘师培、蒋锡昌、高亨、朱谦之、许抗生等皆从俞说。联系下文"舟车""甲兵"

两句文意，以胡适之说为是。重：重视，看重。重死：重视死亡。犹言爱惜生命。远：疏远，远离。远徙：远离迁徙，意为不迁往异地。

③车：车辆。此字王本、河上本及通行诸本皆作"舆"，汉简本、帛书本及焦竑《老子翼》作"车"。舆：《说文》："车舆也。"本指车厢，后引申为车。虽"舆"与"车"义近，但"车"更能精确表达经义，故依汉简、帛书等作"车"。舟车：船只车辆。无所乘之：没有乘坐的时候。意为不用于乘坐。甲兵：铠甲兵器。陈：同"阵"，布阵。无所陈之：没有布阵的地方，意为不用于战阵。吴澄云："舟车甲兵，非一人所可独用，谓什伯之器也。无所乘、无所陈，不用也。无所往，则无用乎舟车；无所争，则无用乎甲兵。"（《道德真经注》）

④复：复归。结绳：文字产生前的一种记事方法。用绳打结，以不同形状和数量的绳结标记不同事件。《易·系辞下》"上古结绳而治，后世圣人易之以书契。"高亨云："使民复结绳而用之，谓废书契也。"（《老子正诂》）老子以此语喻民众生活简单质朴，不需文书券契，而不是要回复到结绳而治的上古时代。林希逸云："舍书契而用结绳，复于素朴也。"（《老子鬳斋口义》）

⑤甘：甘美，此处作意动词，以……为甘美。美、乐、安：皆意动词。高延第云："太古之食衣居俗，苟且简略，非真能甘美安乐也。唯人人循分知足，无假外求，故自以为甘美安乐也。"（奚侗《老子集解》）

⑥相望：犹言可以互相望见。相闻：可以互相听见。民：指邻国的民众。杜光庭云："列国相望，鸡犬相闻，盖言其近也。人至老死不相往来，由彼此俱足，无所求及故尔。君无境上之会，民无身外之求，虽接风烟，何烦来往？在身则各安其分，外绝贪求；于国则各畅其生，民无劳役。乐道顺性，道之至乎！"（《道德真经广圣义》）

【解读】

本章通过"小国寡民"的理想社会模式，重申了以无为之道治国的主张。

老子生逢大道衰微、战乱频发、社会动荡的乱世，目睹了统治者的奢靡无度，贪得无厌，大国君主穷兵黩武，开拓疆土，掠夺资源，百姓饱受压榨，无以为生，生活在水深火热之中。在愤慨、苦闷的心境中，他描绘出了一幅无压迫、剥削，百姓生活安适，和谐相处的理想社会蓝图。尽管这种"小国寡民"的理想社会模式难以实现，但它寄托了老子以无为之道治国的宏大愿望。正如释德清所云："老子所言，疾当时之弊皆有为用智，刚强好争，尚利自私，奉己而不恤于民。故国乱民贫，而愈难治。所以治推上古，道合无为，全篇所论，不出乎此，盖立言之本旨也。"（《道德经解》）

蒋锡昌对本章的评述甚为精辟，他说："本章乃老子自言其理想国之治绩也。盖老子治国，以'无为'为唯一之政策，以人人能'甘其食，美其服，安其居，乐其俗'为最后之目的。其政策固消极，其目的则积极。曰'甘其食'，曰'美其服'，曰'安其居'，曰'乐其俗'，此四事者，吾人初观之，若甚平常，而毫无奇异高深之可言。然时无论古今，地无论中西，凡属贤明之君主，有名之政治家，其日夜所劳心焦思而欲求之者，孰不为此四者乎？"（《老子校诂》）蒋锡昌之言，高度评价了老子以无为之道治国的主张。

冯友兰先生则认为本章所说并不是一个社会，而是一种人的精神境界。他说："《老子》第八十章描绘了它的理想社会的情况。从表面上看起来，这好像是一个很原始的社会，其实也不尽然。它说，在那种社会中，'虽有舟舆，无所乘之；虽有甲兵，无所陈之。使人复结绳而用之'。可见，在这种社会中，并不是没有舟舆，不过是没有地方用它；并不是没有甲兵，不过是用不着把它摆在战场上去打仗；并不是没有文字，不过是用不着文字，所以又回复到结绳了。《老子》认为，这是'至治之极'。这并不是一个原始的社会，用《老子》的表达方式，应该说是知其文明，守其素朴。《老子》认为，对于一般所谓文明，它的理想社会并不是为之而不能，而是能之而不为。有人可以说，照这样理解，《老子》第八十章所说的并不是一个社会，而是一种人的精神境界。是的，是一种人的精神境界，《老子》所要求的就是这种精神境界。"（《中国哲学史新编》）

总之，作为一个生活在春秋末期，曾任周王朝"守藏史"，即相当于国家档案馆、图书馆馆长的士人，老子以同情弱者、关注民生的济世情怀，描绘了一幅"小国寡民"的理想社会蓝图，寄托了他对清静无为、安宁和谐、少私寡欲、民生和乐社会的向往。尽管有人认为本章所说是一种乌托邦理想，或认为本章具有复古倾向，具有反文明倾向，但老子以其敏锐的洞察力，深邃的智慧，以及巧妙的比喻，让生活在水深火热之中的苦难民众在漫漫长夜中看到了希望的曙光，使中国历代知识分子感受到了蕴藏于本章中的独特智慧。

尽管老子所描绘的"小国寡民"的理想社会模式寄托了以无为之道治国的愿望，也得到了受苦受难的广大民众的向往，但由于历史发展和阶级对立等诸多原因，要复归那样的社会形态根本不可能，因此卢育三等学者称其为一种乌托邦理想实不为过。但正如王朝华所说："我们也许不可能退回到老子所描绘的社会中去，但我们应该充分认识到这种社会政治思想中所包含的对文明的批判与反思的可贵精神，应该充分尊重这种社会政治思想中所包含的纯朴自然的生活理想。"正是基于这样的认识，我们赞同冯友兰先生关于本章所说"是一种人的精神境界"的观点。就是说，老子通过"小国寡民"社会形态的描述，寄托了人们对没有压迫、没有剥削、没有战争、没有尔虞我诈的美好社会的向往。

八十一章

信言不美，美言不信①；善者不辩，辩者不善②；知者不博，博者不知③。

圣人无积，既以为人，己愈有；既以与人，己愈多④。

天之道，利而不害；人之道，为而不争⑤。

【译文】

诚信的言语不华美，华美的言语不诚信；善良的人不巧辩，巧辩的人不善良；悟道的人不博学，博学的人不悟道。

圣人不积聚财富，尽力施与别人，自己愈加富有；尽力给予别人，自己愈加饶足。

天之道，有利于人而不害人；人之道，施与于人而不争夺。

【注释】

①信：《说文》："诚也。"指诚实、诚信。美：华美。文子云："古者大道至忠复朴，民无伪匿。后世之民知契券而信衰，知机械而实衰。小能破道，苛悄伤德。"（《道德真经四子古道集解》）

②辩：巧言、善言辞，此指巧辩。《荀子》："故君子之于言也，志好之，行安之，乐言之。故君子必辩。"一说好辩、善辩。不从。

③知者：指知"道"、悟道的人。博：渊博，知道得多。此指博学。陈景元云："夫知者，谓知道也。明理知本，得其要而已，何必博乎！所谓少则得也。博谓博通物务，攻异端求彼是而已。不知者谓

多则惑也。庄子曰：'文灭质，博溺心。'（语出《庄子·缮性》）是矣。"（《道德真经藏室纂微篇》）

　　④积：聚，积聚之物。不积：犹言不积聚财富。既：尽。《庄子·应帝王》："吾与汝既其文，未既其实。"为：施，施与。有：指富有。多：数量大。此指富余、饶足。薛蕙云："圣人以其道而为人，以其利而与人，虽施及天下与后世，而其道愈有而无尽，其利愈多而不减也。"（《老子集解》）

　　⑤利：有利。人之道：传世本作"圣人之道"，汉简本、帛乙本作"人之道"，帛甲本残缺。此处与"天之道"对言，当从汉简本、帛乙本作"人之道"，但此处"人"亦指"圣人"。为：施，给予。陈景元云："天道阳也，故好生而恶杀，春夏生育之，秋冬成熟之，是利而不害也。夫圣人之道，在所施为也，所为顺理，不与物争者，是以法天道而然也。"（《老子集解》）黄元吉云："夫天以默运为生成，虽有消长盈虚，总属生养之机，有利而无害；圣以无心为造化，虽有损益予夺，仍属仁慈之应，亦为而不争。假使天地有利有害，则天地亦私而不公，又焉能万年如一耶？圣人有为有争，则圣人亦积而不散，又安能至诚不息哉？呜呼！天地大矣，圣人大矣，虽有信言，亦因心作则，无假借也，无思为也，本诸身，征诸庶民，亦天德之良知，人心所同具，为人即为己，与人亦与己，所谓物我一致，天人一源者。是圣人与天合德，于此见其量焉。"（《道德经讲义》）

　　【解读】

　　本章以格言警句的形式，阐述了信与美、善与辩、知与博的辩证关系，并论及圣人"为人""与人"的美德，以及天之道与人之道的关系。全章分为三个层次：

　　首先，阐述信与美、善与辩、知与博的关系。老子认为，看待事物，要重质轻文，不能本末倒置。诚信的言语往往不华美、不动听，华美、动听的言语往往不诚信；善良的人据实而言，不强辩、巧辩，强辩、巧辩的人却不善良；悟道的人探求道的真谛而不盲目博学，只求博学多知的人却不能悟道而有真知。现实生活中，人们往往重视后者而轻视前者，即重美、辩、博而轻信、善、知，统治者特别是国君尤甚。老子所谓"信言"，实指"大道之言"。而大道是无为、不言的，因而也是"不美"的。正如释德清所云："世衰道微，人心不古，当时学者不达无言之旨，乃哓哓好辩尚博，各擅专门。如杨朱、墨翟、御寇、公孙之徒，祖述相传，以辩博为宗，自以为善。殊不知多歧亡羊，多方丧真，去道转远。"（《道德经解》）

　　其次，指出由于圣人"不积"，因而具有"为人""与人"的美德。老子认为，圣人具有博大的胸襟、济世的情怀，他尽力施与别人，自己却愈加富有；尽力给予别人，自己却愈加饶足。按常人理解，既然尽力施与、周济别人，自己的财富就会越少。圣人却认为"愈有""愈多"，因为圣人看重的不是财富，而是大道，是民心，因而把自己的"施与"和"给予"视为精神上的收获和满足。陆希声云："圣人唯善是与，而无私利，故无所蕴积。尽以善为人，而己得善斯愈有也；尽以利与人，而己得利斯愈多也。"（《道德真经传》）陆希声认为，圣人"愈有"，是因为"尽以善为人"，圣人"愈多"，是因为"尽以利与人"。因此，"尽以善为人"和"尽以利与人"彰显了圣人的美德。

　　最后，阐明"天之道"和"人之道"的特点和联系。老子认为，"天之道"的特点是"利而不害"，"人之道"的特点是"为而不争"，"人之道"必须效法"天之道"。因此，"为而不争"正是"天之道"用于治世的表现。吕惠卿云："凡物有所利则有所不利，有所不利则不能不害矣。唯天之道无所利，则无所不利；无所不利，则利而不害矣。凡物之有为者莫不有我，有我故有争。唯圣人之道，虽为而无为，无为故无我，无我故不争，是天之道而已矣。"（《老子吕惠卿注》）吕惠卿之言，诠释了"天之道"和"人之道"的特点及其内在联系。

《老子》一书，至"天之道，利而不害；人之道，为而不争"终篇，正如释德清所言："老子学问工夫，真实直捷处，尽在于此。故结全书立言之旨，妙尽于是矣。学者勉哉！"（《道德经解》）

后　记

陈柱云："自有《老子》书以来，注者不下数百家，以其为书只五千言，又语属玄虚，易于驰骋臆造也。其中卓然出群者，顾亦颇不少，然其为书皆不能无所偏。夫有所偏重，则必有所偏轻。有所偏有，则必有所偏无。嗜好不同，各从其志，因亦无得而讥焉。然而以之授学者则难矣。何者？主说理者遗考证，则文字之讹夺不知，而理不能无谬矣；尚考异者遗训诂，则文字之得失莫辨，而异乃无所适从矣；重朴学者去论说，则义旨之精奥未明，而朴乃无所用矣。凡此皆治古书者之通病，非独于《老子》然也。"（《老子集训·自序》）黄曙辉云："夫善读古书者，校勘训诂诚为綦重，然更当重视其义理。清人恒言不通小学，不能读古书。余为下一转语曰不通义理，亦安能读古书哉？……通释《老子》，校勘训诂外尚大有事在，非自义理始不可。"（《老子翼·点校弁言》）陈柱、黄曙辉之语，强调了校勘、训诂和义理对于研究古书的重要性，指出了注老解老的门径。

我之所以能在退休之后潜心于国学典籍的研读而矢志不渝，得益于三十年前出版拙著《治学学概论》一书时任继愈、茅以升、程千帆等先生的鞭策和鼓励，以及撰写、修订拙著《诸葛亮文集译注》期间缪钺先生的教诲。20世纪七十年代援藏时的同事和挚友、绵阳师范学院教授张一璠，对我亦颇多启迪。如今，任继愈、茅以升、程千帆、缪钺等先生早已作古。而《老子今注新解》的完成，或亦可告慰他们的在天之灵。

　　本书从搜集和研读老学著述到书稿最终完成，经历了殚精竭虑、焚膏继晷的六个春秋。前一阶段为搜集和研读老学著述，历时四年。搜集老学著述，一是跑实体书店，但实体书店多为新出或再版的老学著述，而且为数极其有限。靠去图书馆查阅，时间上不允许，且很不方便。于是，网上书店成为搜集资料的重要途径，一些20世纪中后期甚至民国时期的老学著述（复印或影印本），就是通过网购获得的。在四年的时间里，竟然搜集并研读了八十余本老学著述。在反复研读《老子》经文，仔细研读老学著述（见《参考文献》）的基础上，开始了书稿的撰写阶段。作为年逾古稀的退休教师，我把别人旅游、聊天、健身、休闲的时间，几乎都用于弘扬中华民族的优秀传统文化，而且乐此不疲。功夫不负苦心人，经过六个寒暑的潜心耕耘，拙著的书稿终于得以完成。

　　本书的出版，如能对老子其人和《老子》其书的研究小有助益，则余愿足矣。

罗志霖

2021 年 5 月 26 日

参考文献

一、简、帛本《老子》和相关著述：

北京大学出土文献研究所编：《北京大学藏西汉竹书（贰）》，上海古籍出版社，2012 年。

廖名春：《郭店楚简老子校释》，清华大学出版社，2003 年。

许抗生：《帛书老子注译与研究》（增订本），浙江人民出版社，1985 年。

高明：《帛书老子校注》，中华书局，1996 年。

尹振环：《重识老子与〈老子〉——其人其书其术其演变》，商务印书馆，2008 年。

杨丙安：《老子古本合校》，中华书局，2014 年。

二、《老子》注疏及校释著述：

（战国）韩非：《韩非子》之《解老》《喻老》，北方文艺出版社，2013 年。

（汉）严遵：《老子指归》，中华书局，1994 年。

（汉）河上公：《道德真经注》，《道德经集释》，中国书店，2015 年。

（魏）王弼注，楼宇烈校释：《老子道德经注》，中华书局，2011 年。

（唐）傅奕校订：《道德经古本篇》，天津古籍出版社，1988 年。

（唐）陆希声：《道德真经传》，《道德经集释》，中国书店，2015 年。

（唐）杜光庭：《道德真经广圣义》，《道德经集释》，中国书店，2015 年。

（唐）王真：《道德经论兵要义述》，《道德经集释》，中国书店，2015 年。

（宋）苏辙：《道德真经注》，华东师范大学出版社，2010 年。

（宋）范应元：《老子道德经古本集注》，华东师范大学出版社，2010 年。

（宋）陈景元：《道德真经藏室纂微篇》，华夏出版社，2016 年。

（宋）林希逸：《老子鬳斋口义》，华东师范大学出版社，2010 年。

（宋）司马光：《道德真经论》，《道德经集释》，中国书店，2015 年。

（宋）吕惠卿：《老子吕惠卿注》，华东师范大学出版社，2015 年。

（宋）董思靖：《太上老子道德经集解》，商务印书馆，民国二十八年。

（宋）彭耜：《道德真经集注》，《道藏·洞神部》，上海涵芬楼影印，民国十三年。

（金）寇才质：《道德真经四子古道集解》，华夏出版社，2016 年。

（元）吴澄：《道德真经吴澄注》，华东师范大学出版社，2010 年。

（明）焦竑：《老子翼》，华东师范大学出版社，2011 年。

（明）释德清：《道德经解》，华东师范大学出版社，2009 年。

（明）薛蕙：《老子集解》，商务印书馆，民国二十八年。

（清）姚鼐：《老子章义》，黄山书社，2014 年。

（清）奚侗：《老子集解》，上海古籍出版社，2007 年。

（清）俞樾：《老子平议》，《诸子平议》，中华书局，1956 年。

（清）刘师培：《老子斠补》，宁武南氏校印本，民国二十三年。

（清）黄元吉：《道德经讲义》，九州出版社，2014 年。

唐太宗、宋徽宗、明太祖、清世祖：《御注道德经》，香港银河出版社，2005 年。

陈柱：《老子集训》，商务印书馆，民国十七年。

蒋锡昌：《老子校诂》，商务印书馆，民国二十六年版，成都古籍书店 1988 年影印。

严灵峰：《老子章句新编》，文风书局，民国三十三年。

马叙伦：《老子校诂》，北京古籍出版社，1956 年。

朱谦之：《老子校释》，中华书局，1984 年。

卢育三：《老子释义》，天津古籍出版社，1987 年。

张默生：《老子章句新释》，成都古籍书店，1988 年。

古棣、周英：《老子通》，吉林人民出版社，1991 年。

古棣、周英：《老子校诂》，吉林人民出版社，1991 年。

张松如：《老子说解》，齐鲁书社，1998 年。

黄炳辉：《老子章句解读》，上海古籍出版社，2001 年。

胡道静主编：《十家论老》，上海人民出版社，2006 年。

冯达甫：《老子译注》，上海古籍出版社，2006 年。

党圣元：《老子评注》，岳麓书社，2007 年。

张松辉：《老子译注与解析》，岳麓书社，2008 年。

张松辉：《老子研究》，人民出版社，2009 年。

高亨：《老子正诂》，清华大学出版社，2011 年。

郑良树：《老子新论》，上海古籍出版社，2011 年。

黄朴民：《道德经》，岳麓书社，2011 年。

傅佩荣：《傅佩荣译解老子》，东方出版社，2012 年。

罗义俊：《老子译注》，上海古籍出版社，2012 年。

刘昭瑞：《〈老子想尔注〉导读与译注》，江西人民出版社，2012 年。

黄瑞云：《老子本原》，湖北人民出版社，2013 年。

汤漳平、王朝华：《老子》，中华书局，2014 年。

南怀瑾：《老子他说》，东方出版社，2014 年。

王蒙：《老子的帮助》，贵州人民出版社，2014 年。

任继愈：《老子绎读》，国家图书馆出版社，2015 年。

董平：《老子研读》，中华书局，2015 年。

陈鼓应：《老子今注今译》，商务印书馆，2016 年。

林语堂：《老子的智慧》，湖南文艺出版社，2016 年。

陈剑：《老子译注》，上海古籍出版社，2016 年。

吴诚真：《道德经阐微》，东方出版社，2016 年。

陈徽：《老子新校释译》，上海古籍出版社，2017 年。

王中江：《老子》，国家图书馆出版社，2017 年。

李存山：《老子》，中州古籍出版社，2017 年。

冯国超：《老子》，华夏出版社，2017 年。

徐梵澄：《老子臆解》，武汉崇文书局，2018 年。

吴根友：《老子》，岳麓书社，2018 年。

任思源：《道德经》，线装书局，2018 年。

曹峰：《老子永远不老》，中国人民大学出版社，2018 年。

三、字典、辞书及相关著述：

《辞源》，商务印书馆，1979 年修订版。

《辞海》，上海辞书出版社，2010 年修订版。

《尔雅》，北京联合出版公司，2017 年。

《广雅》，商务印书馆，民国二十五年。

（汉）许慎撰，（宋）徐铉校定：《说文解字》，中华书局，2013 年。

（东汉）许慎撰，（清）段玉裁注：《说文解字注》，上海古籍出版社，1988 年。

《中华大字典》，中华书局，1978 年。

《汉语大字典》，湖北人民出版社、四川辞书出版社，1999 年。

（春秋）左丘明：《左传》，《四书五经》，中华书局，2009 年。

（汉）司马迁：《史记》，岳麓书社，2001 年。

范文澜：《中国通史简编》（修订本），人民出版社，1964 年第四版。

冯友兰：《中国哲学史新编》，人民出版社，1998 年。

胡适：《中国哲学史大纲》，重庆出版社，2013 年。